Misselhorn | Grundfragen der Maschinenethik

Catrin Misselhorn

Grundfragen der Maschinenethik

Reclam

5., durchgesehene und überarbeitete Auflage

RECLAMS UNIVERSAL-BIBLIOTHEK Nr. 19583
2018, 2022 Philipp Reclam jun. GmbH & Co. KG,
Siemensstraße 32, 71254 Ditzingen
Gestaltung: Cornelia Feyll, Friedrich Forssman
Druck und Bindung: EsserDruck Solutions GmbH,
Untere Sonnenstraße 5, 84030 Ergolding
Printed in Germany 2022

ISBN 978-3-15-019583-3

Auch als E-Book erhältlich

www.reclam.de

Inhalt

Für Leonore

Einleitung: Maschinenethik – eine neue Disziplin an der Schnittstelle von Philosophie, Informatik und Robotik

Seit jeher verbindet sich mit dem Einsatz von Maschinen die Hoffnung, dass sie Menschen von Tätigkeiten entlasten, die schwer, schmutzig, gefährlich oder einfach nur unangenehm sind. Manchmal sind die Leistungen von Maschinen auch einfach schneller oder präziser als diejenigen des Menschen. Das eröffnet die Aussicht, dass die Menschen freigestellt werden für kreative und sinnstiftende Aktivitäten, aber es bringt auch die Sorge mit sich, der Mensch könne von Maschinen verdrängt werden.

So geht der Begriff *Roboter* auf ein 1920 erschienenes tschechisches Theaterstück zurück, in dem es um menschenähnliche Maschinensklaven bzw. Androiden geht, die dafür geschaffen wurden, den Menschen das Arbeiten abzunehmen.[1] Doch schlussendlich wenden sie sich gegen ihre Schöpfer und versuchen die Menschheit auszulöschen.[2] Die Digitalisierung befeuert sowohl diese Hoffnungen als auch diese Ängste noch einmal, denn sie ermöglicht die Konstruktion von Maschinen, die intelligent genug sind, um auch komplexe Aufgaben zu meistern, ohne auf die permanente Überwachung durch den Menschen angewiesen zu sein.

Je intelligenter und autonomer Maschinen werden, desto größer ist die Wahrscheinlichkeit, dass sie in Situationen geraten, die ihnen moralische Entscheidungen abverlangen. Doch können Maschinen überhaupt moralisch handeln und sollen sie es? Wie baut man eine moralische Maschine? Mit Fragen wie diesen beschäftigt sich die Maschinenethik, ein neues Forschungsgebiet an der Schnittstelle von Philosophie, Informatik und Robotik.

Die Maschinenethik unterscheidet sich von anderen Formen der Technikethik, weil ihr Gegenstand die Entwicklung einer Ethik *für* Maschinen im Gegensatz zu einer Ethik für Menschen im *Umgang mit* Maschinen ist. Es geht nicht nur um die Frage, wie die Menschen mit einer bestimmten Technologie (beispielsweise Atomkraft) aus moralischer Sicht umgehen sollten. Das Ziel ist vielmehr, darüber nachzudenken, ob und wie man Maschinen konstruieren kann, die selbst moralische Entscheidungen treffen und umsetzen können, und ob man dies tun sollte.

Dieses Thema ist in der Geschichte der Ethik neu, weil es erst mit der Entstehung des Computers überhaupt in den Bereich des Möglichen gerückt ist. Die rasante Entwicklung der künstlichen Intelligenz im letzten Jahrzehnt beflügelte die Maschinenethik und macht sie zugleich unabdingbar, damit diese technologische Entwicklung segensreich verläuft.[3] Man spricht analog zu *Artificial Intelligence* auch von *Artificial Morality*. Während Erstere das Ziel hat, intelligentes Verhalten zu modellieren oder zu simulieren, geht es Letzterer darum, künstliche Systeme mit der Fähigkeit zum moralischen Entscheiden und Handeln auszustatten.

Lange Zeit stand die Maschinenethik zu Unrecht im Verdacht, bloß Science-Fiction zu sein. Doch schon eine so simple Maschine wie ein Staubsaugerroboter steht vor moralischen Entscheidungen: Soll er einen Marienkäfer einfach einsaugen oder soll er ihn verscheuchen bzw. umfahren? Und wie sieht es mit einer Spinne aus? Soll er sie töten oder ebenfalls verschonen? Ein solcher Roboter ist in einem minimalen Sinn autonom, weil er im Unterschied zu einem konventionellen Staubsauger nicht von einem Menschen geführt wird. Die Entscheidung ist moralisch, weil sie sich darauf bezieht, ob man Tiere zu Reinigungszwecken töten darf. Gewöhnliche Staubsaugerroboter besitzen allerdings noch nicht die Fähigkeit, eine solche Entscheidung zu treffen. Es gibt jedoch erste Ansätze, eine um ein Ethikmodul erweiterte Version des populären Modells *Roomba* zu schaffen, die das Leben von Insekten berücksichtigt (der Prototyp ist mit einem optionalen »Kill-Button« für Spinnen ausgestattet).[4]

Je komplexer die Einsatzbereiche autonomer Systeme sind, desto anspruchsvoller werden die moralischen Entscheidungen, die sie treffen müssen. Dies zeigt sich beispielsweise an Pflegesystemen, Kriegsrobotern und autonomen Fahrzeugen, drei paradigmatischen Anwendungsfeldern der Maschinenethik, die auch in diesem Buch behandelt werden. In allen drei Bereichen stehen autonome Systeme vor grundlegenden moralischen Entscheidungen, in denen es manchmal sogar um Leben und Tod von Menschen geht. Kann man Maschinen solche Entscheidungen überlassen, darf man es oder sollte man es gar? Das sind die grundlegenden Fragen, um die es in diesem Buch gehen wird.

Wie wichtig dieses Thema ist, zeigt sich auch an der großen Aufmerksamkeit, die mögliche Dilemmasituationen beim autonomen Fahren in einer breiteren Öffentlichkeit erhalten haben. Was ist, wenn ein autonomes Fahrzeug ausschließlich die Möglichkeit hat, entweder einen Menschen am Ende seines Lebens oder ein kleines Kind zu töten? Was, wenn es nur dadurch fünf Menschenleben retten kann, dass es eine auf dem Gehweg stehende Person anfährt? Ist ein besonderer Schutz für die Insassen moralisch legitim oder kommt den anderen Verkehrsteilnehmern vom moralischen Standpunkt mehr Gewicht zu?

Gelegentlich wird eingewandt, solche Szenarien seien bloß hypothetisch und würden aller Wahrscheinlichkeit nach nie eintreten. Doch die ethische Bewertung von Technologien bezieht sich häufig auf Fälle, deren Eintreten nicht sehr wahrscheinlich ist. So wurde auch eine nukleare Katastrophe lange Zeit für unwahrscheinlich gehalten, und doch gehört ein solches Szenarium zu den Kernproblemen der ethischen Diskussion der Atomkraft. Ein anderes Beispiel ist der Fall des Erlanger Babys im Jahr 1992, bei dem eine hirntote Schwangere, die in der 15. Woche einen tödlichen Unfall erlitt, über mehrere Wochen auf der Intensivstation behandelt wurde, um das ungeborene Kind auszutragen.[5] Eine solche Konstellation ist ebenfalls sehr selten, löste jedoch in der breiteren Öffentlichkeit eine heftige ethische Kontroverse aus.

Entscheidend ist also nicht die Eintrittswahrscheinlichkeit, sondern dass grundlegende ethische Fragen betroffen sind. An derartigen Fällen lässt sich die Überzeugungskraft unserer moralischen Grundsätze überprüfen, die in weniger extremen Situationen gar nicht in Zweifel gezogen würden. Genau das gilt auch für Pflegesysteme, Kriegsroboter und autonome Fahrzeuge: Diese müssen, wie wir sehen werden, über die Fähigkeit zum moralischen Entscheiden und Handeln verfügen, sollen sie ihre Funktion erfüllen. Zugleich versteht es sich nicht von selbst, dass das überhaupt möglich ist. Und selbst wenn es geht, ist noch nicht ausgemacht, dass dies von einem moralischen Standpunkt aus auch gutzuheißen ist.

Ein anderer Einwand gegen die Maschinenethik lautet, dass es nicht die Maschine ist, welche die moralische Entscheidung trifft, sondern der Mensch, der sie programmiert. Doch je größer die Fortschritte der Künstlichen Intelligenz sind, desto stärker verwischt diese Grenze. Bereits bei einem Schachprogramm ist die Vorstellung inadäquat, die Entwickler hätten es mit Anweisungen ausgestattet, die unmittelbar den bestmöglichen Zug bestimmen. Das zeigt sich schon daran, dass ein solches Programm weit besser Schach spielt als seine Programmierer, die es sicherlich nicht mit einem Schachweltmeister aufnehmen könnten.

Das Gleiche trifft in noch höherem Maß auf das Brettspiel *Go* zu. Dieses galt lange Zeit als zu komplex und kognitiv, zu anspruchsvoll für ein künstliches System. Doch dem von *Google DeepMind* mit den Mitteln des maschinellen Lernens entwickelten Programm *AlphaGo* gelang es 2016, einige der weltbesten Spieler zu schlagen. Ende 2017 folgte *AlphaGo Zero*, das im Unterschied zu *AlphaGo* nur mit den Spielregeln ausgestattet war, und nicht mehr anhand einer großen Datenmenge menschlicher Spiele trainiert werden musste.[6] Das Programm spielte zu Beginn lediglich Partien gegen sich selbst und erreichte so eine Spielstärke, die die alte Version in kürzester Zeit weit übertraf. Die Entwickler sehen darin den Grundstein für die Entwicklung einer allgemeinen künstlichen Intelligenz, die ohne menschliches Expertenwissen auskommt und in allen möglichen Bereichen einsetzbar ist.[7]

Beide Systeme sind menschlichen Spielern überlegen, und auch die Entwickler können nicht unmittelbar bestimmen, für welche Züge sich das System entscheiden wird. Wie wir sehen werden, ist gerade dieser Mangel an Kontrolle und Vorhersehbarkeit für die Maschinenethik entscheidend.

Dieser Mangel an Kontrolle gehört zu den Gründen, aus denen eine beeindruckende Zahl von KI-Forschern und Wissenschaftlern vor einiger Zeit einen offenen Brief verfasst haben, in dem die Maschinenethik als eines der wichtigsten und drängendsten Forschungsgebiete der KI hervorgehoben wird. Zu den prominentesten Unterzeichnern gehören Nick Bostrom, Stephen Hawking, Elon Musk und Stewart Russell.[8]

Dieses Buch hat das Ziel, die Grundfragen der Maschinenethik zu thematisieren und zur kritischen Reflexion der Möglichkeit und Wünschbarkeit moralisch handelnder Maschinen anzuleiten. Es richtet sich an die Vertreter der verschiedenen Disziplinen, die an der Maschinenethik beteiligt sind, aber auch an eine breitere Öffentlichkeit. Denn die Maschinenethik geht uns alle an, weil sie die grundlegenden Fragen betrifft, wie wir uns selbst sehen und in welcher Gesellschaft wir leben wollen. Um die Verständlichkeit zu erleichtern, findet sich am Ende des Buchs ein Glossar, in dem wichtige Fachbegriffe, die häufiger vorkommen, fasslich erläutert werden.

Der erste Teil entfaltet die allgemeinen theoretischen Grundlagen der Maschinenethik in den verschiedenen Themenbereichen. Das erste Kapitel erklärt zunächst, was künstliche Intelligenz ist, und führt in die unterschiedlichen Forschungsrichtungen ein (wer sich im Bereich der KI schon ein wenig auskennt, kann dieses Kapitel getrost überspringen).

Im zweiten Kapitel werden die philosophischen Implikationen dargelegt und diskutiert, wie sich die künstliche Intelligenz zur menschlichen Intelligenz verhält. Insbesondere ist zu prüfen, inwiefern Maschinen eigentlich über Fähigkeiten wie Denken, Bewusstsein oder Emotionen verfügen können, die für menschliche Intelligenz eine wichtige Rolle spielen. (Diejenigen, die in der Philosophie des Geistes Bescheid wissen, brauchen dieses Kapitel nur zu überfliegen. Es ganz auszulassen, ist vielleicht nicht ratsam, weil einige Weichenstellungen getroffen werden, die später Bedeutung erlangen.)

Das dritte Kapitel stellt die ethischen Grundlagen bereit. Eine allgemeine Einführung legt dar, was unter Ethik und Moral zu verstehen ist. Dann werden die drei wichtigsten ethischen Theorien erläutert, die für die Maschinenethik maßgeblich sind: Der Utilitarismus, die kantische Ethik und die Tugendethik. Außerdem wird die Maschinenethik als eine Form der angewandten Ethik eingeordnet und ihre Beziehungen zu anderen Disziplinen wie der Informationsethik oder der Computerethik dargestellt. Wer sich bereits mit diesen Disziplinen beschäftigt hat oder über Grundwissen der allgemeinen Ethik verfügt, braucht dieses Kapitel nicht so intensiv zu studieren. Auch dort werden allerdings gewisse moralphilosophische Vorentscheidungen getroffen, so dass möglicherweise Rückfragen entstehen, wenn man es überspringt.

Der zweite Teil ist der Explikation der Grundbegriffe und Methoden der Maschinenethik gewidmet. Zunächst wird diskutiert, inwieweit Maschinen moralisch handeln können. Das erste Kapitel führt eine Stufung moralischer Akteure ein. Es entfaltet einen graduellen Ansatz moralischer Handlungsfähigkeit, nach dem auch künstliche Systeme in einem funktionalen Sinn moralische Akteure sein können, wenn sie bestimmte Bedingungen erfüllen. Sie erreichen jedoch keine vollumfängliche moralische Handlungsfähigkeit wie Menschen.

Das zweite Kapitel erörtert, wie moralische Fähigkeiten in eine Maschine implementiert werden können. Dies erfordert einen interdisziplinären Ansatz, dessen Kernbereiche Philosophie und Informatik bilden. Zunächst wird die Herangehensweise an dieses Vorhaben methodologisch erklärt. Ein Blick auf die Kognitionswissenschaften erweist sich dabei als hilfreich. Dann werden drei konkrete Ansätze eingeführt, wie man Moral in einem künstlichen System implementieren kann, die jeweils eine bestimme Vorgehensweise der Softwareentwicklung mit einem bestimmten Typus ethischer Ansätze verbinden: Top-Down-Ansätze gehen von allgemeinen Regeln aus, die auf konkrete Fälle angewendet werden sollen. Bottom-Up-Ansätze versuchen hingegen, auf der Grundlage von Einzelfällen zu groben Verallgemeinerungen zu gelangen, während hybride Ansätze beide Vorgehensweisen miteinander verbinden. Welcher Ansatz vorzuziehen ist, hängt vom jeweiligen Anwendungsbereich ab.

Nachdem die Grundlagen der Moralimplementation erarbeitet wurden, erörtert das dritte Kapitel die Frage, wie sich das moralische Handeln von Mensch und Maschine zueinander verhält. Wie sich bereits im ersten Kapitel dieses Teils zeigte, sind Maschinen zwar moralische Akteure, aber sie sind nicht zu vollumfänglichem moralischen Handeln wie Menschen in der Lage. Dazu fehlen ihnen unter anderem Bewusstsein, Willensfreiheit und die Fähigkeit zur Selbstreflexion. Da diese Eigenschaften für die Übernahme moralischer Verantwortung wesentlich sind, können Maschinen auch nicht für ihr Handeln verantwortlich gemacht werden. Trotzdem ist zu diskutieren, inwiefern der Einsatz moralischer Maschinen die Verantwortungszuschreibung an Menschen unterminiert, so dass am Ende möglicherweise niemand für ihr Handeln die Verantwortung trägt. Diese Frage wird im dritten Teil bezogen auf die Anwendungspraxis erneut aufgegriffen.

Im dritten Teil werden drei zentrale Anwendungsbereiche der Maschinenethik diskutiert: Das erste Kapitel setzt sich mit Pflegesystemen auseinander, das zweite mit autonomen Waffensystemen und das dritte mit dem autonomen Fahren. In allen drei Bereichen wird der Entwicklungsstand der Maschinenethik anhand konkreter Beispiele erläutert. Daran anknüpfend werden anwendungsspezifische Herausforderungen und Probleme untersucht. Schließlich wird vor dem Hintergrund eines breiteren gesellschaftlichen Kontexts erwogen, ob der Einsatz von Maschinen mit Moral aus einer ethischen Perspektive jeweils gutzuheißen ist oder nicht. Dabei wird ein Verständnis von angewandter Ethik vorausgesetzt, das nicht in einer deduktiven Anwendung von Moralprinzipien auf Anwendungsbereiche besteht, sondern in der Mobilisierung moralischer Intuitionen und kontextspezifischer Argumente. Dies hat den Vorteil, den fundamentalen Dissens zu umgehen, der im Hinblick auf die richtige allgemeine Theorie der Moral besteht.

Ein wichtiges Anliegen dieses Buchs ist es, zu zeigen, dass diese Fragen nicht auf einer allgemeinen Ebene entschieden werden können, sondern nur bezogen auf spezifische Anwendungskontexte. Am positivsten stellt sich der Einsatz von Maschinen mit Moral im Bereich Pflege dar. Autonome Waffensysteme und Fahrzeuge hingegen werfen grundlegende moralische Einwände auf.

Als Ausblick wird am Ende das Verhältnis von Maschinenethik und Singularität thematisiert. Dieses Kapitel habe ich hinzugefügt, weil ich in Diskussionen und Interviews immer wieder auf dieses Thema angesprochen wurde. Die Singularitätsthese behauptet, dass es in absehbarer Zeit aufgrund der Fortschritte der KI Maschinen geben wird, die die Menschen an Intelligenz weit übertreffen. Damit sind im Kontext der Maschinenethik drei Befürchtungen verbunden: Die eine besagt, dass die Konstruktion von Maschinen mit der Fähigkeit zum moralischen Handeln einen ersten Schritt hin zu einer solchen Superintelligenz darstellen könnte. Die zweite Sorge besteht darin, solche superintelligenten Maschinen könnten auch moralische Ansprüche gegenüber den Menschen erheben. Drittens wird befürchtet, die Superintelligenz könnte die Herrschaft über die Menschheit übernehmen.

Wir werden die Argumente für die Singularitätsthese untersuchen und feststellen, dass es in absehbarer Zeit weder empirisch noch philosophisch Grund zur Annahme einer Superintelligenz gibt. Der in diesem Buch verfolgte Ansatz stellt deshalb einen Mittelweg dar: Auf der einen Seite wird für die Möglichkeit argumentiert, Maschinen mit der Fähigkeit zum moralischen Entscheiden und Handeln in einem funktionalen Sinn auszustatten. Auf der anderen Seite bedeutet das nicht, dass auch Fähigkeiten wie Bewusstsein, Willensfreiheit oder Selbstreflexion, die für menschliche Intelligenz und Moralität zentral sind, auf diesem Weg reproduziert werden können. Die Arbeit an einer Ethik für Maschinen geht deshalb nicht zwangsläufig mit der Annahme einher, auch der Mensch sei letztlich nur eine moralische Maschine. Umgekehrt werden wir aber im Zusammenhang mit einigen Überlegungen zu der schwedischen Science-Fiction-Serie *Real Humans* feststellen, dass sich echte Menschlichkeit auch und gerade im Umgang mit Maschinen niederschlägt.

Die Debatte um die Singularität ist irreführend, weil nicht darin die größte Gefahr für die Menschheit liegt. Dieses Buch will vielmehr deutlich machen, dass Maschinen, die moralisch handeln können, ebenso faszinierend und verlockend wie moralisch problematisch sind. Denn sie bringen grundlegende Veränderungen unseres Selbstverständnisses und unseres gesellschaftlichen Zusammenlebens mit sich. Wir sollten darüber nachdenken, ob und in welchen Bereichen wir diese Veränderungen wollen. Die Zeit drängt angesichts der Tatsache, dass längst technisch und wirtschaftlich motivierte Fakten geschaffen werden.

I. Theoretische Grundlagen

1. Künstliche Intelligenz

Künstliche Intelligenz (oder kurz: KI) spielt in vielen Bereichen eine wichtige Rolle.[1] Sie steckt in Apps, Suchalgorithmen, Robotern, Fahrassistenten oder *Smart Watches.* Diese digitalen Technologien werden immer intelligenter. Dies betrachten einige mit Euphorie, andere mit Sorge. Doch was ist eigentlich Intelligenz? An dieser Frage scheiden sich die Geister. Es ist noch nicht einmal klar, ob Intelligenz überhaupt ein einheitliches Phänomen darstellt.

Was ist Intelligenz?

Der Harvard-Psychologe Howard Gardner unterscheidet sieben Formen der Intelligenz: visuell-räumlich, körperlich-kinästhetisch, musikalisch, interpersonal und intrapersonal, sprachlich und logisch-mathematisch.[2] Um sich nicht auf bestimmte Intelligenzkriterien festlegen zu müssen, wird in der KI häufig der Mensch als Maßstab genommen, um intelligentes Verhalten zu definieren. So schreibt John McCarthy (1927–2011)[3] 1955 in einem der Gründungsdokumente der KI, künstliche Intelligenz habe die Aufgabe, Maschinen zu konstruieren, die sich auf eine Art und Weise verhalten, die man bei Menschen als intelligent bezeichnen würde.[4] Nun wäre die Beherrschung der Grundrechenarten bei einem Menschen sicherlich ein Zeichen von Intelligenz. Doch die Schlussfolgerung, dass ein simpler Taschenrechner intelligent ist, ja intelligenter als die meisten Menschen, weil er schneller rechnet und weniger Fehler macht, erscheint absurd. Intelligenz erschöpft sich nicht darin, ein bestimmtes kognitives Problem zu lösen, sondern es kommt darauf an, *wie* das geschieht.

Das lässt sich mit Hilfe eines anderen Beispiels verdeutlichen. Bei dem Spiel *Drei Gewinnt* wetteifern zwei Spieler darum, auf einem quadratischen Spielfeld, das aus 3 × 3 Feldern besteht, als Erster drei Zeichen in eine Zeile, Spalte oder Diagonale zu setzen. Die Zahl der möglichen Spiele ist begrenzt und beläuft sich auf 255 168. Es ist ziemlich einfach, ein Programm zu schreiben, das alle möglichen Spielfolgen erzeugt und diejenigen auszeichnet, die gewinnen. Den jeweils optimalen Spielzug muss das Programm dann nur noch von einer Liste ablesen. Allerdings lassen sich nicht viele kognitive Probleme auf diese Art und Weise lösen. Außerdem würden die meisten diese Methode, das Spiel zu spielen, wohl nicht als intelligent bezeichnen.

Auch wenn es schwierig ist, den Begriff der Intelligenz hieb- und stichfest zu definieren, lässt dieses Beispiel einige Rückschlüsse darauf zu, welche Aspekte wichtig sind. So wird Intelligenz häufig mit der Fähigkeit verbunden, zu *lernen*. Ein Programm, das die Regeln von *Drei Gewinnt* nicht kennt und aus der Beobachtung einer Reihe von Spielen darauf schließt, welche Regeln das Spiel ausmachen und welches die besten Strategien sind, um zu gewinnen, würden wir durchaus als intelligent gelten lassen. Auch die Fähigkeit, sich auf *neue Situationen* einzustellen, gehört zum intelligenten Verhalten. Tritt eine bislang nicht bekannte Spielsituation auf und gelingt es, darauf die passende Reaktion zu finden, so ist auch das eine intelligente Leistung. Schließlich ist auch die Fähigkeit zur *Verallgemeinerung* von Bedeutung für Intelligenz. Ein Programm, das in der Lage ist, alle möglichen Brettspiele zu lernen, scheint intelligenter zu sein als eines, das nur *Drei Gewinnt* spielen kann.

Turing Maschine

Künstliche Intelligenz stützt sich auf Computertechnologie. Das abstrakte Modell, das einem herkömmlichen Digitalcomputer zugrunde liegt, ist die Turingmaschine. Diese wurde um 1936 von dem Mathematiker Alan Turing (1912–1954) entwickelt.[5] Es handelt sich dabei nicht um einen konkreten Gegenstand, sondern um ein mathematisches Objekt, das es erlaubt, die Begriffe des Algorithmus und der Berechenbarkeit zu formalisieren, die für die Funktionsweise eines Computers ausschlaggebend sind. Ein Algorithmus ist umgangssprachlich ausgedrückt eine formale Anleitung zur schrittweisen Lösung eines Problems: Das kann Euklids (3. Jh. v. Chr.) Algorithmus zur Berechnung des größten gemeinsamen Teilers zweier natürlicher Zahlen sein, aber auch ein Kochrezept.

Eine Turingmaschine erlaubt die mathematische Darstellung eines Algorithmus. Sie besteht aus einem Lese- und Schreibkopf, einem Speicherband sowie Verarbeitungsregeln. Eine Berechnung erfolgt durch die schrittweise Manipulation von Symbolen, die mit Hilfe des Lese- und Schreibkopfs vom Speicherband abgelesen, nach den Regeln verarbeitet und dann wieder auf das Speicherband geschrieben werden. Diese Symbole lassen sich als Zahlen interpretieren. Die Turingmaschine beschreibt eine Funktion, die von einem bestimmten Ausgangswert zu einem bestimmten Ergebnis führt. Gemäß der sog. *Church-Turing-These* ist jede intuitiv berechenbare Funktion auch von einer Turingmaschine berechenbar.[6] Da der Begriff der *intuitiv berechenbaren Funktion* nicht formalisierbar ist, lässt sich diese These nicht beweisen. Sie wird jedoch in der Informatik üblicherweise akzeptiert. Allerdings ist nicht jede Funktion berechenbar, wie bereits Turing selbst gezeigt hat.[7] So gibt es keinen Algorithmus, der für alle Algorithmen bestimmt, ob sie zu einem Ende gelangen. Man spricht vom

Halteproblem, weil die Turingmaschine bei dem Versuch, einen solchen Algorithmus auszuführen, nicht zu einem Ende kommt, sondern unendlich weiterläuft.[8]

Die ersten physikalischen Umsetzungen digitaler Computer, die dem Prinzip der Turingmaschine entsprechen, stammen freilich nicht von Turing, sondern von dem Bauingenieur Konrad Zuse (1910–1995) und dem Mathematiker John von Neumann (1903–1957). Die Von-Neumann-Architektur ist bis heute maßgeblich für die Arbeitsweise der meisten Computer. Die Ausgangshypothese der KI lässt sich nun so formulieren, dass intelligentes Verhalten algorithmisierbar und somit grundsätzlich durch eine Turingmaschine berechenbar ist.

Die Idee, rationales Denken zu mechanisieren, ist nicht neu. Schon Aristoteles (384–322 v. Chr.) schuf mit der Syllogistik einen Mechanismus, der notwendig von bestimmten Prämissen zu einer Konklusion führt. Das berühmteste Beispiel ist der Schluss:

Prämisse 1: Alle Menschen sind sterblich.
Prämisse 2: Sokrates ist ein Mensch.
Konklusion: Sokrates ist sterblich.

Aristoteles' Syllogistik blieb jedoch informell. Erst im 19. Jahrhundert gelang es, die Logik zu formalisieren und für die Mathematik fruchtbar zu machen. Einen Meilenstein bilden die Arbeiten Gottlob Freges (1848–1925).[9] Er entwickelte eine formale Sprache und damit zusammenhängend formale Beweise, die dann von Bertrand Russell (1872–1970) und Alfred North Whitehead (1861–1947) in ihrem Buch *Principia Mathematica* kritisiert und weitergeführt wurden.[10]

Die Grundidee der Aussagenlogik besteht darin, Symbole für ganze Sätze und ihre Bindeglieder (wie z. B. »und«, »oder« und »wenn … dann …«) einzuführen. Der Satz »Wenn es regnet, wird die Straße nass« lässt sich beispielsweise als »wenn p, dann q« (symbolisch: p → q) darstellen. Die Prädikatenlogik differenziert die logische Formulierung weiter aus, indem unterschiedliche Symbole für das logische Subjekt und das logische Prädikat eines Satzes verwendet werden. Der Satz »Sokrates ist ein Mensch« kann beispielsweise durch »Ma« ausgedrückt werden, wobei »M« für das Prädikat »ist ein Mensch« und »a« für Sokrates steht. Hinzukommen Quantoren, die festlegen, für welche Objekte einer Grundmenge ein Prädikat gilt. So lässt sich die erste Prämisse im Schluss »Alle Menschen sind sterblich« durch »(∀x) (Mx → Sx)« (»für alle x gilt: wenn x M ist, dann ist x auch S«) symbolisieren.[11] Weitere Symbole gibt es für Klassen, Glieder der Klassen und für die Beziehungen zwischen der Zugehörigkeit und dem Einschluss der Glieder. Die logische Formalisierung macht auch Aussagen in einer natürlichen Sprache der Verarbeitung durch eine Turingmaschine zugänglich.

Symbolverarbeitungsansatz versus künstliche neuronale Netze

Von hier aus ist es nicht weit zu der Annahme, dass Symbolverarbeitung eine notwendige und hinreichende Bedingung für intelligentes Verhalten ist. Diese Behauptung wurde 1975 von dem Kognitionspsychologen Allen Newell (1927–1992) und dem Sozialwissenschaftler Herbert A. Simon (1916–2001) aufgestellt.[12] Damit ist einerseits gemeint, dass physikalische Symbolverarbeitungssysteme zu intelligentem Verhalten fähig sind. Andererseits wird impliziert, dass auch menschliche Intelligenz sich auf physikalische Symbolverarbeitungsprozesse zurückführen lässt. Das menschliche Gehirn wäre demnach letztlich nichts anderes als eine »Symbolverarbeitungsmaschine aus Fleisch«[13]. Man spricht in diesem Zusammenhang deshalb auch vom computationalen Modell des Geistes. Newells und Simons These hatte großen Einfluss auf die Entwicklung der KI. Sie bringt ein Forschungsprogramm auf den Punkt, das auch als *Good Old-Fashioned AI* oder *GOFAI* bezeichnet wird.[14]

Das legt nahe, dass es weitere Formen der KI gibt, die von anderen Annahmen ausgehen. Entsprechend der einen Auffassung ist es ein Fehler, gänzlich von der Beschaffenheit des menschlichen Gehirns zu abstrahieren, wenn wir Intelligenz verstehen und nachbilden möchten. Dieser Ansatz versucht, ein Analogon der Neuronenverbände, die das menschliche Gehirn ausmachen, mit den Mitteln der Informatik zu konstruieren. Da es besonders auf die Verbindung zwischen den einzelnen Neuronen ankommt, spricht man auch von *Konnektionismus*.[15]

Der Aspekt der Intelligenz, den dieser Ansatz in den Vordergrund stellt, ist die Fähigkeit zu lernen. Der Konnektionismus wird sogar häufig mit dem maschinellen Lernen gleichgesetzt. Künstliche neuronale Netze haben nämlich die Fähigkeit, in großen Datenmengen Muster zu erkennen. Auch wenn die Bezeichnung altmodisch für den Symbolverarbeitungsansatz nahelegt, dass der Konnektionismus eine neuere Entwicklung ist, reichen die ersten Versuche, künstliche neuronale Netze zu entwickeln, schon bis in die Pionierphase der KI Mitte des 20. Jahrhunderts zurück.[16] Allerdings schienen die Erfolge zunächst gering zu sein, so dass der Ansatz erst in den 1980er Jahren an Popularität gewann.

Es wäre allerdings ein Missverständnis, davon auszugehen, dass künstliche neuronale Netze Gehirnstrukturen eins zu eins abbilden. Vielmehr handelt es sich um mathematische Modelle für Computerprogramme, die bestimmten Organisationsprinzipien biologischer neuronaler Netze nacheifern. Die computationalen Neurowissenschaften streben zwar an, die Funktionsweise des Gehirns mit Hilfe künstlicher neuronaler

Netze zu verstehen und auf dem Computer zu simulieren. Doch für viele KI-Anwendungen kommt es nicht auf die biologischen Details an, sondern darauf, praktikable Lösungen für bestimmte Probleme zu finden.

Biologisch inspirierte Grundeinheit des Konnektionismus ist das Neuron. Neuronen sind über Synapsen miteinander verbunden, über die sie Signale senden oder empfangen. In biologischen Netzen handelt es sich um chemische Reaktionen, bei künstlichen neuronalen Netzen werden diese durch elektrische Schaltkreise simuliert. Wenn diese Signale eine gewisse Schwelle überschreiten, feuert das Neuron und überträgt seine Aktivität auf diese Art und Weise auf ein anderes Neuron. Während die Struktur des biologischen Gehirns noch recht unübersichtlich ist, liegt künstlichen neuronalen Netzen ein klarer hierarchischer Aufbau zugrunde. Die Neuronen sind schichtweise angeordnet und verfügen über Verbindungen zu den Neuronen der nächsthöheren und der nächstniedrigeren Schicht.

Die Neuronen auf der untersten Ebene bekommen Input von außerhalb des Netzes, beispielsweise Bildpixel von einer Kamera. Die darauf folgenden Schichten werden »versteckte Schichten« (*Hidden Layers*) genannt: Die Neuronen dieser Schichten erhalten jeweils Input von den Neuronen der nächstniedrigeren Schicht und geben Signale an die nächsthöhere Schicht weiter. Die höchste Schicht stellt den Output des Netzes bereit, beispielsweise die Ausgabe, dass es sich bei einem bestimmten Bild um eine Katze handelt. Künstliche neuronale Netze, die nur aus Ein- und Ausgabeschicht bestehen, sind zwar prinzipiell möglich, aber die versteckten Schichten erhöhen die Datenverarbeitungsmöglichkeiten eines Netzes erheblich.

Ein entscheidender Punkt ist, dass die Verbindungen zwischen den Neuronen unterschiedlich gewichtet werden können. Wiederum stand eine biologische Vorstellung Pate. Der Psychologe Donald O. Hebb (1904–1985) formulierte 1949 die nach ihm benannte Hebb'sche Regel.[17] Sie besagt, dass die Verbindungen zwischen Neuronen durch gleichzeitiges Feuern verstärkt und ohne gleichzeitige Aktivität abgeschwächt werden. Je stärker die Verbindung zwischen zwei Neuronen ist, desto weniger Erregung bedarf es, damit ein Signal des einen Neurons das andere zum Feuern bringt. Die Verstärkung der neuronalen Verbindung bildet für Hebb die neuronale Grundlage von Lernprozessen und wird in abgewandelter Form häufig in künstlichen neuronalen Netzen verwendet. Durch Verstärkung und Abschwächung werden einige Neuronen aktiviert, andere nicht. Es entsteht ein spezifisches Aktivitätsmuster. Auf diese Art und Weise kann ein neuronales Netz beispielsweise darauf trainiert werden, Bilder von Katzen anhand spezifischer Muster zu erkennen, die diesen Bildern zugrunde liegen.

Dieser Lernprozess kann überwacht sein, d. h. dem Netz werden Bilder mit Katzen und solche ohne Katzen präsentiert. Dabei wird jeweils angegeben, auf welchem Bild eine Katze zu sehen ist. Es ist aber auch möglich, dem Netz nur Katzenbilder vorzulegen und keine weiteren Einschränkungen zu machen. In diesem Fall lernt das Netz nicht überwacht, und es bleibt ihm selbst überlassen, die relevanten Ähnlichkeiten herauszufinden. Die Gesichter von Katzen, ihre Körperform, Schwanz, Pfoten oder Schnurrhaare stellen sich zwar in ganz verschiedenen Posen, Farben und Blickwinkeln dar, dennoch bilden sie Muster, die ein neuronales Netz erkennen kann, wenn es mit sehr vielen Katzenbildern konfrontiert wird.

Ob menschliches Lernen ähnlich funktioniert, ist fraglich, schon weil wir nicht so großer Datenmengen bedürfen, um etwas zu lernen. Uns scheint es beim Lernen auf grundlegendere Zusammenhänge von Eigenschaften in der Welt anzukommen und nicht nur auf Ähnlichkeitsmuster. Gleichwohl ist das

Verfahren sehr erfolgreich und kann anhand ganz verschiedener Daten durchgeführt werden, z. B. anhand von Dokumenten, Bildern, Videos, Röntgenaufnahmen, Facebook Likes, Sprachaufnahmen oder Börsentransaktionen. Ist von *Big Data* die Rede, geht es zumeist um diese Form der KI.

Obwohl künstliche neuronale Netze möglicherweise anders lernen als Menschen, ist es dennoch aufgrund ihrer hohen kognitiven Leistungsfähigkeit (sie übertreffen die menschlichen Mustererkennungsfähigkeiten um ein Vielfaches) gerechtfertigt, von künstlicher Intelligenz zu sprechen. Das ist ein weiterer Grund für die Annahme, dass künstliche Intelligenz nicht immer menschenähnlich funktionieren muss.

Noch eine wichtige Beobachtung ist, dass die Kluft zwischen dem Symbolverarbeitungsansatz und dem Konnektionismus in praktischer Hinsicht gar nicht so tief ist, wie sie zunächst zu sein scheint. Für einige Anwendungen ist GOFAI die bessere Wahl, für andere sind es künstliche neuronale Netze. Der Symbolverarbeitungsansatz hat seine Stärke bei Problemen, die abstraktes Schließen erfordern, während künstliche neuronale Netze besser sind, wenn es um Musterkennung auf der Grundlage verrauschter Daten geht, die verzerrt, instabil oder nicht eindeutig sind. Neuronale Netze kommen hingegen an ihre Grenzen, wenn es keine oder nur wenige Daten gibt, um ein Problem zu lösen, oder wenn es auf Fehlerfreiheit ankommt.

Ebenso wie am Symbolverarbeitungsansatz wurde jedoch auch am Konnektionismus grundsätzliche Kritik geäußert. Ein einflussreicher Einwand lautet, dass künstliche neuronale Netze einige zentrale Charakteristika von Intelligenz nicht modellieren können, insbesondere die Produktivität und Systematizität, die kognitive Leistungen ausmachen.[18]

Nehmen wir als Beispiel die Sprache: Wir können potentiell unendlich viele sprachliche Äußerungen verstehen. Als endliche Wesen ist es für uns unmöglich, dass wir jeden einzelnen Satz, den wir äußern oder verstehen können, irgendwann einmal auswendig gelernt haben. Der Schlüssel zu unserem Sprachverständnis liegt darin, dass wir auf der Grundlage eines endlichen Vokabulars und einer endlichen Menge grammatischer Regeln unendlich viele neue sprachliche Äußerungen erzeugen und verstehen können. Denn komplexe sprachliche Äußerungen lassen sich auf diese Weise systematisch auf einfachere Einheiten zurückführen. Diese Eigenschaften sind ein Markenzeichen des Symbolverarbeitungsansatzes, für den Konnektionismus sind sie hingegen schwieriger einzufangen – zumindest sofern er sich rigoros vom Symbolverarbeitungsparadigma absetzt.

Ob eine solche Entgegensetzung zutrifft, ist jedoch fraglich, denn künstliche neuronale Netze sind zwar anders aufgebaut als eine Turingmaschine, im Hinblick auf die Berechenbarkeit aber äquivalent. Es könnte sich auch einfach um unterschiedliche Beschreibungsebenen handeln. Möglicherweise realisieren konnektionistische Netze auf subsymbolischer Ebene kognitive Prozesse, die sich auch symbolisch beschreiben lassen. So könnte die Fähigkeit, die ein künstliches neuronales Netz erwirbt, das auf Spracherkennung trainiert wird, dadurch beschrieben werden, dass es eben die linguistischen Grundeinheiten und Regeln ihrer Verknüpfung erlernt. Beide Ansätze werden in der Praxis auch miteinander kombiniert. *Google DeepMind* arbeitet mit der *Neural Turing Machine (NMT)* an einem solchen System. Die Vision besteht darin, auf diese Art und Weise einen Computer zu schaffen, der selbst Programme für ihm unbekannte Situationen entwickeln kann.

Embodiment und verhaltensbasierte KI

Künstliche neuronale Netze bilden aber nicht die einzige Alternative zum klassischen Symbolverarbeitungsparadigma. In den 1980er Jahren kam ein neuer Ansatz ins Spiel, der unter den Begriffen der *Nouvelle AI*, *Embodied AI* oder *verhaltensbasierte KI* bekannt wurde. Während der Konnektionismus den Fehler des klassischen Paradigmas darin sah, Intelligenz gänzlich unabhängig von der Beschaffenheit des menschlichen Gehirns zu betrachten, fordert die verhaltensbasierte KI, auch den Körper und seine Umwelt mit einzubeziehen.[19] Die beiden zentralen Schlagworte, die diesen Ansatz charakterisieren, sind daher *Verkörperung* und *Situiertheit* der Kognition.[20]

Im Vordergrund stehen nun nicht mehr anspruchsvolle geistige Leistungen, sondern sensomotorische Fähigkeiten, über die auch verhältnismäßig einfache Organismen wie Insekten verfügen. Dieser Ansatz bleibt folgerichtig nicht bei Computermodellen stehen, sondern führt zum Bau von Robotern, die über einen Körper, Sensoren und Aktoren verfügen. Ziel ist es, Systeme zu schaffen, die die Fähigkeit haben, ihre Umwelt wahrzunehmen, sich in ihr zu bewegen und Objekte zu manipulieren, so dass sie sich erhalten und unter Umständen sogar reproduzieren können. Wie Rodney Brooks, einer der Pioniere dieser Richtung, betont, muss man von Anfang an mit Robotern arbeiten, die sich in der wirklichen Welt und nicht nur in einer künstlich vereinfachten Modellwelt behaupten können.[21]

Dieser Ansatz kommt einer wirkungsmächtigen Grundsatzkritik entgegen, die von Hubert Dreyfus (1929–2017) schon früh gegen das Projekt der künstlichen Intelligenz geltend gemacht wurde.[22] Ausgehend von Martin Heideggers (1889–1976) Begriff des *In-der-Welt-seins* kritisiert er die KI (insbesondere den Symbolverarbeitungsansatz), weil er der Einbettung der menschlichen Intelligenz in eine Welt nicht gerecht wird, die sich durch bestimmte Sinnstrukturen auszeichnet. Menschliche Intelligenz ist für ihn nicht formalisierbar, sondern hochgradig kontextabhängig und wird auch dadurch geprägt, dass der Mensch über einen Körper verfügt.

Eine wichtige Rolle spielt hierbei die philosophische Unterscheidung zwischen Wissen, *dass* etwas der Fall ist (*Knowing that*), z. B. dass 2 + 2 = 4 ist, und praktischem Wissen, *wie* etwas geht (*Knowing how*), beispielsweise Fahrradfahren. Der Symbolverarbeitungsansatz beruht auf einem Verständnis von Wissen im ersten Sinn. Dreyfus geht hingegen davon aus, dass die primäre Form des Wissens *Knowing how* ist. So resultiert selbst mathematisches Wissen für ihn aus praktischem Wissen im Umgang mit Objekten in der Welt. Wenn diese Annahme stimmt, dann erfordert eine dem Menschen vergleichbare Intelligenz einen menschlichen Körper und eine menschliche Form der Sozialisation, KI könnte also letztlich nur als Duplikation des Menschen gelingen.[23]

Allerdings sind Dreyfus' Grundannahmen philosophisch umstritten, insbesondere das Postulat von konstitutiven Sinnstrukturen in der Welt sowie die Annahme des Primats des praktischen Wissens. So ist die Überführung von praktischem Wissen in Wissen, dass etwas der Fall ist, sicherlich schwierig. Man kann zwar versuchen, eine symbolische Anleitung für das Fahrradfahren zu entwickeln, doch das ist ein recht umständliches Verfahren. Sehr viel weitgehender und umstrittener ist jedoch die Annahme, dass alles Wissen letztlich praktisch ist. Es mag sein, dass es einige genuin praktische Wissensformen oder Fähigkeiten wie das Fahrradfahren gibt. Aber nicht alle Formen des Wissens sind von dieser Art: Im Fall des mathematischen Wissens beispielsweise erscheint das fraglich. Zudem ist auch zwischen dem Entstehungs- und dem Begründungszusammenhang zu unterscheiden.[24] Möglicherweise ist praktisches Wissen für die Entstehung von Wissen grundlegend, wenn es beispielsweise darum geht, wie Kinder den Begriff der Zahl erwerben. Will man jedoch den abstrakten Begriff der Zahl verstehen, dann muss dieses praktische Wissen in Wissen, dass etwas der Fall ist, transformiert werden. Doch wenn das möglich ist, dann ist dieses Wissen grundsätzlich symbolisch repräsentierbar.

Im Hinblick auf die praktischen Ergebnisse des verhaltensbasierten KI-Ansatzes kann man festhalten, dass dieser insbesondere im Hinblick auf die Ausstattung von Robotern mit sensomotorischen Fähigkeiten überzeugt. Betrachtet man hingegen das, was wir für gewöhnlich *Denken* nennen, als paradigmatischen Fall der Intelligenz, so kann der verhaltensbasierte Ansatz bislang keine überzeugenden Resultate vorweisen, und es bleibt weiterhin schwierig, sich den Weg dorthin auszumalen. Auch in diesem Fall scheint es also auf den Anwendungskontext anzukommen, welche Herangehensweise die Beste ist.

Die für uns entscheidende Frage ist natürlich, welcher Ansatz im Kontext der Maschinenethik vorzuziehen ist. In der philosophischen Tradition war der Gedanke sehr einflussreich, auch und gerade zur Entscheidung moralischer Probleme ein mechanisches Verfahren bereitzustellen, das jeden, der es anwendet, zwangsläufig zu den richtigen Resultaten führt. Das wäre von einer Algorithmisierung moralischen Denkens nicht weit entfernt. Es gibt aber auch andere Stimmen, die die Situiertheit der Moral in einem bestimmten Kontext oder die Bedeutung von Emotionen in einem körperlichen Sinn betonen. Alle traditionellen Ansätze der philosophischen Ethik setzen allerdings Fähigkeiten voraus, von denen sehr umstritten ist, ob sie Maschinen zukommen können, insbesondere *Denken*, *Bewusstsein* und *Emotionen*. Mit diesen Einwänden, die die Möglichkeit einer Maschinenethik schon an der Wurzel treffen, setzt sich das nächste Kapitel auseinander.

Turing ist nicht nur der Vater der Turingmaschine. Er hat auch maßgeblichen Einfluss auf die Diskussion genommen, ob Maschinen denken können.[25] Nach Turings Meinung ist allerdings schon die Ausgangsfrage problematisch: Ihre Beantwortung hängt davon ab, wie wir die Begriffe *Maschine* und *Denken* definieren. Eine unumstrittene Definition dieser Begriffe ist für ihn nicht in Sicht. Statt die Frage direkt anzugehen, schlägt er deshalb vor, einen Test durchzuführen. Er nennt ihn »das Imitationsspiel«. Die Pointe dieses Spiels besteht darin, dass ein Computer einen Menschen imitieren soll. Dabei stehen sich Mensch und Maschine nicht direkt gegenüber, um auf diese Art und Weise Vorurteile gegenüber Maschinen auszuschließen, die auf ihrer nicht-menschlichen Erscheinung beruhen.

Der Turingtest

Ein menschlicher Fragesteller ist nur über Tastatur und Bildschirm mit zwei ihm unbekannten Gesprächspartnern verbunden. Der eine Gesprächspartner ist ein Mensch, der andere ist eine Maschine. Beide Gesprächspartner versuchen, den Fragesteller davon zu überzeugen, dass sie Menschen sind. Gelingt es dem Fragesteller nach einer intensiven Befragung nicht, zu unterscheiden, welches die Maschine ist und welches der Mensch, hat die Maschine den Turingtest bestanden. Der Maschine wäre in diesem Fall nach Turing, die Fähigkeit zu denken, zu attestieren.

Eine Maschine zu konstruieren, die den Turingtest besteht, gehört seither zu den Herausforderungen, die die KI inspirieren. Es gab eine Reihe von Computerprogrammen, die den Anspruch erhoben haben, den Turingtest zu bestehen, doch bislang ist dies in keinem Fall zweifelsfrei gelungen. 1990 stiftete der Soziologe Hugh G. Loebner (1942–2016) in Absprache mit dem *Cambridge Center for Behavioral Studies* 100 000 US-Dollar und eine Goldmedaille für den ersten Computer, der die Juroren davon überzeugen kann, dass er ein Mensch ist. Diese Medaille wurde bislang nicht vergeben. Zusätzlich stiftete Loebner einen jährlich zu vergebenden Preis in Höhe von 2000 US-Dollar und eine Bronzemedaille für den Computer, der diesem Ziel am nächsten kommt.

Im Jahr 2014 ging durch die Presse, das russische Computerprogramm *Eugene* habe den Turingtest bestanden. Allerdings war der Test sehr kurz – er dauerte nur fünf Minuten, für jeden Gesprächspartner blieben also nur zweieinhalb Minuten Zeit. Außerdem sollte das Programm den Fragesteller davon überzeugen, ein 13-jähriger Junge aus der Ukraine zu sein. Daran wurde kritisiert, dass sprachliche Unzulänglichkeiten und mangelndes Weltwissen auf diese Art und Weise kaschiert werden sollten. Das Ganze beruhte also eher auf einem Trick als auf der Simulation einer allgemeinen Form des Denkens. Es zeigt aber, dass der ursprüngliche Turingtest in wichtigen Hinsichten unbestimmt ist.

Auch zuvor gab es schon Programme, die recht geschickt mit Tricks arbeiteten. Das Programm ELIZA des Informatikers Joseph Weizenbaum (1923–2008) beispielsweise mimte so erfolgreich einen Psychotherapeuten, dass viele Patienten sich gut verstanden fühlten.[26] Sie suchten sogar dann noch das Gespräch, als ihnen die maschinelle Natur des Gesprächspartners bereits bekannt war. ELIZA ist sehr einfach aufgebaut. Das Programm sucht die eingegebenen Sätze nach Schlüsselwörtern wie »Vater« oder »Ich« ab und antwortet mit vagen Bemerkungen wie »Erzählen Sie mir mehr über Ihren Vater« oder variiert die Eingabe. Wird beispielsweise »Ich erinnere mich an …« eingetippt, so antwortet es mit »Erinnern Sie sich oft an …?« Finden sich keine Schlüsselwörter, reagiert das

Programm mit Floskeln wie »Erzählen Sie mir mehr darüber.« Die Unzulänglichkeit von ELIZA tritt jedoch rasch zutage, wenn die Fragesteller vom therapeutischen Kontext abweichen und nicht nur über ihr Leben sprechen. Die Bereitschaft, sich dem Programm anzuvertrauen, scheint zum einen mit dem spezifischen Kontext der Psychotherapie zu tun zu haben, in dem der Psychotherapeut sich zumindest nach klassisch psychoanalytischem Verständnis so weit wie möglich zurücknimmt. Zum anderen ist der Erfolg eher auf die dem Menschen innewohnende Tendenz zurückzuführen, unbelebte Gegenstände zu vermenschlichen, als auf die gelungene Simulation von Intelligenz.[27]

Searles Chinesisches Zimmer

Nicht nur hat bislang noch kein System den Turingtest erfolgreich bestanden, es gibt auch grundsätzliche Kritik an ihm als Maßstab dafür, ob Computer denken können. Berühmt geworden ist John Searles Gedankenexperiment des *Chinesischen Zimmers*.[28] Es soll zeigen, dass selbst ein Computer, der den Turingtest besteht, nicht wirklich zum Denken in der Lage ist:

Stellen Sie sich vor, Sie sind in einem Zimmer eingeschlossen. Durch einen Schlitz werden Karten mit chinesischen Schriftzeichen zu Ihnen hineingeschoben. Durch einen anderen Schlitz sollen Sie Ihrerseits Karten mit chinesischen Zeichen nach draußen reichen. Sie verstehen zwar kein Chinesisch, aber es gibt eine in Ihrer Muttersprache verfasste Anleitung, die beschreibt, auf welche Eingabezeichen Sie mit welchen Ausgabezeichen zu reagieren haben. De facto realisieren Sie auf diese Art und Weise ein Computerprogramm. Nehmen wir an, Ihre Reaktionen überzeugen die chinesischen Muttersprachler außerhalb des Zimmers davon, dass Sie Chinesisch können. Dürfen wir Ihnen deshalb die Fähigkeit zuschreiben, Chinesisch zu sprechen?

Für Searle ist die Antwort klarerweise: Nein. Sie verstehen nach wie vor die Bedeutung der chinesischen Schriftzeichen nicht, obwohl Sie die Außenstehenden täuschen können. Per Analogieschluss gilt dasselbe für das Denken: Selbst wenn ein Computer den Turingtest besteht, gibt es keinen Grund dafür, ihm Denkfähigkeit zuzuschreiben. Searles Argument richtet sich gegen den Anspruch der *starken KI*, menschliches Denken nicht nur zu simulieren, sondern tatsächlich durch ein Computerprogramm nachzubilden. Der Grund dafür besteht darin, dass eine Turingmaschine rein syntaktisch, auf der Grundlage der formalen Eigenschaften von Zeichen, operiert und deren Bedeutung außer Acht lässt. Philosophisch gesprochen fehlt der Turingmaschine Intentionalität, also die Fähigkeit, sich mit den Zeichen auf Dinge in der Welt zu beziehen. Intentionalität wird oftmals als spezifisches Merkmal des Mentalen angesehen, sei es das Denken, die Wahrnehmung, die Erinnerung oder Emotionen.[29]

Man könnte nun meinen, Searles Kritik richte sich nur gegen den Symbolverarbeitungsansatz, während die beiden anderen Paradigmen der KI, der Konnektionismus oder die verhaltensbasierte KI, ihr entgehen könnten. Vertreter des Konnektionismus haben vorgeschlagen, an die Stelle des einsamen Insassen des Chinesischen Zimmers ein neuronales Netz zu setzen.[30] Doch Searle hat diesen Einwand antizipiert und das Szenarium so modifiziert, dass auch dieser Ansatz betroffen ist. Die konnektionistische Architektur lässt sich so nachstellen, dass das Chinesische Zimmer nun eine Turnhalle ist, in der sich statt einer Person eine Hundertschaft oder noch mehr Insassen befinden. Jeder von ihnen spricht nur seine Muttersprache, bearbeitet aber dieses Mal lediglich einen kleinen Teilausschnitt aus dem Regelwerk. Alle zusammen funktionieren wie ein neuronales Netz. Es spricht für Searle ebenso wenig dafür, diesem System Denken zuzuschreiben wie dem einfachen Chinesischen Zimmer.

Gemäß der Roboterreplik fehlt der Person im Chinesischen Zimmer zum Bedeutungsverstehen eine kausale Verbindung zur Welt. Wenn wir den Computer in einen Roboter einbauen würden, der in der Lage ist, seine Umwelt wahrzunehmen und sich darin zu bewegen, dann könnte dieser echtes Bedeutungsverstehen entwickeln.[31] Searle hat auch diesen Einwand bereits vorweggenommen und argumentiert, dass es die Situation nicht verändern würde, erhielte das Chinesische Zimmer seinen sprachlichen Input über eine Fernsehkamera oder Mikrophone und könnte mit Hilfe seiner Ausgaben Motoren in Gang setzen, die Arme und Beine bewegen: Der Insasse des Zimmers verstünde die Bedeutung der chinesischen Schriftzeichen immer noch nicht.

Einen Unterschied würde es freilich machen, wenn die sensomotorische Ausstattung des Chinesischen Zimmers es ermöglichen würde, Zeichen mit Gegenständen in der Welt zu verknüpfen.[32] Könnte der Insasse auf dem Bildschirm beispielsweise Hamburger sehen, wäre es ihm möglich, nach dem *Trial-and-Error*-Prinzip das chinesische Zeichen für das Wort »Hamburger« zu lernen. Ein solcher Interpretationsprozess scheint jedoch nicht nur den Symbolverarbeitungsansatz hinter sich zu lassen, sondern dürfte auch jenseits des Horizonts der anderen Paradigmen der künstlichen Intelligenz liegen.

Ein grundsätzlicherer Einwand lautet, dass Searles Kritik zu stark ist. Denn die chinesischen Zeichen sind ja nicht bedeutungslose Kritzeleien. Sie haben Bedeutung und werden auf sinnvolle Art und Weise miteinander verknüpft. Nichts anderes ist Denken. Das Chinesische Zimmer denkt also durchaus, auch wenn der Inhalt der Gedanken dem Insassen nicht bewusst ist. Searle kontert diesen Einwand mit dem Verweis auf die Unterscheidung zwischen *abgeleiteter* und *intrinsischer* Intentionalität.[33] Das Chinesische Zimmer besitze nur abgeleitete Intentionalität, weil seine Zeichenverwendung abhängig von der bereits bestehenden chinesischen Sprachpraxis sei, die den Hintergrund des Verstehens der Personen außerhalb des Zimmers darstellt. Es liegt aber laut Searle keine intrinsische Intentionalität vor, die unabhängig von der vorgängigen Verwendung eines Zeichens durch Menschen sei. Das Merkmal intrinsischer Intentionalität ist für ihn Bewusstsein. Um zu denken genügt es demnach nicht, Zustände mit einer bestimmten Bedeutung zu haben, sondern diese Bedeutung muss auch bewusst sein.

Bewusstsein

Allerdings ist der Begriff des Bewusstseins mehrdeutig. So unterscheidet der Philosoph Ned Block zwischen *Zugangsbewusstsein* und *phänomenalem Bewusstsein*.[34] Phänomenales Bewusstsein bezeichnet das subjektive Erleben: Dieses bezieht sich darauf, wie es sich anfühlt, in einem bestimmten mentalen Zustand zu sein, beispielsweise etwas Rotes wahrzunehmen oder Schmerz zu empfinden. Zugangsbewusstsein hingegen betrifft die kognitive Seite des Bewusstseins: Ein Zustand ist zugangsbewusst, wenn er in rationalen Überlegungen und zur rationalen Kontrolle von Handlungen verwendet werden kann. Zumeist geht das auch mit der Möglichkeit des sprachlichen Ausdrucks einher.

In diesem Sinn wäre beispielsweise meine Wahrnehmung einer Rose bewusst, wenn sie mich zu der Überlegung veranlasst, dass ich sie einer Freundin schenken könnte, und ich in der Folge in den Laden gehe, um sie zu kaufen. Häufig treten phänomenales Bewusstsein und Zugangsbewusstsein zusammen auf, aber dies ist nach Block nicht zwangsläufig der Fall.

Wenn das stimmt, eröffnet sich eine neue Perspektive im Umgang mit Searles Chinesischem Zimmer. Das Zimmer hätte Zugangsbewusstsein des Chinesischen, weil es die Schriftzeichen im rationalen Denken und Handeln verwenden kann, es hätte jedoch kein phänomenales Verstehenserlebnis.

Das wirft die Frage auf, ob es grundsätzlich möglich wäre, ein künstliches System nicht nur mit Zugangsbewusstsein, sondern auch mit phänomenalem Bewusstsein auszustatten. Bislang ist allerdings noch nicht einmal geklärt, wie phänomenales Bewusstsein beim Menschen entsteht. In der Philosophie des Geistes wird deshalb zwischen den einfachen Fragen der Bewusstseinsforschung und dem *Schwierigen Problem des Bewusstseins* unterschieden.[35] Verhältnismäßig leicht zu untersuchende Fragen beziehen sich darauf, wie das Gehirn Informationen verarbeitet und zur Steuerung von Verhalten nutzt. Das *schwierige Problem des Bewusstseins* hingegen besteht darin, wie unser subjektives Innenleben auf der Grundlage von Gehirnprozessen zustande kommt, und warum wir überhaupt eines haben, und nicht nur informationsverarbeitende, aber empfindungslos handelnde Automaten sind.

Letztlich ist es nach dieser Auffassung nicht nur schwierig, sondern gar nicht möglich, eine physikalische Erklärung des Bewusstseins zu finden. Dies soll auch ein anderes in der Philosophie berühmt gewordenes Gedankenexperiment des Philosophen Frank Jackson zeigen.[36] Dessen Protagonistin ist Mary, eine Neuropsychologin, die von Geburt an in einem schwarz-weißen Zimmer eingesperrt ist, aber alle physikalischen Fakten (einschließlich der Wahrnehmungstheorie) kennt. Dennoch – so Jacksons Pointe – lernt sie etwas Neues, als sie aus ihrem Gefängnis in die farbige Welt entlassen wird, nämlich wie es ist, Farben zu sehen. Man bezeichnet das als ihre subjektive Erlebnisqualität. Für Jackson ist es aus diesem Grund grundsätzlich ausgeschlossen, phänomenales

Bewusstsein mit Hilfe einer physikalischen Theorie zu erklären.[37]

Genau diese Konsequenz bildet aber das stärkste Argument derjenigen, die den Sonderstatus des subjektiven Erlebens in Frage stellen. Phänomenales Bewusstsein bleibt letztlich mysteriös, nicht mit den Mitteln unserer besten naturwissenschaftlichen Theorien erklärbar.[38] Es gab in der Geschichte der Wissenschaften andere Phänomene, die einen vergleichbaren Sonderstatus einzunehmen schienen und für unerklärlich erachtet wurden, beispielsweise die Lebenskraft (*Elan vital*). Doch diese Auffassung erwies sich als falsch. Wenn man Wachstum, Entwicklung, Fortpflanzung, Stoffwechsel, Immunabwehr usw. erklären kann, dann ist das Rätsel des Lebens gelöst. Analog dazu wäre auch das *schwierige Problem des Bewusstseins* geklärt, wenn es gelingt, Antworten auf die einfachen Probleme der Bewusstseinsforschung zu finden.[39]

Die Lektion für die Maschinenethik aus dieser Debatte besteht darin, dass sie sich in erster Linie auf die Erforschung der einfachen Probleme des Bewusstseins im Fall von Maschinen konzentrieren sollte, zumindest solange es um Systeme geht, die auch eine Anwendung in der Praxis finden sollen. Aus diesem Grund wird im nächsten Teil eine funktionale Auffassung des moralischen Handelns entwickelt. Ähnlich wie beim Chinesischen Zimmer soll moralisches Handeln simuliert werden, ohne dass damit der Anspruch verbunden ist, vollumfängliches moralisches Handeln im menschlichen Sinn einschließlich Bewusstsein und intrinsischer Intentionalität hervorzubringen.[40] Auf die Frage, ob es grundsätzlich möglich ist, eine künstliche Intelligenz mit diesen Eigenschaften hervorzubringen, komme ich noch einmal im letzten Kapitel des Buchs zurück.[41]

Emotionen zwischen Kognitivismus und Non-Kognitivismus

Einen besonderen Bereich des subjektiven Erlebens bilden Emotionen. Da Emotionen eine wichtige Rolle für intelligentes Verhalten allgemein und die Moral im Besonderen spielen, möchte ich an dieser Stelle etwas ausführlicher auf sie eingehen. Emotionen sind komplexe Phänomene, die sich nicht in ihrer subjektiven Erlebnisqualität erschöpfen. Nehmen wir beispielsweise an, Sie stehen vor einer wichtigen Prüfung. Malen Sie sich im Detail die Freude aus, wenn Sie die Prüfung mit Auszeichnung bestehen. Sie denken »Ich habe es geschafft!«, eine Reihe von beruflichen Zukunftsszenarien entrollt sich vor Ihrem inneren Auge, Sie fühlen sich erleichtert und könnten die Welt umarmen, Ihr Herz pocht wie wild vor Aufregung, Sie verziehen das Gesicht zu einem Lachen, werden rot usw. Nun stellen Sie sich umgekehrt Ihre emotionale Reaktion vor, nachdem Sie durchgefallen sind. Sie denken, »Oh Gott, ich habe versagt!«, Ihr Leben erscheint Ihnen als eine endlose Reihe von Misserfolgen, Sie fühlen sich niedergedrückt und würden sich am liebsten verkriechen, Sie bekommen einen Kloß im Hals, Tränen schießen Ihnen in die Augen usw.

Emotionen beinhalten außer der subjektiven Erlebnisqualität ein kognitives Element (beispielsweise Gedanken), körperliche Veränderungen, Handlungstendenzen und die Veränderung geistiger Prozesse (so führt Trauer zu einer Verlangsamung des Denkens).[42] All diese Elemente sind für sich genommen oder in unterschiedlichen Kombinationen schon zur Erklärung von Emotionen herangezogen worden. Am einflussreichsten sind jedoch diejenigen Theorien geworden, die entweder die subjektive Erlebnisqualität oder die kognitive Dimension als entscheidendes Merkmal von Emotionen betrachten. Die grundlegende Unterteilung der Emotionstheorien erfolgt daher entlang der Unterscheidung zwischen *Kognitivismus* und *Non-Kognitivismus.*

Der Non-Kognitivismus stellt die Gefühlsqualität von Emotionen in den Vordergrund. Die Frage, wie Gefühle zustande kommen, führt in die Physiologie. Sie scheint etwas mit den körperlichen Veränderungen zu tun zu haben, die mit Emotionen einhergehen. Das Gefühl der Freude beispielsweise hängt mit der erhöhten Herzfrequenz, dem Lachen und Erröten zusammen. Das Gefühl der Enttäuschung hingegen manifestiert sich durch den Kloß im Hals und die aufkommenden Tränen.

Während wir gemeinhin davon ausgehen, dass die körperlichen Veränderungen eine Folge der Empfindung einer Emotion sind, kamen der Philosoph und Psychologe William James (1842–1910) und der Psychologe Carl Lange (1834–1900) unabhängig voneinander zum umgekehrten Schluss. Ihrer Ansicht nach gehen die körperlichen Veränderungen der Empfindung einer Emotion voraus, ja, die Gefühlsqualität besteht letztlich in der Wahrnehmung der körperlichen Veränderungen. William James' berühmt gewordener Slogan lautet übersetzt: »Wir weinen nicht, weil wir traurig sind, sondern wir sind traurig, weil wir weinen.«[43] Der Begriff der körperlichen Veränderungen ist dabei vielfältig und bezieht sich sowohl auf die Mimik als auch auf die Herzfrequenz und die Absonderung von Hormonen.

Kognitivistische Emotionstheorien kritisieren am Non-Kognitivismus insbesondere, dass er nicht in der Lage ist, den Unterschied zwischen verschiedenen Emotionen überzeugend zu erklären. So lassen sich Emotionen wie z. B. Eifersucht und Neid nicht allein anhand der Art und Weise unterscheiden, wie sie sich anfühlen. Vielmehr haben Emotionen eine kognitive Dimension. Es handelt sich um intentionale Zustände, die sich auf etwas in der Welt beziehen und dieses in einer gewissen

Weise darstellen. So kann sich meine Furcht auf einen Hund beziehen, den sie als gefährlich darstellt.

Von Gefühlen im engeren Sinn, die sich nur durch ihre subjektive Erlebnisqualität auszeichnen, unterscheidet Emotionen ihre Intentionalität. Im Unterschied zu anderen intentionalen Zuständen wie Meinungen oder Wahrnehmungen stellen Emotionen ihren intentionalen Gegenstand jedoch nicht neutral dar, sondern sie *bewerten* ihn: Meine Furcht stellt den Hund als Bedrohung dar, weil er mir Schaden zufügen kann. Emotionen bewerten ihren Gegenstand in seiner Bedeutung für das Subjekt im Licht seiner Ansprüche, Ziele und Motive.

In seiner extremsten Form setzt der Kognitivismus Emotionen einfach mit Werturteilen gleich, die sich auf existentiell bedeutsame Angelegenheiten beziehen.[44] In der Folge können Emotionen wahr oder falsch sein und sind auch begründbar. Demnach bestünde meine Furcht vor dem Hund in dem Urteil, dass ich mich in akuter Gefahr befinde. Doch diese Theorien sind zu einseitig auf den kognitiven Aspekt fokussiert. Zu eng sind Emotionen mit körperlichen Veränderungen und dem subjektiven Erleben verbunden, als dass eine umfassende Erklärung von Emotionen ganz und gar davon von diesen abstrahieren könnte.[45]

Eine Alternative zur Gleichsetzung von Emotionen mit Urteilen besteht darin, Werturteile als Auslöser komplexer emotionaler Prozesse zu betrachten, die weitere Elemente beinhalten. Diesen Ansatz verfolgen beispielsweise die in der Psychologie weitverbreiteten *Appraisal*-Theorien. Sehr fruchtbar für die psychologische Forschung erwies sich die Unterscheidung verschiedener Dimensionen, anhand derer sich die Werturteile (*Appraisals*) charakterisieren lassen, die unterschiedliche Emotionen beinhalten, z. B. die Bewertung eines Ereignisses im Hinblick auf die eigenen Ziele, das Bewältigungspotential, sein Einfluss auf das eigene Selbstbild sowie die Zuschreibung von Verdienst bzw. Verschulden.[46] Diese kognitive Komponente wird bereichert durch einen Handlungsimpuls, eine physiologische Komponente sowie einen Erlebnisaspekt.[47]

Der Einwand, dem solche Mehrkomponenten-Ansätze ausgesetzt sind, besteht darin, dass sie nicht erklären können, wie die unterschiedlichen Komponenten zu einer einheitlichen psychologischen Kategorie integriert sind, die die Bezeichnung »Emotion« verdient.[48] An diesem Punkt setzen Theorien an, die versuchen, den subjektiven Erlebnisaspekt, Körperlichkeit und ein kognitives Element zusammenzubringen. Emotionen sind demnach weder einfach Urteile noch Konglomerate aus Überzeugungen, Wünschen und körperlichen Gefühlen.[49] Vielmehr sind Emotionen mentale Zustände eigenen Rechts, bei denen wir den wertenden Inhalt nicht wie bei einem Urteil bloß denken, sondern unmittelbar affektiv-körperlich erleben. Traurigkeit besteht beispielsweise im nicht nur gedachten, sondern auch erlebten Verlust einer Sache oder Person.[50]

Bei allen Unterschieden im Detail sind sich die meisten Emotionstheorien heute darin einig, dass Emotionen uns erschließen können, was wertvoll bzw. wichtig für uns ist (und zwar sowohl in moralischer als auch in nicht-moralischer Hinsicht) und uns stärker zum Handeln motivieren, als dies beispielsweise reine Wertüberzeugungen können. So verdeutlicht uns ein Schuldgefühl, dass wir moralisch falsch gehandelt haben, und bringt uns dazu, unseren Fehler wiedergutzumachen oder uns wenigstens zu entschuldigen.

Künstliche Emotionen (Artificial Emotions)

In der KI erstarkte das Interesse an Emotionen insbesondere im Zusammenhang mit der psychologischen Forschung zur Bedeutung, die emotionale Reaktionen für rationales Verhalten besitzen. Besonders bekannt wurden die Arbeiten des

Neurowissenschaftlers Antonio Damasio, der anhand empirischer Fallstudien zeigte, dass Personen mit bestimmten Hirnverletzungen nicht mehr in der Lage waren, ihr Leben zu organisieren, obwohl ihre intellektuellen Fähigkeiten nicht beeinträchtigt zu sein schienen.[51] Sie schnitten in IQ-Tests etwa normal ab, trafen aber fatale Entscheidungen und waren unfähig, einen Plan in die Tat umzusetzen oder eine begonnene Sache zu vollenden. Dies ging mit tiefgreifenden emotionalen Störungen einher.

Damasio zieht daraus die Schlussfolgerung, dass in dem verletzten Hirnareal bestimmte *somatische Marker* nicht mehr aktiviert werden können, die sonst bei rationalen Entscheidungsprozessen eine Rolle spielen. Diese somatischen Marker entstehen auf der Grundlage vergangener Erfahrungen und markieren die Alternativen und Konsequenzen einer Handlung körperlich durch die Verknüpfung mit einer positiven oder negativen Emotion. Auf diese Art und Weise lenken Emotionen unser Denken, indem sie unsere Aufmerksamkeit auf etwas Wichtiges fokussieren oder uns vor Dingen warnen, mit denen wir schon einmal schlechte Erfahrungen gemacht haben. Evolutionär wirkt sich das positiv aus, weil mit Hilfe der somatischen Marker auf der Grundlage bereits vorhandener Erfahrungen deutlich schneller und effizienter Entscheidungen getroffen werden können, als dies durch eine rein rationale Analyse der Vor- und Nachteile einer Situation möglich wäre.

Die künstliche Emotionsforschung abstrahiert weitgehend von den neurophysiologischen Details von Damasios Forschung. Sie geht von der Annahme aus, dass Emotionen eine bestimmte funktionale Rolle für die Kognition besitzen. Es lassen sich eine ganze Reihe möglicher Funktionen im Rahmen der kognitiven Architektur künstlicher Systeme unterscheiden. Eine recht ausführliche Klassifikation sieht zwölf solcher Funktionen für Emotionen vor:[52]

1. Alarmmechanismen zur schnellen, reflexartigen Reaktion in kritischen Situationen,
2. Auswahl unter verschiedenen Handlungsalternativen,
3. kurz- oder langfristige Anpassung des Verhaltens,
4. soziale Kommunikation und Kooperation,
5. Verstärkung bei Lernprozessen,
6. Motivation,
7. Ausbildung von Zielen und ihre Gewichtung,
8. Integration oder Filterung von Informationen aus verschiedenen Informationskanälen,
9. Steuerung der Aufmerksamkeit,
10. Kontrolle des Gedächtnisses,
11. Informationsverarbeitungsstrategie, z.B. Auswahl unterschiedlicher Suchstrategien,
12. Bildung eines Selbstmodells, einschließlich der Repräsentation der Auswirkungen, welche eine Situation für den Akteur besitzt.

Ein Ansatz besteht darin, diese Funktionen für die Kognition und das Verhalten unabhängig von der physiologischen Konstitution des Körpers nachzubilden.[53] Der Anspruch ist in diesem Fall nicht, künstliche Systeme mit echten Emotionen zu schaffen, sondern die kognitiven und Verhaltensfunktionen in künstlichen Systemen umzusetzen, die Emotionen bei Menschen und Tieren erfüllen.

Darüber hinaus wird versucht, in künstlichen Systemen mit sensomotorischen Fähigkeiten die Hormonprozesse natürlicher Systeme nachzubilden.[54] Damit ist das Ziel verbunden, Systeme zu schaffen, die wirklich über Emotionen verfügen. Ein solcher Ansatz ist auch für die Erzeugung moralischer Emotionen in künstlichen Systemen vorgeschlagen worden.[55] Ausgehend von vier Grundemotionen (Frustration, Erleichterung, Angst und Hoffnung), soll beispielsweise ein künstliches

System durch die Interaktion mit Menschen moralische Emotionen wie Schuld und Scham entwickeln und empathisch reagieren können. Auf dieser Grundlage sollen dann auch Roboter hergestellt werden, die selbst in der Lage sind, Verantwortung und Schuld zuzuschreiben. Allerdings bleibt die Umsetzung dieses Vorhabens weitgehend Programm.

Eine weitere Hoffnung, die sich mit der künstlichen Emotionsforschung verbindet, besteht darin, dass emotionale Systeme in der Lage sind, mit einem Problem umzugehen, das die KI seit ihren Anfängen umtreibt: das Rahmenproblem (*Frame-Problem*). Ursprünglich ging es darum, wie man vermeiden kann, nicht nur die Auswirkungen einer Handlung repräsentieren zu müssen, sondern auch all das, was in der Welt unverändert bleibt. Denn das erwies sich als mit extremem Rechenaufwand verbunden.[56] Obwohl es für die Ursprungsvariante mittlerweile technische Lösungen gibt, bleibt das Problem in abgewandelter Form bestehen.[57] Intuitiv gesprochen geht es darum, relevante von irrelevanter Information zu unterscheiden. Die Idee ist nun, dass Emotionen es einem System ermöglichen, zu entscheiden, welche Informationen aus der Umwelt relevant sind, welche Handlungsoptionen in Erwägung zu ziehen sind und welche Handlungsfolgen berücksichtigt werden müssen.[58] Emotionen lenken die Aufmerksamkeit auf die wichtigen Faktoren und schaffen einen »Rahmen« für das rationale Überlegen, indem sie die Anzahl relevanter Alternativen begrenzen.[59]

Eine Herausforderung für die künstliche Emotionsforschung stellt natürlich weiterhin das subjektive Erleben dar. Aus diesem Grund kehrt das *schwierige Problem des Bewusstseins* im Gewand der Roboteremotionen wieder.[60] Angenommen, Emotionen entstehen in künstlichen Systemen auf einer ganz anderen Grundlage als in natürlichen Systemen: Müssen wir dann nicht davon ausgehen, dass diese sich unter Umständen ganz anders anfühlen als unsere Emotionen?[61] Nicht zuletzt wirft die Ausstattung künstlicher Systeme mit Emotionen ethische Fragen auf: Ist es ethisch vertretbar, Systeme zu bauen, die Furcht haben, traurig sein oder sich freuen können? Dürfen wir diese Maschinen überhaupt noch als reine Instrumente für unsere Zwecke benutzen? Der Verdacht liegt nahe, dass emotionale Maschinen auch gewisse moralische Ansprüche haben und dass ihr moralischer Statuts zumindest vergleichbar mit Tieren wäre. Wenn sie kognitiv sehr hoch entwickelt sind, ginge er vielleicht sogar darüber hinaus.[62]

3. Ethik und Moral

Der dritte Begriff, dessen theoretische Grundlagen in diesem Teil zu erläutern sind, ist der Begriff der Ethik bzw. der Moral. Die Begriffe ethisch und moralisch werden häufig anhand ihres etymologischen Ursprungs eingeführt, der in beiden Fällen ähnlich ist. Der Begriff *Ethik* kommt vom griechischen Wort *ethos* für ›Sitte, Gebrauch, Charakter‹, während der Begriff *Moral* auf das lateinische *mos/mores* zurückgeht, das eine ähnliche Bedeutung besitzt. Im Alltag werden die beiden Begriffe häufig gleichbedeutend verwendet. In der Philosophie hingegen gibt es einen systematischen Unterschied zwischen Ethik und Moral.

Einordnung der Maschinenethik als ethische Disziplin

Gemeinhin wird die Ethik im Sinn der Moralphilosophie als philosophische Disziplin verstanden, die sich mit der Moral beschäftigt, wobei *Moral* die Gesamtheit der moralischen Normen, Gefühle, Einstellungen oder Handlungen meint.[63] Folgt man diesem Begriffsgebrauch, so ist zwischen *deskriptiver* und *normativer Ethik* zu unterscheiden. Die deskriptive Ethik beschreibt moralische Phänomene und betrachtet ihre theoretischen Voraussetzungen, während die normative Ethik sich der Frage zuwendet, was denn der Sache nach moralisch richtig oder falsch ist.

Die deskriptive Ethik umfasst wiederum *empirische Ethik* und *Metaethik*. Die empirische Ethik befasst sich mit denjenigen moralischen Normen, Tugenden, Handlungen und Gefühlen, die in einer bestimmten Epoche oder Kultur akzeptiert werden. Diese werden im Gegensatz zur normativen Ethik nur beschrieben, jedoch nicht auf ihre Richtigkeit befragt. Gegenstand der Metaethik sind die sprachphilosophischen, erkenntnistheoretischen und ontologischen Grundlagen der Moral. Sie untersucht beispielsweise, ob moralische Urteile wahrheitsfähig sind, wie moralische Normen begründet werden können, ob es subjektunabhängige moralische Werte in der Welt gibt und was normative Begriffe wie *richtig* und *falsch* oder *gut* und *schlecht* überhaupt bedeuten.

Die normative Ethik gliedert sich weiter auf in *allgemeine* und *angewandte Ethik*. Die allgemeine Ethik beschäftigt sich auf einer allgemeinen Ebene damit, welche moralischen Normen Geltung haben, welche Handlungen moralisch richtig sind, welche Charakterzüge als Tugenden gelten können oder welche Gefühle moralisch angemessen sind. Die angewandte Ethik wendet sich demgegenüber speziellen gesellschaftlichen und berufsethischen Fragen zu, beispielsweise ob Abtreibung oder Sterbehilfe erlaubt sein soll, oder ob es ethische Beschränkungen wissenschaftlicher Forschung geben sollte. Ein naives Verständnis geht davon aus, dass angewandte Ethik einfach in der deduktiven Anwendung vorgefundener Prinzipien der allgemeinen Ethik besteht, denen sie nichts Neues hinzufügt. Doch ein solches Verfahren führt zu nichts, solange umstritten ist, welches die richtige allgemeine Ethik ist. Deshalb ist es entscheidend, den Dissens auf der abstrakten Ebene der Prinzipien durch die Fokussierung auf einen Anwendungsbereich zu umgehen. So kann man sich auf moralische Intuitionen und kontextspezifische Argumente berufen, die theoretisch informiert sein können, ohne mit der Verpflichtung zu einer bestimmten allgemeinen Ethik mit allen Implikationen einherzugehen.

Die *Maschinenethik* gehört einerseits zur angewandten Ethik. Denn sie stellt die Frage, ob es moralisch richtig ist, Maschinen (genauer gesagt Computer oder Roboter) mit moralischen Fähigkeiten auszustatten, und überlegt, wie diese Maschinen beschaffen sein sollten. Diese Fragen sind gesellschaftlich relevant und besitzen auch berufsethische Aspekte für das Ingenieurwesen und die Informatik.

Die Maschinenethik überschneidet sich stark mit zwei weiteren Bereichen der angewandten Ethik, der *Roboterethik* und der *Informationsethik*. Die Roboterethik beschäftigt sich mit moralischen Problemen bei der Entwicklung, Herstellung und Verwendung von Robotern.[64] Maschinen mit Moral sind häufig Roboter, deshalb reicht die Maschinenethik in die Roboterethik hinein. Sie erschöpft sich jedoch nicht darin, sondern umfasst auch andere *smarte Technologien* wie Handys. Die Informationsethik hingegen hat moralische Fragen zum Gegenstand, die den Umgang mit Informationen sowie mit Informations- und Kommunikationstechnologien betreffen. Ein Teilbereich der Informationsethik ist die Computerethik. Da die Maschinenethik überhaupt erst mit der Entwicklung des Computers zu einer realistischen Möglichkeit wurde, hängt sie eng mit der Computerethik zusammen.

Wie sich am Beispiel der Computer- und der Informationsethik sehen lässt, bedarf es zur Entstehung eines neuen Zweigs der angewandten Ethik spezifischer ethischer Probleme, die mit einer neuen Technologie einhergehen.[65] Dies ist bei der Informationstechnologie, Computern und Robotern der Fall.

Die Maschinenethik knüpft an die ethischen Fragen dieser Bereiche an und erweitert sie um eigene Problemstellungen, die sich ergeben, wenn man Maschinen mit der Fähigkeit zum moralischen Handeln und Entscheiden auszustatten versucht. Es wäre deshalb nicht sinnvoll, die Maschinenethik als Disziplin zu konzipieren, die auch Dampfmaschinen oder mechanische Schreibmaschinen miteinbezieht.

Es bestehen zudem mannigfaltige Beziehungen zu anderen Gebieten der angewandten Ethik, beispielsweise zur Kriegsethik oder zur Medizin- und Pflegeethik. Eine besondere Rolle spielt die Frage, in welchen Bereichen Maschinen mit moralischen Fähigkeiten sinnvoll eingesetzt werden können und sollen. Die Kriegsethik beschäftigt sich mit dem Einsatz autonomer Waffensysteme im Krieg, und die Medizin- und Pflegeethik kommt bei Pflegerobotern ins Spiel.

Andererseits berührt die Maschinenethik aber auch Themen der Metaethik. Dabei geht es insbesondere um Fragestellungen wie: Was sind überhaupt moralische Fähigkeiten? Dürfen Maschinen als moralisch Handelnde gelten? Wie lassen sich moralische Fähigkeiten in künstlichen Systemen implementieren? Die metaethischen Fragen sind dabei grundlegend, denn sollte sich herausstellen, dass es gar nicht möglich ist, Maschinen mit moralischen Fähigkeiten auszustatten, erübrigen sich die Probleme der angewandten Ethik.

Die metaethischen Aspekte der Maschinenethik sind Gegenstand des zweiten Teils dieses Buchs. Der dritte Teil ist der Maschinenethik als angewandter Ethik gewidmet, und zwar gegliedert nach den Anwendungsbereichen Pflege, Militär und autonomes Fahren. Im Folgenden möchte ich mich hingegen noch nicht der Maschinenethik selbst zuwenden, sondern zunächst einmal die allgemeine metaethische Frage klären, was der Begriff *moralisch* bedeutet, und die wichtigsten Ansätze der allgemeinen normativen Ethik kurz vorstellen.

Was ist Moral?

Nicht selten wird die Frage, was moralisch ist, mit Verweis auf die Etymologie dadurch beantwortet, dass es sich um eine Menge von gesellschaftlich verbindlichen Verhaltensregeln oder einen Verhaltenskodex handele. Doch diese Bestimmung erfasst das Spezifische der Moral nicht. Denn der Begriff *moralisch*, wie wir ihn normalerweise verstehen, bezieht sich nicht auf sämtliche gesellschaftlich verbindlichen Verhaltensregeln, sondern nur auf eine bestimmte Klasse unter ihnen. So fallen in der landläufigen Begriffsverwendung unter anderem Verhaltensregeln wie das Essen mit Messer und Gabel oder der Links- bzw. Rechtsverkehr nicht in den Bereich des Moralischen, sondern es handelt sich um bloße Konventionen. Deshalb darf das Rechtssystem nicht mit der Moral gleichgesetzt werden, wenngleich auch das Recht moralische Fragen aufwirft.

Es wurden eine ganze Reihe Merkmale vorgeschlagen, um die Besonderheit des Moralischen zu erfassen. Einige der wichtigsten möchte ich kurz erläutern:[66]

1. *Normen und Werte*: Moral hat es nicht mit Tatsachenaussagen zu tun, sondern mit Normen, z. B.: »Du sollst nicht töten«, oder mit Bewertungen, wie »Es ist gut, Menschen in Not zu helfen« oder »Lügen ist falsch.«[67]
2. *Allgemeingültigkeit*: Moral zeichnet sich durch allgemeine Verbindlichkeit aus. Sie beansprucht, nicht nur für ein Individuum oder eine bestimmte Gesellschaft gültig zu sein, sondern für jeden zu jeder Zeit.
3. *Unparteilichkeit*: Moralische Urteile sind von einem unparteilichen Standpunkt aus zu fällen. Sie sollten ohne Ansehen der Person vorgenommen werden, insbesondere dürfen sie nicht auf Voreingenommenheit oder Vorurteilen beruhen oder eine Person aus moralisch nicht relevan-

ten Gründen begünstigen oder benachteiligen (z. B. wegen ihres Geschlechts oder ihrer Hautfarbe).

4. *Universalisierbarkeit*: Ist etwas für eine Person moralisch richtig bzw. falsch, dann ist es auch für jede andere relevant ähnliche Person in relevant ähnlichen Umständen moralisch richtig bzw. falsch.[68] Dieses Merkmal steht in enger Beziehung zur Unparteilichkeit.
5. *Unbedingtheit*: Moralische Normen stehen für sich allein und gelten unabhängig von anderen Bedingungen oder Voraussetzungen. Dieses Merkmal wurde insbesondere von Immanuel Kant (1724–1804) hervorgehoben und schlägt sich in seiner Unterscheidung zwischen dem kategorischen und den hypothetischen Imperativen nieder.
6. *Vorrangigkeit*: Moralische Erwägungen haben Vorrang vor anderen Erwägungen.[69] Kommt es beispielsweise zu einem Konflikt zwischen einer konventionellen und einer moralischen Norm, ist stets die moralische Norm ausschlaggebend (oder sollte es zumindest sein). So kann das Rechtsfahrgebot missachtet werden, wenn sonst ein Unfall droht. Das Tötungsverbot hingegen kann beispielsweise nicht durch einen großen finanziellen Gewinn außer Kraft gesetzt werden. Ronald Dworkin vergleicht moralische Ansprüche daher auch mit Trümpfen in einem Kartenspiel, die alle anderen Karten stechen.[70]
7. *Kontextunabhängigkeit*: De facto unterliegt das, was Menschen für moralisch richtig oder falsch halten, Veränderungen. Was in früheren Zeiten für moralisch verbindlich erachtet wurde, muss nicht unbedingt heute noch akzeptiert werden, beispielsweise der Erziehungsgrundsatz: »Eine ordentliche Tracht Prügel hat noch niemandem geschadet.« Dennoch beanspruchen moralische Bewertungen unabhängig vom historischen und sozialen Kontext Gültigkeit.

8. *Sanktionen*: Es wurde ferner argumentiert, dass moralische Normen sich durch spezifische Sanktionsformen auszeichnen, die mit ihnen verknüpft sind. Dabei spielt die Unterscheidung von inneren und äußeren Sanktionen eine wichtige Rolle. Moralische Normen weisen die Besonderheit auf, dass sie nicht nur durch äußere Sanktionen (Belohnung oder Strafe durch andere) gestützt sind, sondern dass der Verstoß gegen sie zu inneren Sanktionen wie Schuldgefühlen oder einem Verlust an Selbstachtung führt.[71]
9. *Soziale Funktion*: Moral reguliert in allen Kulturen das gedeihliche Miteinander von Menschen. Sie dient dazu, Schaden abzuwenden und Defizite auszugleichen, die aus beschränkten Ressourcen, mangelnder Information, Unzulänglichkeiten der menschlichen Rationalität oder fehlender Sympathie gegenüber den Mitgeschöpfen resultieren.[72]
10. *Altruismus*: Für den Common Sense ist die Moral eng mit Uneigennützigkeit und Selbstlosigkeit verbunden.[73] Im Anschluss daran ist zur Auszeichnung des Moralischen vorgeschlagen worden, dass es in irgendeiner Form auf das Wohlergehen (die Interessen, Ansprüche oder Rechte …) anderer um ihrer selbst willen bezogen ist und nicht nur auf das Selbstinteresse.[74] Während die anderen Merkmale im weitesten Sinn formal und deskriptiv sind, handelt es sich bei diesem Merkmal um eine inhaltliche Bestimmung, die einen rudimentären normativen Kern jeder Moral umfasst.

Diese zehn Merkmale sind nicht unabhängig voneinander, sondern es bestehen zahlreiche Beziehungen zwischen ihnen. Sie sind einzeln oder in Verbindung miteinander zur Definition der Moral verwendet worden. Allerdings sind sie alle auch in Frage gestellt worden, entweder deshalb, weil sie nicht ausschließlich für den Bereich des Moralischen zutreffen oder aber aus dem Grund, dass nicht alle moralischen Phänomene sie aufweisen. So sind etwa nicht nur moralische Urteile evaluativ, sondern beispielsweise auch ästhetische wie: »Das ist ein gutes Bild!«. Den absoluten Vorrang des Moralischen könnte man mit dem Hinweis bezweifeln, dass beispielsweise eine kleine Notlüge in bestimmten Fällen durchaus erlaubt ist, um sich größeren Ärger zu ersparen. Die Bindung der Moral an den Altruismus kommt unserem Alltagsverständnis sehr nahe, wenngleich es auch hier Gegenbeispiele gibt: So werden Fragen des guten Lebens auf den ersten Blick ausgeschlossen, und zumindest nach Kant ist auch Suizid aus moralischen Gründen verboten, was nichts mit Altruismus zu tun hat.

Nicht zuletzt unterscheiden sich verschiedene metaethische Theorien darin, welche dieser Merkmale sie jeweils für ausschlaggebend halten. Der *moralische Partikularismus* steht beispielsweise im Konflikt mit den Merkmalen der Universalisierbarkeit und Kontextunabhängigkeit.[75] Im Extremfall besagt diese metaethische Position, dass bestimmte Eigenschaften einer Situation manchmal einen positiven, manchmal einen negativen und manchmal auch gar keinen Einfluss auf ihre moralische Gesamtbewertung haben. Lügen kann beispielsweise in einigen Fällen moralisch schlecht, in anderen moralisch gut und manchmal auch moralisch neutral sein. Für moralische Partikularisten spielen Emotionen deshalb häufig eine wichtige Rolle, um herauszufinden, was moralisch gut oder schlecht ist.[76]

Die Schwierigkeiten, die bei der Definition des Moralbegriffs auftreten, sind freilich nicht außergewöhnlich. Für viele philosophische Grundbegriffe ist es bislang nicht gelungen, eine Definition anhand von notwendigen und hinreichenden Bedingungen anzugeben. Eine Bedingung ist notwendig genau dann, wenn jeder Gegenstand, der unter den Begriff fällt, sie aufweisen muss. Eine hinreichende Bedingung liegt hingegen vor, wenn jeder Gegenstand, der die Bedingung erfüllt, unter den Begriff fällt, es aber möglich ist, dass der Begriff auch auf Gegenstände zutrifft, die sie nicht erfüllen. So ist es eine notwendige, aber keine hinreichende Bedingung, dass ein Junggeselle unverheiratet ist, da Kinder unverheiratet sind, ohne Junggesellen zu sein. Ein Pferd zu sein, ist hingegen hinreichend dafür, ein Säugetier zu sein, aber notwendig ist es nicht, weil es auch andere Säugetiere gibt.

Es bestehen jedoch Zweifel daran, dass die Definition mit Hilfe notwendiger und hinreichender Bedingungen überhaupt die richtige Annäherung an Begriffe darstellt.[77] Versteht man die aufgeführten zehn Merkmale des Moralischen jedoch nicht im strikten Sinn als notwendig und hinreichend, so tragen sie gleichwohl dazu bei, ein gewisses Vorverständnis des Moralischen zu entwickeln. Sie sind darüber hinaus hilfreich, um verschiedene Theorien der normativen Ethik zu charakterisieren und deren Unterschiede herauszuarbeiten.

Ansätze der normativen Ethik

Es existieren eine ganze Reihe von Theorien der normativen Ethik, doch drei von ihnen beherrschen das Feld und werden auch in der Maschinenethik aufgegriffen: Dies sind der Utilitarismus, die kantische Pflichtenethik und die Tugendethik. Im Folgenden konzentriere ich mich auf diese drei Theorietypen, um ein besseres Gefühl dafür zu vermitteln, in welchen Hinsichten sich verschiedene grundlegende Theorien der normativen Ethik voneinander unterscheiden. Im anwendungsbezogenen dritten Teil werden weitere Ansätze eingeführt, die jedoch zumeist nur Abwandlungen dieser Grundtypen sind.

Als geistige Väter des Utilitarismus gelten die Philosophen und Ökonomen Jeremy Bentham (1748–1832) und John Stuart Mill (1806–1873). Bentham brachte die Grundidee seines Utilitarismus in dem Slogan: »Das größte Glück der größten Zahl ist der Maßstab für richtig und falsch«, wirkungsmächtig auf den Punkt.[78] Eine genauere Analyse der Grundgedanken des Utilitarismus erlauben die zuvor aufgestellten zehn Merkmale, wenn sie entsprechend angepasst werden:

1. *Normen und Werte*: Ausgangspunkt des Utilitarismus ist die Werttheorie. Im klassischen Utilitarismus besteht der grundlegende Wert, an dem sich die Moral orientieren muss, in der Lust. Man nennt diese Theorie deshalb auch »hedonistisch«. Die moralische Qualität einer Handlung bemisst sich daran, wie viel Lust bzw. Leid sie bei allen von ihr Betroffenen verursacht. Das setzt voraus, dass sich die Lust bzw. das Leid verschiedener Personen messen und gegeneinander aufrechnen lässt. Dabei müssen die Intensität, Dauer, Wahrscheinlichkeit und der Zeitpunkt des Auftretens dieser Empfindungen berücksichtigt werden. Dieser quantitativen Sichtweise setzte Mill eine Unterscheidung unterschiedlicher Qualitäten der Lust entgegen. Er differenziert insbesondere zwischen höheren kognitiven Formen der Lust und niedrigeren rein sinnlichen Begierden. In der Folge ist jedoch eine rein quantitative Aufrechnung kaum mehr möglich. In der gegenwärtigen Ethik wird in erster Linie der Präferenzutilitarismus vertreten.[79] Für diesen Ansatz sind die Präferenzen aller Betroffenen der Maßstab, um eine Handlung moralisch zu beurteilen. Präferenzen sind allgemeine rationale und emotionale Interessen eines Wesens (etwa das Interesse, zu leben).

2. *Allgemeingültigkeit*: Die einzige moralische Richtschnur für alle Wesen gleichermaßen besteht für den Utilitarismus in Lust- und Schmerzempfindung bzw. Präferenzerfüllung. Entsprechend dem klassischen utilitaristischen *Nutzenprinzip* ist eine Handlung genau dann moralisch richtig, wenn sie die Summe des Wohlergehens aller Betroffenen maximiert. Der Präferenzutilitarismus besagt demgegenüber: Je besser die Präferenzen aller Betroffenen durch eine Handlung erfüllt werden, desto besser ist sie vom moralischen Standpunkt aus gesehen. Beide Grundsätze gelten für alle moralischen Akteure gleichermaßen und nicht nur für einige oder nur manchmal.
3. *Unparteilichkeit*: Die Idee, dass moralische Entscheidungen von einem unparteilichen Standpunkt aus getroffen werden sollten, ist grundlegend für den Utilitarismus. Die Unparteilichkeit des Utilitarismus besteht darin, dass die Lust- und Leidempfindungen bzw. Präferenzen aller Betroffenen gleich viel zählen. Anders ausgedrückt: Niemand ist mehr oder weniger wert als ein anderer. Darüber hinaus vertritt der Utilitarismus ein kritisches Anliegen: Seiner Ansicht nach ist unsere moralische Praxis vorurteilsbehaftet, weil sie den Lust- bzw. Leidempfindungen oder Präferenzen von Tieren moralisch nicht gerecht wird. Das utilitaristische Nutzenprinzip hingegen berücksichtigt auch die moralischen Ansprüche von Tieren.
4. *Universalisierbarkeit*: Die moralische Qualität einer Handlung bemisst sich daran, welche Auswirkungen sie auf jedes von ihr betroffene Individuum hat. Um zu ermitteln, ob die Handlung moralisch richtig oder falsch ist, müssen die Auswirkungen auf alle Betroffenen bestimmt werden. Universalisierbarkeit lässt sich dann im Utilitarismus so interpretieren, dass jede moralisch handlungsfähige Person gehalten ist, einen unparteilichen Standpunkt einzu-

nehmen, um sicherzustellen, dass die Empfindungen oder Interessen aller von einer Handlung Betroffenen in gleicher Weise berücksichtigt werden.

5. *Unbedingtheit*: Der Utilitarismus ist eine *konsequentialistische Ethik*. Das heißt, eine Handlung ist nicht an sich moralisch gut oder schlecht, sondern nur im Hinblick auf ihre Folgen. Die moralische Qualität von Handlungen ist somit nicht unbedingt. Dem Nutzenprinzip selbst kommt hingegen unbedingte Geltung zu. Das liegt daran, dass die Empfindung von Lust und Leid bzw. die Erfüllung und Frustration von Präferenzen für den Utilitarismus ein *intrinsischer* Wert ist, der von jedem Wesen unabhängig von allen anderen Zwecken angestrebt wird. Insofern niemandes Lust- und Schmerzempfindungen bzw. Präferenzen besser sind als diejenigen eines anderen, sollten deshalb alle dem utilitaristischen Prinzip folgen.
6. *Vorrangigkeit*: Kommt es zu einem Konflikt zwischen dem Glück eines Individuums und dem utilitaristischen Prinzip, so ist das Nutzenprinzip vorrangig. Die Tatsache, dass der Utilitarismus Lust und Schmerz bzw. die Präferenzen verschiedener Individuen gegeneinander verrechnet, gibt allerdings Anlass zu einem der wichtigsten Einwände gegen den Utilitarismus: Demnach respektiert der Utilitarismus die Grenzen zwischen verschiedenen Individuen nicht in angemessener Art und Weise.[80] Dies zeigt sich auch daran, dass die für die Integrität von Personen ausschlaggebenden Bindungen und langfristigen Projekte missachtet werden.[81] In der Folge können utilitaristische Entscheidungen sehr unfair ausfallen. Im Extremfall dürfen Individuen sogar zugunsten anderer geopfert werden.
7. *Kontextunabhängigkeit*: Die Empfindung von Lust bzw. Leid oder die Erfüllung bzw. Frustration von Präferenzen ist für den Utilitarismus in jedem Kontext gut bzw.

schlecht. Für den *Handlungsutilitarismus* kann ein und dieselbe Handlung (beispielsweise Lügen) im einen Kontext moralisch gut und im anderen schlecht sein, je nachdem, wie die Handlung sich auf die Gesamtnutzenbilanz auswirkt. Eine Alternative bietet der *Regelutilitarismus*. Für ihn sind nicht einzelne Handlungen, sondern Handlungsregeln Gegenstand der moralischen Bewertung. So ist es möglich, dass ein Lügenverbot moralisch gerechtfertigt ist, weil Lügen im Allgemeinen eher negative Konsequenzen nach sich ziehen, wenngleich sich im Einzelfall eine Lüge auch positiv auswirken kann. Gemäß dem Regelutilitarismus sind wir in diesem Fall trotzdem gehalten, nicht zu lügen.

8. *Sanktionen*: Insbesondere für Bentham gründet die moralische Bewertung auf den Folgen und nicht auf den Motiven des Handelnden. Sanktionen haben vorrangig die Funktion, das beste Gesamtergebnis zu sichern. Die von den Sanktionen erzeugten negativen Empfindungen fließen dabei selbst in die moralische Abwägung ein. Diese Sichtweise befindet sich jedoch nicht im Einklang mit unserer moralischen Praxis, nach der in Anlehnung an Goethes *Faust* die »Kraft, die stets das Böse will und stets das Gute schafft« nicht moralisch positiv zu bewerten ist. Mill weicht in diesem Punkt allerdings von Bentham ab und macht die moralische Qualität einer Handlung auch davon abhängig, ob äußere oder innere Sanktionen angemessen sind.[82]
9. *Soziale Funktion*: Die Aufgabe der Moral besteht für den Utilitarismus darin, die Lebensqualität zu verbessern. An die Stelle von bedrückenden religiösen und traditionellen Moralvorschriften tritt eine Moral, die zu mehr Glück in der Welt führen soll, weil der Gesamtnutzen für alle maximiert wird, sei es durch die Beförderung positiver und die

Verhinderung negativer Empfindungen oder dadurch, dass so weit möglich jeder das erhält, was er erreichen möchte.

10. *Altruismus*: Der Utilitarismus ist altruistisch, insofern er sich dagegen ausspricht, das eigene Interesse um jeden Preis, auch auf Kosten anderer, durchzusetzen. Er erwartet aber auch nicht, dass die eigenen Belange stets hinter diejenigen der anderen zurückgestellt werden müssen. Sie fließen vielmehr in die Gesamtbewertung einer Handlung gleichberechtigt mit denjenigen der anderen Betroffenen ein. Dem Einzelnen wird allerdings insofern ein hohes Maß an Altruismus abverlangt, weil sein Wohlergehen bzw. seine Präferenzen gegebenenfalls zugunsten des Gesamtnutzens geopfert werden müssen. Ein weiterer Kritikpunkt am Utilitarismus lautet deshalb, dass er zu hohe moralische Ansprüche an das Individuum stellt.[83]

Normative Ethik II: Kantische Ethik

Die zweite große Theoriegruppe in der normativen Ethik orientiert sich an Immanuel Kants Moralphilosophie. Kant gilt in vielen Punkten als Gegenspieler des Utilitarismus.

1. *Normen und Werte*: Die kantische Ethik stellt eine bestimmte Form der *deontologischen Ethik* oder Pflichtenethik dar. Diese versteht den moralischen Wert einer Handlung als unabhängig von ihren Konsequenzen. Entscheidend ist, ob sie einer moralischen Norm entspricht und aufgrund dieser ausgeführt wurde. Moralische Normen haben für Kant die Form von Imperativen. Kantische Ansätze grenzen sich vom Utilitarismus durch den Vorrang des Rechten vor dem Guten ab.[84] Der Utilitarismus bestimmt zunächst das Gute (beispielsweise Lust oder Präferenzerfüllung) und betrachtet das Richtige als Maximie-

rung des Guten. Der Ausgangspunkt der kantischen Ethik hingegen ist das moralisch Richtige. Dadurch wird eingeschränkt, was als gut gelten kann. Auf diese Art und Weise sind für kantische Ansätze weder Lust noch Präferenzerfüllung per se gut, sondern sie sind es nur dann, wenn sie im Einklang mit dem moralischen Gesetz stehen.

2. *Allgemeingültigkeit*: Das oberste Moralprinzip der kantischen Ethik bildet *der kategorische Imperativ*. In einer bekannten Formulierung lautet er: »Handle nur nach derjenigen Maxime, durch die du zugleich wollen kannst, dass sie ein allgemeines Gesetz werde.«[85] Eine weitere einflussreiche Version des kategorischen Imperativs besagt, dass jeder sich selbst und andere »niemals bloß als Mittel, sondern jederzeit zugleich als Zweck an sich selbst« behandeln solle.[86] In beiden Varianten findet sich angelegt, dass sie allgemein für jedes vernunftbegabte Wesen gelten sollen.
3. *Unparteilichkeit*: Auch für Kant sind moralische Urteile unparteilich. Wenn jemand der Auffassung ist, dass es moralisch geboten ist, etwas in einer bestimmten Situation zu tun, dann gilt das nicht nur für diese Person selbst, sondern auch für jeden anderen in derselben Situation. Die Unparteilichkeit des moralischen Standpunkts wird durch den kategorischen Imperativ abgebildet. Dieser schreibt zwar nicht konkret vor, wie zu handeln ist, aber er bietet ein Verfahren an, um moralische Entscheidungen zu treffen.
4. *Universalisierbarkeit*: Während der Ausgangspunkt des Utilitarismus die Unparteilichkeit ist, aus der dann die Universalisierbarkeit abgeleitet wird, ist der grundlegendere Begriff in der kantischen Ethik die Universalisierbarkeit. Sie deutet in Richtung der in unserem Alltagsverständnis eng mit der Moral verbundenen Frage: »Was wäre, wenn jeder das täte?« Damit ist die Mahnung verbunden, dass es nicht hinnehmbar wäre, wenn jeder auf

eine bestimmte Art und Weise handelte. Genau darin besteht der Grund, eine bestimmte Handlung nicht auszuführen. Der kategorische Imperativ ist der Versuch, diese moralische Intuition auszubuchstabieren. Er bezieht sich jedoch nicht auf einzelne Handlungen, sondern auf Maximen, d. h. auf subjektive Grundsätze, auf denen einzelne Handlungen beruhen, z. B. »Ich breche ein gegebenes Versprechen immer dann, wenn es mir einen Vorteil bringt«. Dieser Handlungsgrundsatz ist für Kant nicht universalisierbar. Wenn jeder so handelte, würde dies die Praxis des Versprechens unterminieren, die die Voraussetzung der Maxime ist. Sie widerspricht deshalb dem kategorischen Imperativ und ist moralisch abzulehnen.[87]

5. *Unbedingtheit*: Kant ist fest davon überzeugt, dass das moralisch Gute unbedingt sein müsse. So lautet die berühmte Eingangsformulierung seiner *Grundlegung zur Metaphysik der Sitten* (1785): »Es ist überall nichts in der Welt, ja auch außerhalb derselben, zu denken möglich, was ohne Einschränkung für gut könnte gehalten werden, als allein ein guter Wille.«[88] Damit setzt Kant sich der Sache nach vom Utilitarismus ab, für den das moralisch Gute in den Folgen einer Handlung besteht, jedoch auch von der Tugendethik, die das moralisch Richtige als einen Charakterzug ansieht. So ist für Kant weder die Lust noch der Mut eines Tyrannen unbedingt gut. Ein Wille ist genau dann gut, wenn er sich am kategorischen Imperativ ausrichtet. *Hypothetische Imperative* geben vor, wie man handeln soll, wenn man einen bestimmten Zweck erreichen möchte, z. B. »Wenn Du ein Haus kaufen willst, dann musst Du einen Kredit aufnehmen.« Der kategorische Imperativ hingegen gilt unabhängig von jedweder Bedingung. Er hat die Form: »Du musst x tun!« – ohne Wenn und Aber.
6. *Vorrangigkeit*: Der kategorische Charakter der Moral spricht

dafür, dass moralische Pflichten Vorrang vor anderen Erwägungen haben. Allerdings gibt es auch im Bereich der Moral unterschiedliche Grade der Verbindlichkeit. Kant unterscheidet in der *Grundlegung zur Metaphysik der Sitten* zwischen vollkommenen und unvollkommenen Pflichten. Erstere zeichnen sich dadurch aus, dass eine Verallgemeinerung im Sinn des kategorischen Imperativs nicht widerspruchsfrei denkbar ist, während sie im zweiten Fall nicht widerspruchsfrei gewollt werden kann. Ein Versprechen nicht zu brechen, ist eine vollkommene Pflicht. Jemandem zu helfen, der in Not ist, stellt hingegen eine unvollkommene Pflicht dar. Das liegt wesentlich daran, dass es bei unvollkommenen Pflichten unbestimmt bleibt, wie sie genau zu erfüllen sind. So kann man jemandem in Not helfen, indem man ihm Geld gibt oder indem man ihm ein Dach über dem Kopf anbietet. Darüber hinaus besteht zumeist die Möglichkeit, immer noch mehr zu tun. Später verwendet Kant den Begriff der *Rechtspflicht* für Pflichten, deren Einhaltung erzwingbar ist, und bezeichnet die unvollkommenen Pflichten als *Tugendpflichten*, die nicht erzwungen werden dürfen.

7. *Kontextunabhängigkeit*: Die vollkommenen Pflichten gelten kontextunabhängig, während die unvollkommenen Pflichten abhängig vom Kontext sind. So ist zwar jeder zur Hilfeleistung verpflichtet, aber diese Verpflichtung trifft nur dann auf mich zu, wenn ich in der Lage bin zu helfen, z. B. wenn ich mich in der Nähe einer Person befinde, die gerade ertrinkt und eingreifen kann. Auch die Art und das Ausmaß der Hilfe hängt von den Umständen ab, beispielsweise von den Fähigkeiten des Helfenden oder von seiner finanziellen Situation. Ein Kritikpunkt an Kant lautet, dass seine Annahme, sämtliche Pflichten bildeten ein eindeutiges und konsistentes Normensystem, zu optimistisch ist.

Vielmehr gibt es eine Vielzahl von Normen, so die Kritiker, die miteinander in Konflikt geraten können. William D. Ross (1877–1971) hat daher den Vorschlag gemacht, mehrere Pflichten voneinander zu unterscheiden, die prima facie verbindlich sind, aber im Einzelfall miteinander kollidieren können, so dass eine Abwägung notwendig wird.[89] Dazu gehören die Pflichten, Versprechen zu halten, moralische Fehler wiedergutzumachen, dankbar für erhaltene Wohltaten zu sein und diese nach Möglichkeit zurückzugeben, ein Maximum an aggregiertem Gutem zu befördern, und schließlich niemandem Schaden zuzufügen.

8. *Sanktionen*: Für Kant sind Sanktionen weder konstitutiv für die Gültigkeit moralischer Normen noch ausschlaggebend für die Motivation zum moralischen Handeln. Gerechtfertigt sind moralische Normen durch die reine Vernunft, und nur derjenige, der allein aus dieser Einsicht handelt, verhält sich moralisch. Kant unterscheidet deshalb zwischen pflichtgemäßem Handeln und Handeln aus Pflicht: *Pflichtgemäß* ist eine Handlung, die zwar mit dem kategorischen Imperativ übereinstimmt, jedoch nicht aus diesem Grund ausgeführt wird. So könnte sich ein Kaufmann ehrlich verhalten, weil es besser fürs Geschäft ist, nicht aber, weil es moralisch geboten ist. Eine Handlung *aus Pflicht* hingegen wird aufgrund des kategorischen Imperativs vollzogen. Ethische Positionen, die moralische Normen mit Hilfe von Sanktionen bestimmen, setzen sie für Kant mit hypothetischen Imperativen gleich, deren Einhaltung durch den Wunsch motiviert ist, Sanktionen zu vermeiden.[90] Für Kant wäre diese Handlungsweise nicht frei, sondern fremdbestimmt. Sanktionsbasierte Ansätze sind zumeist motiviert durch eine skeptische Haltung gegenüber der Begründbarkeit der Moral durch Vernunft, die zentral für Kants Ethik ist.

9. *Soziale Funktion*: Reine Vernunftwesen benötigen für Kant keine Moral, sondern nur Wesen mit einer Sinnlichkeit, deren Neigungen sie in Konflikt mit den Forderungen der Vernunft bringen. Daraus lässt sich auch ein sozialer Stellenwert der Moral ableiten. Für Kant ist jedoch nicht die empirische soziale Regulierungsfunktion der Moral von Bedeutung, sondern eine Idealvorstellung des moralischen Zusammenlebens. Dieses Ideal führt er unter dem Begriff eines *Reichs der Zwecke* aus. Es handelt sich um eine aus vernünftigen Lebewesen bestehende Gemeinschaft, die moralisch vollkommen ist. Das bedeutet nicht nur, dass die Mitglieder dieses Reichs einander stets als Selbstzwecke behandeln, sondern auch, dass sie sich in ihren Einzelzwecken gegenseitig befördern und auf ein Ganzes aller Zwecke ausgerichtet sind. Diese Vorstellung liegt einer weiteren Formulierung des kategorischen Imperativs zugrunde: »Handle nach Maximen eines allgemein gesetzgebenden Gliedes zu einem bloß möglichen Reich der Zwecke.«[91] Das Ideal des Reichs der Zwecke ist deshalb nicht nur eine Wunschvorstellung, sondern soll Orientierung für unser reales Handeln geben: Wir sollen jederzeit so handeln, als ob wir gesetzgebendes Mitglied in einem Reich der Zwecke wären, in dem sich jeder moralisch verhält.
10. *Altruismus*: Kants Ethik ist insofern altruistisch, als sie dem Egoismus entgegensteht. Sie erlaubt jedoch eine vernünftige, vom moralischen Gesetz gebändigte Selbstliebe. Es bestehen für Kant sogar Pflichten gegenüber sich selbst. So darf man sich selbst ebenso wenig umbringen wie einen anderen. Ferner besteht beispielsweise die unvollkommene Pflicht, seine eigenen Begabungen zu entwickeln. Moralisches Handeln ist für Kant Ausdruck der Autonomie und Würde vernünftiger Wesen. Er stellt eine enge Verbindung zwischen dem Subjekt und dem Objekt

moralischen Handelns her. Nur wer selbst in der Lage ist, moralisch zu handeln, besitzt Autonomie und Würde, was die Voraussetzung ist, um von anderen moralische Achtung beanspruchen zu können. Im Unterschied dazu gesteht der Utilitarismus auch solchen Wesen einen moralischen Status zu, die selbst nicht moralisch handeln können. Moralisches Handeln ist also für Kant nicht reine Selbstaufopferung, sondern stellt die maximale Selbstverwirklichung vernünftiger Wesen dar.

Normative Ethik III: Tugendethik

Neben der kantischen Ethik und dem Utilitarismus stellt die Tugendethik den dritten Hauptstrang der normativen Ethik dar. Während die kantische Ethik die Rolle von Pflichten ins Zentrum ihrer Überlegungen stellt und der Utilitarismus die Handlungsfolgen betrachtet, nimmt die Tugendethik den Begriff des moralischen Charakters zum Ausgangspunkt. Allerdings gibt es eine Vielzahl tugendethischer Ansätze, die ein weniger einheitliches theoretisches Bild ergeben als die beiden anderen Theorien der normativen Ethik.

1. *Normen und Werte*: Die meisten Formen der Tugendethik wurden inspiriert durch die antike Philosophie, vor allem durch Aristoteles. Für Aristoteles besteht Tugend in charakterlicher Exzellenz. Da es der Tugendethik um eine Vervollkommnung der eigenen Natur bzw. Charakterbildung geht, spricht man in diesem Zusammenhang auch von *Perfektionismus*. Tugend ist für Aristoteles eine Haltung (*hexis*), die tief verankert ist, und die bestimmt, wie eine Person die Welt wahrnimmt, welche Erwartungen sie hegt, was sie wertschätzt, fühlt, wünscht und wie sie handelt. So verhält sich eine ehrliche Person nicht nur aus strategi-

schen Gründen ehrlich, sondern schätzt Ehrlichkeit um ihrer selbst willen, verabscheut Unehrlichkeit, erzieht die eigenen Kinder zur Ehrlichkeit und umgibt sich mit ehrlichen Menschen. Die Entwicklung von Tugenden ist folglich nicht nur eine Sache der rationalen Reflexion, sondern erfordert praktische Klugheit (*phronesis*). Diese wird zu einem wesentlichen Teil durch Sozialisation und Lebenserfahrung gewonnen. Sie besteht in der Fähigkeit, die relevanten moralischen Aspekte einer Situation zu erkennen, sie gegeneinander abzuwägen und entsprechend zu handeln. Dies erfordert moralische Sensibilität, präzise Wahrnehmung, Imagination und Urteilskraft. Der höchste Wert oder Endzweck allen Handelns ist bei Aristoteles die Glückseligkeit (*eudaimonia*).

2. *Allgemeingültigkeit*: Zwar sind Tugenden dort, wo sie anzutreffen sind, allgemein schätzenswert. Tugendhaft kann (und sollte) im Prinzip jeder sein. Dennoch ziehen bestimmte Formen der Tugendethik aus der Rolle der praktischen Klugheit die Schlussfolgerung, dass die Moral – anders als im Utilitarismus oder der kantischen Ethik – nicht in die Form allgemeingültiger Normen oder Regeln gebracht werden kann.[92] Kritiker sehen darin eine Schwäche, weil die Tugendethik deshalb keine Handlungsanleitung geben könne. Ein damit verbundener Kritikpunkt ist, dass moralisches Handeln für denjenigen nicht zu erreichen ist, der nicht bereits tugendhaft ist. Andere Konzeptionen versuchen hingegen, Tugendregeln zu formulieren, wie: »Verhalte Dich ehrlich und vermeide Unehrlichkeit.«[93]
3. *Unparteilichkeit*: Die Verbindung von Moral und Unparteilichkeit ist im Rahmen der Tugendethik nicht so ausgeprägt wie beim Utilitarismus oder der kantischen Ethik. So gibt es einige Tugenden, wie Loyalität, die nicht unpar-

teilich sind, sondern Freunde und Familie bevorzugen. Auch wenn Unparteilichkeit entweder selbst eine Tugend ist oder Bestandteil anderer Tugenden (wie Gerechtigkeit) sein kann, so ist es doch unter Umständen so, dass sie in bestimmten Situationen durch parteiliche Tugenden überwogen werden kann. Die Vertreter der Tugendethik sehen darin einen Vorteil gegenüber den anderen beiden Ansätzen, die ihrer Ansicht nach den besonderen Beziehungen zwischen Personen, wie beispielsweise Freundschaft oder Familienbanden, nicht gerecht werden.

4. *Universalisierbarkeit*: Universalisierbarkeit im engeren Sinn spielt keine bedeutende Rolle im Rahmen der Tugendethik. Es wurde jedoch versucht, dem Stellenwert der Universalisierbarkeit in tugendethischem Rahmen etwa durch die Annahme einer Tugend der Gegenseitigkeit (Reziprozität) gerecht zu werden.[94] Reziprozität wird häufig als Keimzelle der Universalisierbarkeit angesehen.[95] Die Tugend der Reziprozität besteht darin, Gutes mit Gutem zu vergelten, Schlechtes nicht heimzuzahlen sowie angerichteten Schaden wiedergutzumachen. Einige Tugendethiken erheben im Anschluss an Aristoteles den Anspruch, dass Tugenden sich aus der menschlichen Natur ableiten lassen.[96] Darin kann man ebenfalls einen Ansatz zur Universalisierbarkeit sehen.
5. *Vorrangigkeit*: Mit der Tugendethik ist seit der Antike die Idee verbunden, dass Tugenden zu einem glücklichen (im Sinn von erfülltem) Leben verhelfen. Insofern kann es bei einer rationalen Person eigentlich nicht zu einem Konflikt zwischen Tugenden und anderen Neigungen kommen, der eine Vorrangregelung erforderlich macht. Es kann allerdings eine Spannung zwischen den Anforderungen verschiedener Tugenden in einer Situation bestehen, beispielsweise zwischen Ehrlichkeit und Höflichkeit. Es ist

dann eine Frage der praktischen Klugheit, welche Tugend in einer solchen Situation zum Zug kommen sollte.

6. *Unbedingtheit*: Der aristotelischen Tugendlehre zufolge ist die Tugend ein Mittleres zwischen zwei Extremen. So besteht Großzügigkeit im richtigen Maß zwischen Verschwendung und Geiz. Wo das richtige Maß liegt, ist jedoch abhängig von der Person und den Umständen. Ferner kann es, wie unter dem Punkt »Vorrangigkeit« schon bemerkt wurde, zu einem Konflikt zwischen verschiedenen Tugenden kommen. Aus diesen beiden Gründen sind Tugenden nicht als unbedingt zu verstehen.
7. *Kontextunabhängigkeit*: Doch Tugenden sind nicht nur situationsabhängig. Einige Vertreter der Tugendethik sind darüber hinaus der Auffassung, dass Tugenden abhängig vom kulturellen Kontext sind.[97] Kritiker halten die Tugendethik deshalb für ungeeignet, um den Kern der Moral zu erfassen, der allgemeingültig sein müsse. Allerdings sprechen sich auch einige tugendethische Ansätze gegen den Kulturrelativismus aus.[98]
8. *Sanktionen*: Insofern Tugenden wesentlich durch Sozialisation erworben werden, spielen hierfür neben moralischen Vorbildern auch Sanktionen eine Rolle. Im Verlauf der Ausbildung von Tugenden wird die Bedeutung äußerer Sanktionen wie Strafe zunehmend durch innere Sanktionen wie Schuldgefühle oder Abscheu gegenüber bestimmten Verhaltensweisen ersetzt.
9. *Soziale Funktion*: Tugenden kommt eine wichtige Rolle für das menschliche Zusammenleben zu. Kulturrelativistische Ansätze gehen jedoch weiter: Sie nehmen an, dass Tugenden nur im Rahmen ganz bestimmter Formen sozialer Praxis entstehen. So seien die homerischen Tugenden nur im Hinblick auf ihre Rolle in der griechischen Gesellschaft verständlich. Tugenden sind wiederum notwendig, um

das im Rahmen einer gesellschaftlichen Praxis spezifische Gute zu realisieren.[99]

10. *Altruismus*: Viele Tugenden zeichnen sich durch ein Hintanstellen der eigenen Person aus. Teilweise wird auch Altruismus selbst als Tugend bezeichnet. Für die Tugendethik stehen die Anforderungen der Moral gleichwohl nicht im Konflikt mit dem Selbstinteresse. Tugendhaftes Handeln gilt seit der Antike als ein Handeln in Übereinstimmung mit der menschlichen Natur, das wesentlich zu einem glücklichen Leben gehört. Das Glück ist jedoch nicht als solches der Zweck des Handelns, sondern es stellt sich beiläufig im Zuge dessen ein.

Die drei hier vorgestellten Ansätze – der Utilitarismus, die kantische Ethik und die Tugendethik – bilden die wichtigsten Strömungen der normativen Ethik. Welche dieser Theorien richtig ist, ist philosophisch umstritten. Es gibt Versuche, alle drei Ansätze zu vereinen, doch auch das ist nicht jedermanns Sache. Diese Differenzen können entweder darauf zurückzuführen sein, dass die Ethik (wie die Philosophie im Allgemeinen) ein sehr komplexes Feld ist, in dem alles mit allem zusammenhängt. Deshalb ist es besonders schwierig, eine allgemein akzeptierte Theorie zu entwickeln.

Eine andere Erklärung besagt, dass der Dissens auf besondere Merkmale der Ethik zurückzuführen ist. Ein einflussreicher Vertreter dieser These ist John Rawls (1921–2002), für den die Eindeutigkeit selbst vollkommen rationaler moralischer Überlegung durch bestimmte *Bürden des Urteilens (burdens of judgment)* beschränkt ist.[100] Diese Bürden des Urteilens lassen sich in sechs Punkten zusammenfassen:

1. Die empirische Evidenz, die für die Lösung eines moralischen Problems relevant ist, ist nicht eindeutig.

2. Selbst wenn Einigkeit über die relevanten Überlegungen besteht, können diese unterschiedlich gewichtet werden.
3. Moralische Begriffe sind teilweise vage und bedürfen der Interpretation.
4. Die Abwägung der Evidenzen und der moralischen Werte hängt vom gesamten Erfahrungszusammenhang des Urteilenden ab.
5. Es kann zu Konflikten zwischen inkompatiblen normativen Überlegungen kommen.
6. Häufig können bestimmte moralische Werte nur auf Kosten anderer realisiert werden.[101]

Trotz dieser Einschränkungen vertritt Rawls keinen ethischen Skeptizismus, der behaupten würde, in moralischen Fragen gäbe es kein Richtig oder Falsch oder moralische Urteile ließen sich nicht begründen. Er meint jedoch, dass es in der Ethik auch unter vollkommen rationalen Akteuren einen *vernünftigen Pluralismus* (*reasonable pluralism*) gibt, der auch auf lange Sicht nicht verschwinden wird. Dies führt insbesondere im politischen Bereich dazu, dass nicht alle moralischen Überzeugungen, die man selbst für richtig hält, auch anderen auferlegt werden dürfen. Vielmehr sind nur diejenigen politischen Normen moralisch legitim, die von allen Betroffenen akzeptiert werden können.

II. Maschinenethik

1. Maschinen als moralische Akteure

Die Maschinenethik beschäftigt sich mit der Möglichkeit, Maschinen mit der Fähigkeit zu moralischem Entscheiden und Handeln auszustatten. Das setzt voraus, dass Maschinen überhaupt moralische Akteure sein können. Diese Annahme ist nicht trivial, unterscheiden sich doch selbst die komplexesten Maschinen von Menschen in wichtigen Hinsichten, die unser Verständnis moralischer Handlungsfähigkeit bestimmen. In der Maschinenethik werden deshalb verschiedene Arten moralischer Akteure unterschieden, je nachdem, wie hoch ihre moralischen Fähigkeiten entwickelt sind.

Typen moralischer Akteure

Einflussreich ist die Unterscheidung des Philosophen James H. Moor zwischen vier Typen moralischer Akteure.[1] Die primitivste Form sind Akteure, die moralische Folgen erzeugen, ohne dass diese als solche beabsichtigt sind (*ethical impact agents*).[2] In diesem Sinn ist jedes Gerät ein moralischer Akteur, das gute oder schlechte Auswirkungen auf Menschen besitzt. Ein Beispiel dafür ist eine digitale Uhr, die ihren Besitzer daran erinnert, seine Termine pünktlich wahrzunehmen.[3] Die moralische Qualität der Auswirkungen dieser Geräte liegt jedoch ausschließlich im Gebrauch, den die Nutzer von ihnen machen. Es ist daher zweifelhaft, ob es sich tatsächlich um Akteure im Wortsinn handelt. Andernfalls müsste man auch eine Lawine, die viele Menschen in den Tod reißt, als moralischen Akteur bezeichnen, weil sie negative Auswirkungen auf Menschen besitzt. Statt von moralischer Handlungsfähigkeit sollte man im Fall dieser Geräte deshalb lieber von operationaler Moral sprechen.[4]

Die nächste Stufe nehmen implizite moralische Akteure (*implicit ethical agents*) ein, in deren Konstruktionsweise sich bestimmte moralische Wertvorstellungen niederschlagen, beispielsweise Sicherheitserwägungen. Hierunter fallen für Moor z. B. Warnsysteme in Flugzeugen, die Alarm schlagen, wenn ein Flugzeug dem Boden zu nahe kommt oder eine Kollision mit einem anderen Flugzeug droht. Ein anderes Beispiel sind Geldautomaten: Diese Maschinen müssen nicht nur stets den richtigen Betrag ausgeben, sie überprüfen oft auch, ob an diesem Tag überhaupt noch Geld abgehoben werden darf. Moor geht sogar so weit, diesen Systemen Tugenden zuzuschreiben, die nicht durch Sozialisation erworben, sondern direkt in die Hardware eingebaut wurden. Umgekehrt gibt es auch implizite unmoralische Akteure mit eingebauten Lastern, beispielsweise ein Glücksspielautomat, der so gestaltet ist, dass Menschen möglichst viel Zeit und Geld in ihn investieren.

Die dritte Stufe bilden explizite moralische Akteure (*explicit ethical agents*). Im Unterschied zu den beiden vorangegangenen Akteurstypen kann ein Computer in diesem Fall explizit moralisch relevante Informationen erkennen, verarbeiten und Entscheidungen treffen. Man kann sich das ähnlich wie bei einem Schachprogramm vorstellen: Ein solches erkennt die für Schach relevanten Informationen, verarbeitet sie und trifft Entscheidungen. Es repräsentiert die gegenwärtige Position der Spielsteine auf dem Schachbrett und weiß, welche Züge gestattet sind. Auf dieser Grundlage kann es berechnen, welcher Zug unter den gegebenen Umständen aussichtsreich ist. Für Moor handeln explizite moralische Akteure nicht nur in Übereinstimmung mit moralischen Vorgaben, sondern aufgrund moralischer Überlegungen. Das erinnert an Kants Unterscheidung zwischen pflichtgemäßem Handeln und Handeln aus Pflicht (wenngleich Kant höhere Ansprüche an moralisch Handelnde stellt als Moor an explizite moralische Akteure). Ein expliziter moralischer Akteur wäre für Moor in der Lage, plausible moralische Urteile zu fällen und Gründe für sie anzugeben. Er könnte eigenständig auf Situationen des echten Lebens reagieren, die eine Reihe von unvorhersehbaren Ereignissen involvieren.

Damit ist jedoch noch nicht die anspruchsvollste Stufe moralischen Handelns erreicht. Vollumfängliche moralische Akteure (*full ethical agents*) verfügen für Moor über weitere Fähigkeiten wie Bewusstsein, Denken oder Willensfreiheit, die wir bislang nur Menschen zuschreiben.[5] Es bleibt jedoch eine offene Frage, ob Maschinen diese Eigenschaften jemals zukommen können.[6] Deshalb empfiehlt Moor, explizite moralische Akteure als Zielvorgabe der Maschinenethik zu betrachten. Sie sind aus philosophischer und praktischer Sicht von Interesse, ohne dass sie Anforderungen stellen, die ihre Realisierbarkeit von vorneherein als aussichtslos erscheinen lassen.

Moralische Ratgeber und moralisch eigenständige Maschinen

Die Entwicklung von Maschinen mit den Fähigkeiten eines expliziten moralischen Akteurs steckt allerdings noch in den Kinderschuhen. Es gibt gleichwohl Ansätze in diese Richtung, auf die ich im folgenden Kapitel näher eingehen werde. Ein Zwischenschritt besteht darin, zunächst einmal Maschinen zu entwerfen, die nicht eigenständig moralisch handeln, sondern als *moralische Ratgeber* dienen. Diese können entweder moralische Entscheidungen vorschlagen, die dann von einem Menschen überprüft und gegebenenfalls ausgeführt werden, oder aber sie bestimmen und strukturieren nur moralisch relevante Gesichtspunkte einer Situation, während die Bewertung und moralische Entscheidung dem Menschen überlassen bleibt.[7]

Moralische Ratgeber weisen vier Vorzüge auf:[8]

1. Sie richten sich nur an eine ausgewählte Gruppe von Personen in einer bestimmten Art von Situation. Das reduziert die Komplexität der Fragestellung und ist technisch einfacher umsetzbar. So hat das Ehepaar Anderson, welches zu den Pionieren der Maschinenethik zählt, zusammen mit Chris Armen einen medizinischen Ratgeber für moralisch problematische Situationen in der Pflege entwickelt, der sich an Personen wendet, die im Gesundheitswesen tätig sind.[9]
2. Es fiele wohl den meisten Menschen leichter, Maschinen zu akzeptieren, die Menschen beraten, als solche, die selbst moralische Entscheidungen über Menschen treffen. Sollten die Menschen erleben, dass moralische Ratgeber gut funktionieren, könnten diese auch den Weg zu selbständig entscheidenden Systemen ebnen.
3. Viele Verfahren der KI sind sehr datenintensiv, und es stellt sich die Frage, woher man die notwendigen Daten zu moralischen Entscheidungen nehmen soll. Mit Hilfe von Computerprogrammen als moralischen Beratern ließen sich diese Daten verhältnismäßig einfach gewinnen.
4. Schließlich gibt es, wie wir gesehen haben, verschiedene miteinander konkurrierende Theorien der normativen Ethik.[10] Darüber hinaus besteht bei der Entscheidung von Einzelfällen nicht nur ein Dissens zwischen den Anhängern verschiedener Ansätze der normativen Ethik. Abhängig von den jeweiligen Hintergrundannahmen kann auch die Anwendung ein und derselben Theorie zu unterschiedlichen Ergebnissen führen. Anders als eine Maschine, die eigenständig entscheiden und handeln soll, kann ein Moralratgeber in einem solchen Fall verschiedene Möglichkeiten vorschlagen, die Entscheidung aber letztlich dem Menschen überlassen.

Im Gegenzug besitzen jedoch auch Maschinen, die eigenständig moralische Entscheidungen treffen können, Vorteile, die moralische Ratgeber nicht haben. So erfordern viele Situationen, in denen man über den Einsatz moralischer Maschinen nachdenkt, rasches Handeln. Das lässt es nicht zu, die Entscheidung an den Menschen zu delegieren. Zudem wäre der Nutzen moralischer Maschinen eingeschränkt, wenn diese nicht autonom agieren könnten, sondern unter permanenter menschlicher Überwachung stehen müssten.

Neben diesen praktischen Erwägungen gibt es auch theoretische Gründe, warum die Beschäftigung mit autonom handelnden moralischen Maschinen wissenschaftlich reizvoller ist als die Entwicklung moralischer Ratgeber. So verspricht man sich durch die Konstruktion solcher Maschinen ein besseres Verständnis der funktionalen Abläufe, die beim Menschen dem moralischen Entscheiden und Handeln zugrunde liegen.[11]

Zunächst jedoch gilt es zu klären, welche Bedingungen gegeben sein müssen, damit wir überhaupt von moralischem Handeln sprechen können. Moors Begrifflichkeit ist in diesem Punkt eher unbekümmert. So erwies es sich als problematisch, *Ethical Impact Agents* Handlungsfähigkeit zuzuschreiben, weil ihr moralisches Handeln nur anhand der positiven oder negativen Auswirkungen auf Menschen bestimmt wird. Auch bei impliziten moralischen Akteuren ist nicht klar, ob es angemessen ist, von moralischem Handeln zu sprechen. Gesteht man zumindest im Fall der expliziten moralischen Akteure moralische Handlungsfähigkeit zu, so bleibt zu klären, worin diese genau besteht, um ein begründetes Urteil darüber zu fällen, ob sie für Maschinen erreichbar ist oder nicht.

Der Begriff des Handelns

Die Frage, ob Maschinen moralisch handeln können, beinhaltet zwei Teilaspekte: Der eine Aspekt, ob sie überhaupt zum Handeln in der Lage sind, betrifft ihre Handlungsfähigkeit allgemein. Wir müssen Bedingungen formulieren, wann ein Verhalten als eine Handlung gelten kann, und diskutieren, ob Maschinen diese Bedingungen grundsätzlich erfüllen können. Der zweite Aspekt besteht in der spezifisch moralischen Handlungsfähigkeit. Es gilt zu klären, was einen Akteur zu moralischem Handeln befähigt, und ob die Handlungen von Maschinen (insofern sie handlungsfähig sind) als moralisch bezeichnet werden können.

In der Informatik bezieht sich der Begriff des Akteurs (*agent*) auf Roboter oder Software, die eine bestimmte Funktion haben. Ihr Handeln besteht darin, diese Funktion zu erfüllen. Solche künstlichen Akteure unterscheiden sich in zwei Hinsichten von biologischen Lebewesen: Ihre Grenzen sind äußerlich definiert. Was als handelndes Individuum gilt, hängt von einer externen Perspektive und den Interessen des Beobachters ab. Außerdem sind künstliche Akteure von Menschen gebaut und programmiert worden. Biologische Lebewesen hingegen grenzen sich selbst von ihrer Umwelt ab und haben intrinsische Bedürfnisse, die sie durch ihr Handeln zu erfüllen suchen.[12] Sowohl unter den natürlichen als auch unter den künstlichen Akteuren besteht eine große Bandbreite, die vom Bakterium bis zum Menschen und vom *Drei-Gewinnt*-Programm bis zum nicht überwacht lernenden neuronalen Netz reicht.

Die Unterschiede zwischen diesen Akteuren können anhand der unterschiedlichen Ausprägung ihrer Handlungsfähigkeit beschrieben werden. Das erfordert einen Begriff der Handlungsfähigkeit, der *graduell* und *mehrdimensional* ist.[13]

Handlungsfähigkeit entsteht durch das Zusammenwirken verschiedener Faktoren, die jeweils unterschiedlich ausgeprägt sein können. Die beiden grundlegenden Dimensionen sind Rationalität sowie die Fähigkeit, selbst ein Verhalten zu initiieren.

Die Fähigkeit, selbst ein Verhalten zu initiieren, wird in der Informatik häufig mit Autonomie gleichgesetzt. Allerdings gibt es verschiedene Autonomiebegriffe, die nicht gleichermaßen anspruchsvoll sind. Nach dem Philosophen Stephen Darwall gibt es vier Formen der Autonomie: personale, moralische und rationale Autonomie sowie Handlungsautonomie.[14] *Personale Autonomie* besteht in der Fähigkeit, individuelle Werte auszubilden und sein Handeln an diesen auszurichten. *Moralische Autonomie* erfordert, dass man Handlungsentscheidungen aufgrund der eigenen moralischen Überzeugungen oder Prinzipien trifft. Ein *rational autonomer* Akteur folgt den aus seiner Sicht gewichtigsten Gründen. Die schwächste Form der Autonomie ist die *Handlungsautonomie*; sie liegt bereits dann vor, wenn eine Handlung gegeben ist, die einem Individuum als Akteur zugeschrieben werden kann.

Während personale, moralische und rationale Autonomie erfordern, dass ein Akteur aus Gründen handeln kann, ist das im Fall der Handlungsautonomie nicht notwendig. Um diesen Begriff von den anspruchsvolleren Autonomiekonzeptionen abzugrenzen, sollte man deshalb lieber von *Selbstursprünglichkeit* anstelle von Autonomie sprechen.[15] Gemeint ist damit, dass ein Akteur ohne direkte Intervention eines Menschen oder anderen Akteurs operiert. Dieses Verständnis von Autonomie wird auch der Tatsache besser gerecht, dass Selbstursprünglichkeit in der Handlungstheorie häufig als etwas behandelt wird, das zur Rationalität hinzukommen muss, damit genuines Handeln vorliegt.

Allerdings darf Selbstursprünglichkeit nicht mit Akteurskausalität gleichgesetzt werden. Akteurskausalität beinhaltet, dass der Handelnde die Handlung ohne vorhergehende Ursache initiiert.[16] Es ist klar, dass Selbstursprünglichkeit in diesem Sinn künstlichen Systemen nicht zukommen kann. Die Annahme von Akteurskausalität ist zudem grundsätzlich problematisch, weil sie sich nur schwer mit der naturgesetzlichen Verfasstheit der Welt vereinbaren lässt. Aus diesem Grund ist es mehr als zweifelhaft, ob menschliches Handeln überhaupt Akteurskausalität beinhaltet. Daher ist es ratsam, den Begriff der Selbstursprünglichkeit unabhängig von einer so starken metaphysischen Annahme zu halten.[17]

Selbstursprünglichkeit in künstlichen Systemen

Die beiden Philosophen Luciano Floridi und J. W. Sanders haben drei Bedingungen vorgeschlagen, die geeignet sein sollen, ein Verständnis von Selbstursprünglichkeit auf den Punkt zu bringen, das auch künstliche Systeme grundsätzlich erfüllen können:[18]

1. Interaktivität mit der Umwelt, d. h. der Akteur reagiert auf die Umwelt und beeinflusst diese,
2. eine gewisse Unabhängigkeit von der Umwelt, die darin besteht, dass der eigene Zustand ohne direkte Einwirkung der Umwelt verändert werden kann, sowie
3. Anpassungsfähigkeit, die die Veränderung der eigenen Verhaltensregeln im Licht neuer Umweltbedingungen beinhaltet.[19]

Allerdings bestehen zwischen künstlichen Systemen beträchtliche Unterschiede in Bezug darauf, welche Bedingungen und in welchem Ausmaß sie diese erfüllen. Allgemein kann man einem Computer eine gewisse Interaktivität zusprechen, insofern er einen Input aus der Umwelt aufgreift und einen Output erzeugt, der zu gewissen Veränderungen in der Umwelt führt.

Künstliche Systeme unterscheiden sich jedoch darin, wie viele Arten von Input akzeptiert werden, wie genau dieser Input spezifiziert werden muss und wie viele Formen des Outputs es gibt. Nicht zuletzt gibt es verschiedene Wege, die vom Input zum Output führen.

In der Informatik wird zwischen *determinierten* und *deterministischen Algorithmen* unterschieden: Ein determinierter Algorithmus gelangt bei demselben Input immer zu demselben Output. Diese Bedingung ist auch bei deterministischen Algorithmen erfüllt, nur dass diese darüber hinaus stets auf demselben Weg zu demselben Ergebnis gelangen. Demgegenüber ist bei determinierten Algorithmen nur das Ergebnis gleich, der Weg dorthin kann jedoch verschieden sein. Alle deterministischen Algorithmen sind also determiniert, aber nicht umgekehrt. Das Gegenstück zu deterministischen sind *nicht-deterministische Algorithmen*, die sich zwischen verschiedenen Verarbeitungsschritten entscheiden können, wobei die Auswahl über Raten oder Zufallsprozesse geschieht.

Auch bei deterministischen Systemen ist jedoch eine gewisse Unabhängigkeit gegeben. So ist jeder Zug des Schachcomputers *Deep Blue* durch die Algorithmen bestimmt, mit denen die Programmierer ihn ausgestattet haben: Es handelt sich nicht um ein lernendes System. Gleichwohl führt *Deep Blue* in der jeweiligen Spielsituation seine Züge ohne direkte menschliche Intervention aus. Nicht zuletzt spielt das System viel besser Schach als seine Programmierer, die sicherlich nicht in der Lage gewesen wären, einen Schachweltmeister zu schlagen. Der Eindruck der Unabhängigkeit von *Deep Blue* wird dadurch erhöht, dass seine Handlungen für Außenstehende, einschließlich der Designer des Systems, nicht ohne Weiteres vorhersagbar sind.

Für Floridi und Sanders ist das ausreichend, damit basale Autonomie vorliegt, selbst wenn es bei eingehenderer Untersuchung möglich sein sollte, die Züge des Systems aus den

Ausgangsbedingungen und den verwendeten Algorithmen abzuleiten. Das liegt daran, dass in ihrer Konzeption Handlungsfähigkeit abhängig von der zugrunde gelegten Abstraktionsebene ist. Je nachdem, auf welcher Abstraktionsebene man ein System betrachtet, werden bestimmte Informationen ausgeblendet oder einbezogen. Im vorliegenden Fall betrachtet man den Schachcomputer als *Black Box* und abstrahiert von den Algorithmen, die seiner Funktionsweise zugrunde liegen.

Diese Zugangsweise wird plausibel vor dem Hintergrund, dass es sich bei Menschen ähnlich verhalten könnte: Würden wir die Ausgangsbedingungen und die relevanten Naturgesetze kennen, dann ließe sich unter Umständen auch ihr Verhalten vorhersagen. Aber da wir menschliches Verhalten auf einer Ebene erklären, die von diesen Informationen abstrahiert, erleben wir Menschen als unabhängig Handelnde.[20] Ein weiterer Faktor, warum sich das Verhalten einer Maschine nicht aus ihrer Programmierung ableiten lässt, besteht im Einfluss der Umwelt, die in der Realität häufig dynamisch ist und Entscheidungen unter Unsicherheit erfordert.

Die Unvorhersehbarkeit erhöht sich, wenn man konnektionistische Systeme betrachtet, die lernfähig sind.[21] Das gilt in besonderem Maß für neuronale Netze, die zu nicht überwachtem Lernen in der Lage sind und selbständig die relevanten Strukturen und Muster in großen Datenmengen auffinden sollen.[22] Doch auch das überwachte Lernen ist weit weniger kontrollierbar, als der Begriff nahelegt. Denn hier entscheidet ebenfalls das System selbst über die relevanten Kriterien. Neuronale Netze erfüllen somit zumindest in der Trainingsphase auch die Bedingung der Anpassungsfähigkeit, da sie ihre Algorithmen ständig im Licht neuer Daten modifizieren. Für beide Arten von Netzen lässt sich nur schwer, und manchmal gar nicht, nachvollziehen, wie sie zu einer Entscheidung kamen. Nicht zuletzt erfolgt die Entwicklung neuronaler Netze zumeist nicht theoriegeleitet, sondern nach dem Prinzip von *Trial and Error* oder aus dem Bauchgefühl heraus.

Gerade im Fall neuronaler Netze ist es offensichtlich, dass diese häufig moralisch relevante Entscheidungen treffen. So kann man sie dafür einsetzen, die Kreditwürdigkeit einzelner Kunden zu berechnen. Doch was ist, wenn die Bank jemandem trotz bester Bonität einen Kredit verweigert? Diese Entscheidung scheint ungerecht zu sein. Das Problem ist nicht nur die Fehleranfälligkeit neuronaler Netzwerke, die sich nicht komplett ausschalten lässt. Fragwürdig ist vielmehr, dass diese Entscheidung aufgrund von Kriterien zustande kommen konnte, die systematisch zu Ungerechtigkeit führen. So zeigte sich in einigen Fällen die Anfälligkeit neuronaler Netze für rassistische Vorurteile.[23] Darüber hinaus lässt sich oft nicht genau angeben, welche Kriterien für die Entscheidung des Systems relevant waren.[24]

Ein künstliches System ist demnach ein moralischer Akteur in Floridis und Sanders' Sinn, wenn es im Sinn der drei Bedingungen selbstursprünglich ist und seine Handlungen moralisch relevante Konsequenzen verursachen. Weniger leicht zu beantworten ist die Frage, welchem Moor'schen Akteurstypus ein solches Netzwerk zuzuordnen ist. Handelt es sich nur um ein Gerät, das moralisch relevante Konsequenzen erzeugt (*ethical impact agent*), oder handelt es sich sogar um einen impliziten moralischen (bzw. unmoralischen) Akteur (*implicit ethical agent*)? Gegen die erste Option spricht, dass nicht allein der Gebrauch des Systems unmoralisch ist, sondern dass die Entscheidungen des Netzes selbst systematisch ungerecht sind. Im Unterschied zu Moors Beispielen für implizite moralische Akteure wurde die Ungerechtigkeit dem System jedoch nicht absichtlich von den Entwicklern eingepflanzt, sondern sie ist ein Nebenprodukt von Vorurteilen, die in den Daten enthalten sind, die als Entscheidungsgrundlage des Systems dienen.

Um diesen Fall richtig zu erfassen, könnte man Moors Begriff des *Ethical Impact Agent* so modifizieren, dass das System aufgrund eines gewissen Grades an Autonomie moralische Konsequenzen erzeugt, die weder vom Nutzer noch vom Entwickler beabsichtigt wurden. Weil das Netzwerk unabhängiger in seinem Handeln ist als ein Sicherheitssystem im Flugzeug oder ein Geldautomat, scheint es auch in einem moralisch anspruchsvolleren Sinn ein moralischer Akteur zu sein. Gleichwohl entspricht das Netzwerk nicht den Bedingungen, die Moor für explizite moralische Akteure aufgestellt hat, denn es ist nicht in der Lage, explizite moralische Urteile zu fällen oder gar zu begründen. Denn dies würde die Fähigkeit zu rationalem Handeln erfordern. Das bringt uns zur zweiten Bedingung der Handlungsfähigkeit.

Rationales Handeln

Die klassische philosophische Handlungstheorie erachtet das Handeln aus Gründen als eine notwendige Bedingung der Handlungsfähigkeit. Nach der auf David Hume (1711–1776) zurückgehenden Theorie rationalen Handelns, die als Standardtheorie gilt, besteht ein Handlungsgrund in der Kombination zweier mentaler Zustände: einer Meinung und einer Pro-Einstellung. Eine Meinung liegt vor, wenn jemand einen Sachverhalt für wahr hält, während eine Pro-Einstellung gegeben ist, wenn jemand einen Sachverhalt realisieren möchte, der noch nicht vorliegt. Typische Pro-Einstellungen sind Wünsche. Dieser Ansatz wird daher im Englischen häufig als *Belief-Desire*-Theorie bezeichnet. Anders als dieser Begriff nahelegt, können Pro-Einstellungen aber auch negativ sein, d. h. die Vermeidung eines Sachverhalts anstreben, oder in anderen mentalen Zuständen als Wünschen bestehen, etwa Hoffnungen.

Nach dem Hume'schen Modell kann beispielsweise der Grund meiner Handlung, in die Bibliothek zu gehen, der Wunsch sein, Tolstois Roman *Anna Karenina* auszuleihen, zusammen mit der Meinung, dass das Buch dort zu finden sei. Neuere Varianten der Standardtheorie nehmen an, dass eine *Intention* hinzukommen muss, die festlegt, welcher Wunsch handlungswirksam wird und einen entsprechenden Handlungsplan umfasst. Dies soll dem Einwand Rechnung tragen, dass wir eine ganze Menge unverbindlicher Wünsche haben, die nicht zu Handlungen führen.[25] (Ich werde im Folgenden allerdings von dieser Komplikation absehen und vorwiegend von Meinungen und Pro-Einstellungen sprechen.)

Eine moralische Handlung geht dementsprechend auf einen moralischen Grund zurück, also auf eine moralische Pro-Einstellung und eine entsprechende Meinung. Ein moralischer Grund kann sich etwa zusammensetzen aus dem utilitaristischen Werturteil, dass es gut ist, die Lust-Leid-Bilanz der von einer Handlung Betroffenen zu maximieren (Pro-Einstellung), und der Meinung, dass eine Spende für eine wohltätige Organisation zur besten Bilanz führt.

In der Metaethik wird darüber diskutiert, ob moralische Urteile allein schon hinreichend sind, um zu moralischem Handeln zu motivieren.[26] Ich bin der Auffassung, dass es eine gewisse Form der Persönlichkeitsspaltung bedeutet, einerseits zu urteilen, etwas sei gut, richtig oder eine Pflicht, ohne aber andererseits die geringste Motivation zum Handeln zu verspüren. Schreibt man moralischen Urteilen keine motivationale Kraft zu, so müsste beispielsweise immer noch ein motivierender Zustand wie ein Wunsch hinzutreten. Wenn moralische Urteile aber bereits selbst motivieren können, dann sind zusätzliche Pro-Einstellungen hingegen verzichtbar.

In diesem Zusammenhang stellt sich die Frage, ob auch künstliche Systeme über Zustände wie Meinungen und Wünsche verfügen können, die moralische Handlungsgründe darstellen. Einige Autoren gehen davon aus, dass dies nicht der Fall ist, weil künstliche Systeme nicht über Intentionalität verfügen. So nimmt beispielsweise der Philosoph Donald Davidson (1917–2003) an, nur solchen Wesen könnten Meinungen und Wünsche zukommen, denen äußerst komplexe sprachliche Fähigkeiten zu Gebote stehen, doch blieben diese letztlich Menschen vorbehalten.[27] Andere sind hingegen der Auffassung, dass auch Tiere Meinungen und Wünsche besitzen, obwohl sie Davidsons strengen Anforderungen nicht genügen.[28] Das rückt rationales Handeln auch für künstliche Systeme in erreichbare Nähe.

Wie man zu dieser Problemstellung steht, hängt davon ab, welche Bedingungen man als notwendig erachtet, um Meinungen und Wünsche zuzuschreiben. Es gibt in diesem Punkt zwei grundlegende Positionen:

Die erste Auffassung wird insbesondere von dem Philosophen Daniel Dennett vertreten.[29] Er geht davon aus, dass einem Akteur Meinungen und Wünsche zukommen, wenn diese Annahme uns dabei hilft, sein Verhalten besser zu verstehen, und zwar unabhängig von seiner internen Struktur. Es kommt darauf an, dass wir ein System fruchtbarerweise als rational denkend und handelnd auffassen können, damit es tatsächlich Intentionalität besitzt. Rationales Handeln ist demnach also eine Sache der Interpretation und setzt nicht voraus, dass ein Wesen tatsächlich über innere Zustände verfügt, die etwa Meinungen und Wünsche darstellen. Diese Bedingung ist auch für künstliche Systeme relativ einfach zu erfüllen. Wenn wir beispielsweise einen Schachcomputer durch die Annahme verstehen können, dass er das Spiel gewinnen will und meint, ein bestimmter Zug sei dafür geeignet, dann können wir dem Computer den entsprechenden Handlungsgrund zuschreiben.[30]

Die zweite Position gibt sich nicht mit einer solchen Zuschreibungspraxis zufrieden, sondern fordert, dass einem Akteur innere Zustände zukommen müssen, die sein Verhalten auf die richtige Art und Weise verursachen. Worin die Natur dieser inneren Zustände besteht, ist umstritten. Äußerst wirkungsmächtig – sowohl wissenschaftlich als auch in einer breiteren Öffentlichkeit – war der Vergleich des Geistes mit einem Computerprogramm. Dieser versprach ein materialistisches Verständnis des Geistigen, das zugleich die Beschränkungen des klassischen Materialismus hinter sich ließ. Man bezeichnet diese Position auch als *Funktionalismus*.

Der klassische Materialismus setzt mentale Zustände mit Gehirnzuständen gleich und kann daher nicht erklären, wie andere Wesen als Menschen geistige Zustände haben können. So wäre es beispielsweise nicht möglich, Tieren Schmerzempfindungen zuzuschreiben, weil ihr Gehirn anders aufgebaut ist. Und selbst bei Menschen können aufgrund der Plastizität des Gehirns dieselben geistigen Zustände mit unterschiedlichen Gehirnzuständen einhergehen. So werden z. B. als Reaktion auf Hirnverletzungen manchmal neue Gehirnstrukturen aufgebaut, die bestimmte Funktionen der beschädigten Bereiche übernehmen. Betrachtet man geistige Zustände hingegen als funktionale Zustände, können sie auf ganz verschiedene Arten und Weisen realisiert sein. Sogar Aliens, die gar keine physikalische Ähnlichkeit mit Menschen aufweisen, könnten demnach Schmerzen empfinden.[31]

Für den Funktionalismus wird die Natur geistiger Zustände durch ihren Input, Output und die kausalen Relationen zu anderen geistigen Zuständen bestimmt. Schmerz etwa könnte als ein Zustand beschrieben werden, der von Verletzungen verursacht wird. Außerdem umfasst er die Meinung, dass eine Verletzung vorliegt, und löst den Wunsch aus, der Zustand möge aufhören. Schließlich gehören auch bestimmte Verhaltensweisen wie Wimmern oder der Versuch, den Schmerz zu vermeiden, dazu.[32]

Die funktionale Charakterisierung von Meinungen muss dementsprechend die Wahrnehmungsursachen, die rationalen Beziehungen zu anderen Meinungen und Pro-Einstellungen sowie die Handlungsrelevanz von Meinungen miteinbeziehen.[33] Glaubt man beispielsweise, dass die Straße nass ist, wenn es regnet, und ist auch der Meinung, dass es regnet, so wird man ebenfalls glauben, dass die Straße nass ist. Nimmt man unter guten Bedingungen wahr, dass ein Haus rot ist, so bildet man auch die entsprechende Meinung. Ist man der Meinung, dass *Anna Karenina* sich in der Bibliothek befindet und verspürt den Wunsch, das Buch zu lesen, so wird man sich auf den Weg zur Bibliothek machen. Nach dieser Auffassung können auch Computer mentale Zustände wie Meinungen oder Wünsche besitzen, sofern die entsprechenden funktionalen Beziehungen vorliegen. Am weitesten geht in diesem Punkt der Maschinenfunktionalismus, der den menschlichen Geist selbst mit einer Turingmaschine identifiziert.[34] Aber es gibt auch konnektionistische Varianten des Funktionalismus.[35]

Noch weiter geht die Annahme, dass intentionale Zustände nicht nur funktional hinreichend ähnlich sein müssen, sondern auch eine Struktur aufweisen, die deren Inhalt spiegelt. Schreibt man einem System die Meinung zu, »Tolstois Roman *Anna Karenina* befindet sich in der Bibliothek.«, so müsste es demnach für jede Komponente dieser Meinung eine Entsprechung geben. Diese Entsprechung zeichnet sich dadurch aus, dass sie auch in anderen Gedanken vorkommen kann, beispielsweise: »Tolstois Roman *Anna Karenina* ist großartig.« oder: »Die Bibliothek ist ein prima Zufluchtsort bei Regen.« In der Folge dieser Theorie müssten die inneren Zustände eines Systems eine der natürlichen Sprache analoge Struktur besitzen, um als intentional gelten zu können. Man spricht deshalb auch von der Annahme einer *Sprache des Geistes* (*language of thought*), deren bedeutendster Vertreter der Philosoph und Kognitionswissenschaftler Jerry Fodor (1935–2017) ist.[36] Diese Annahme setze ich im Folgenden jedoch nicht voraus.

Mit Searles Chinesischem Zimmer haben wir freilich ein gewichtiges Argument kennengelernt, das gegen den Funktionalismus in seinen verschiedenen Ausprägungen spricht.[37] Der Grund, warum Searle es für falsch hält, einem Computer mentale Zustände zuzuschreiben, ist, dass Computer nicht über intrinsische Intentionalität und Bewusstsein verfügen. Vor dem Hintergrund der Unterscheidung von Moors Akteurstypen sind wir nun besser in der Lage, diesen Einwand einzuordnen.

Wenn Searle recht hat, dann kommen Maschinen keine echten mentalen Zustände zu. Sie könnten jedoch Zustände aufweisen, die funktional vergleichbar mit mentalen Zuständen sind. Im Unterschied zu echten mentalen Zuständen sind sie jedoch nicht mit phänomenalem Bewusstsein verbunden und haben nur abgeleitete Intentionalität, vermittelt durch ihre Programmierer und Nutzer. Man könnte solche Zustände als *Quasi-Meinungen*, *Quasi-Wünsche* usw. bezeichnen.[38]

Diese Redeweise lehnt sich an die Terminologie des Philosophen Kendall Walton an, der emotionale Reaktionen auf Fiktionen (beispielsweise unser Mitleid mit der Protagonistin des Romans *Anna Karenina*) als Quasi-Emotionen bezeichnet. Denn sie gleichen zwar im Hinblick auf ihre phänomenale Qualität und die involvierten körperlichen Veränderungen echten Emotionen. So weinen wir um Anna Karenina und verspüren Traurigkeit angesichts ihres Schicksals. Im Unterschied zu echten Emotionen beinhalten Quasi-Emotionen aber nicht die Meinung, dass der Gegenstand, der die Emotion auslöst, auch existiert.[39] Im vorliegenden Fall wäre es genau umgekehrt, da die quasi-intentionalen Zustände, anders als ihre echten

Gegenstücke, nicht mit phänomenalem Bewusstsein verbunden sind und nur über abgeleitete Intentionalität verfügen. Für einen expliziten moralischen Akteur im Sinn Moors wäre es jedoch ausreichend, über solche quasi-intentionalen Zustände zu verfügen.

Darüber hinaus zeigen sich zwei weitere Einschränkungen: *Erstens* beziehen sich die funktionalen Beziehungen primär auf den *kognitiven Aspekt* der Moral. Die emotionale Dimension könnte nur insoweit berücksichtigt werden, als sich Emotionen unabhängig von ihrer phänomenalen Qualität funktional erfassen lassen.[40]

Zweitens handelt es sich nur um einen Ausschnitt der funktionalen Beziehungen, die einen menschlichen Akteur auszeichnen. Das gilt zumindest, solange künstliche Systeme nur in einem bestimmten Bereich agieren, beispielsweise in der Altenpflege. Einen künstlichen moralischen Akteur mit der funktionalen Komplexität eines Menschen zu schaffen, ist hingegen noch auf lange Sicht kein realistisches Ziel.[41]

Moralische Akteure in der Maschinenethik

Die fruchtbarste Position für die Maschinenethik liegt demnach in der Mitte zwischen Dennetts Konzeption, die von den inneren Zuständen des Akteurs weitgehend abstrahiert, und dem Funktionalismus als reduktiver Theorie des Mentalen. Dennett macht es den Maschinen zu einfach, rational Handelnde zu sein. Seine Position kann für die Entwicklung der Maschinenethik keine Anregungen bieten, da sie die Maschine lediglich als *Black Box* versteht. Der Funktionalismus macht es ihnen hingegen zu schwer, solange er mit dem Anspruch verbunden ist, echte geistige Zustände zu reproduzieren.

Technisch gesehen verfügen insbesondere künstliche Systeme, die das sog. *Belief-Desire-Intention-Softwaremodell* verwenden, über innere Zustände, die als funktional äquivalent mit Überzeugungen und Pro-Einstellungen betrachtet werden können.[42] Sie besitzen Repräsentationen, die angeben, wie sich die Dinge in der Welt verhalten, in bestimmten logischen Beziehungen zueinander stehen und handlungsrelevant sind. Diese haben eine vergleichbare funktionale Rolle wie Überzeugungen bei Menschen. Darüber hinaus weisen sie auch motivationale Zustände auf, die angeben, wie die Welt beschaffen sein sollte, also Zustände, die funktional äquivalent mit Pro-Einstellungen sind. Ferner können sie Pläne entwickeln und verfolgen. Sie verfügen außerdem über Informationsverarbeitungsmechanismen, die sie dazu veranlassen, die Welt zu verändern, wenn sie nicht so ist, wie sie beschaffen sein sollte.

Man muss sich allerdings darüber im Klaren sein, dass die BDI-Architektur weit unterhalb der Komplexität menschlichen Verhaltens liegt. Sie ist in etwa vergleichbar mit einem Kindersegelboot im Verhältnis zu einem Hightech-Schiff. Beide sind funktional äquivalent im Hinblick auf die Fähigkeit zu segeln, aber mit sehr unterschiedlichen Graden an Perfektion, Ausgereiftheit und technischer Raffinesse.

Darüber hinaus gilt es, den allgemeinen Ansatz des BDI-Modells an den Spezialfall des moralischen Handelns anzupassen. Dazu ist es notwendig, Maschinen mit inneren Zuständen zu entwickeln, die moralischen Meinungen und Pro-Einstellungen funktional hinreichend ähnlich sind, um als moralische Gründe gelten zu können.[43] Die Formulierung »hinreichend ähnlich« ist vorsichtig gewählt, um der Tatsache Rechnung zu tragen, dass es gewisse funktionale Unterschiede zu menschlichem moralischen Handeln geben kann.

Nehmen wir beispielsweise die metaethische Annahme, dass moralische Urteile nicht zwangsläufig motivierend sind. Auch wenn diese These (entgegen meiner Auffassung) bei Menschen zutreffen sollte, steht es uns frei, Maschinen so zu gestalten, dass moralische Urteile sie zuverlässig zum Handeln veranlassen. Solche funktionalen Unterschiede sind jedoch nicht weiter problematisch, sondern zu erwarten. Schließlich weist moralisches Handeln von Haus aus eine große funktionale Bandbreite auf. So dürften Utilitaristen funktional anders strukturiert sein als Kantianer oder Anhänger der Tugendethik.

Doch woran lässt sich bemessen, ob eine funktional hinreichend große Ähnlichkeit zu moralischem Handeln vorliegt, um eine Maschine als expliziten moralischen Akteur zu begreifen? Ein Vorschlag ist, einen moralischen Turingtest als Kriterium einzusetzen.[44] Doch wie wir bereits gesehen haben, kann der Turingtest schon als Test, ob eine Maschine denken kann, nicht überzeugen. Das gilt in verstärktem Maß für den moralischen Turingtest. Einerseits ist er zu anspruchsvoll, denn er verlangt, dass eine Maschine als ein Mensch durchgehen muss. Das schließt beispielsweise moralische Akteure aus, die nur in einem eng begrenzten Gebiet moralische Entscheidungen fällen und generell nicht dieselben kognitiven Kompetenzen haben wie Menschen. Andererseits ist der moralische Turingtest unzureichend, weil er sich nur auf das äußerliche Verhalten konzentriert und die inneren Zustände der Maschine außer Acht lässt. Das eröffnet die Möglichkeit, moralisches Verhalten nur vorzutäuschen. Diese Problematik wird dadurch verstärkt, dass der moralische Turingtest nur Äußerungen abfragen kann, während das Handeln keine Rolle spielt.

Nicht zuletzt vergibt der menschliche Vergleichsmaßstab einen Vorteil, den Maschinen als moralische Akteure haben könnten. Vielleicht verhalten sie sich moralischer als Menschen, weil sie keinen irrationalen emotionalen Regungen, Stress oder Selbstinteresse unterliegen. Die Maschinen würden dann beim Turingtest durchfallen, weil sie moralisch besser sind als Menschen. Doch das sollte sie nicht davon ausschließen, moralische Akteure zu sein. Nicht zuletzt lautet eines der Hauptargumente für die Maschinenethik, dass Maschinen Menschen in diesen Hinsichten überlegen sind.

Eine Alternative zum Turingtest stellt das Konzept der *Verifikation* dar.[45] Dieses betrachtet die Maschine nicht als *Black Box*, sondern bezieht sich auf sämtliche Stufen des Handlungsprozesses. Es wird geprüft, wie ein System Informationen erhält und die moralisch relevanten Aspekte einer Situation bestimmt, nach welchen Kriterien es Entscheidungen trifft, wie ein konkreter Handlungsgrund aussieht und welche Handlung ausgeführt wird. Besondere Bedeutung wird der Fähigkeit des Systems zugemessen, seine Handlungen explizit zu begründen. Entwicklung und Verifikation eines künstlichen moralischen Akteurs bilden somit zwei Seiten derselben Medaille.

2. Moralimplementation

Die Moralimplementation macht das Kernstück der Maschinenethik aus. Es geht um die Frage, wie man vorgeht, wenn man eine Maschine mit moralischen Fähigkeiten ausstatten will. Das erfordert die enge Zusammenarbeit verschiedener Fachrichtungen, an erster Stelle Philosophie und Informatik. Da sich der Zugang dieser beiden Disziplinen grundsätzlich voneinander unterscheidet, muss zunächst über die methodologischen Grundlagen dieser Zusammenarbeit nachgedacht werden. Dazu ist es notwendig, verschiedene Erklärungsebenen und -richtungen zu unterscheiden. Man kann sich dabei an der Diskussion in den Kognitionswissenschaften orientieren, bei der sich ein analoges Problem stellt.

Erklärungsebenen und -richtungen

Ein guter Ausgangspunkt ist die von Dennett in die Diskussion eingeführte Unterscheidung dreier Standpunkte oder Ebenen, von denen aus Erklärungen vorgenommen werden können: den intentionalen Standpunkt, den Designstandpunkt und den physikalischen Standpunkt:[46]

Auf der *intentionalen Ebene* betrachten wir ein System als rationalen Akteur, dessen Verhalten mit Hilfe des Hume'schen Modells intentionalen Handelns erklärt werden kann, indem wir ihm intentionale Zustände wie Meinungen oder Pro-Einstellungen zuschreiben. Man könnte meinen, dass der intentionale Standpunkt nur auf Menschen anwendbar ist, aber auch das Verhalten von Tieren und künstlichen Systemen lässt sich für Dennett auf diese Art und Weise verstehen. So kann man das Verhalten eines Schachcomputers dadurch erklären, dass er das Spiel gewinnen will und eine bestimmte Strategie wählt, weil er sie für erfolgversprechend hält.

Wie wir gesehen haben, ist es für Dennett irrelevant, ob ein System auch wirklich innere Zustände besitzt, die Meinungen und Pro-Einstellungen entsprechen.[47] Es genügt, dass wir sein Verhalten zuverlässig mit Hilfe solcher Zuschreibungen vorhersagen und erklären können, um ihm Intentionalität zuzubilligen. Eine etwas stärkere These ist diejenige, die wir im Hinblick auf explizite moralische Akteure bereits diskutiert haben. Diese erforderte, dass explizite moralische Akteure zumindest über innere Zustände verfügen müssen, die funktional hinreichend ähnlich zu moralischen Pro-Einstellungen und Überzeugungen sind.

Den *Designstandpunkt* nehmen wir ein, wenn wir Zweck, Funktion und Gestaltung eines Gegenstands betrachten. Das Verhalten eines Systems wird durch seine Konstruktion und die Funktion seiner Teile sowie ihres Beitrags zum Zweck des

Systems erklärt, ohne dass seine genaue physikalische Beschaffenheit bekannt sein muss. So kann man Aufbau und Verhalten eines Herzens durch seine Funktion erklären, Blut zu pumpen, oder vorhersagen, dass der Wecker klingeln wird, wenn er auf eine bestimmte Zeit gestellt ist. Um das Verhalten eines Objekts auf der *physikalischen Ebene* zu erklären, verwenden wir Informationen über seine physikalische Beschaffenheit (z. B. Masse) in Verbindung mit den Naturgesetzen (wie dem Gravitationsgesetz).

Letztlich lässt sich für Dennett das Verhalten jedes Gegenstands auf der physikalischen Ebene erklären, doch erfordert dieses Vorgehen sehr detaillierte physikalische Informationen und Kenntnisse. Aus diesem Grund ist der physikalische Standpunkt nicht immer zweckmäßig. Darüber hinaus beleuchten die beiden anderen Ebenen Aspekte des Verhaltens eines Gegenstands, die auf der physikalischen Ebene nicht in den Blick kommen, insbesondere Funktion und Zweck auf der Designebene sowie Rationalität auf der intentionalen Ebene. Der Designstandpunkt und der intentionale Standpunkt machen außerdem normative Annahmen, die sich vom physikalischen Standpunkt aus nicht erfassen lassen. Das zeigt sich am Beispiel von Fehlfunktionen und Irrationalität. Auf der physikalischen Ebene lässt sich das Verhalten eines funktionierenden Weckers oder einer rationalen Person grundsätzlich auf die gleiche Art und Weise erklären wie das eines kaputten Weckers oder einer irrationalen Person. Auf der Designebene bzw. intentionalen Ebene handelt es sich jedoch um Fehlleistungen, die es erforderlich machen, den Erklärungsstandpunkt zu wechseln und auf die physikalische Ebene überzugehen. Das Verhalten eines kaputten Weckers lässt sich nicht mehr anhand seiner Funktion erklären, und irrationales Verhalten entzieht sich dem Verstehen durch intentionale Handlungsgründe.

Die Unterscheidung zwischen den verschiedenen Erklärungsebenen bringt die Annahme verschiedener Erklärungsrichtungen mit sich.[48] Die Erklärungsrichtung ist horizontal, wenn eine Erklärung auf derselben Ebene bleibt, also wenn beispielsweise intentionales Verhalten intentional erklärt wird. Die Erklärungsrichtung verläuft vertikal, wenn sich das, was erklärt werden soll, auf einer anderen Erklärungsebene befindet als dasjenige, was die Erklärung leistet. So kann intentionales Verhalten auch vom funktionalen oder physikalischen Standpunkt erklärt werden.

Unser alltägliches Verständnis moralischen Handelns bewegt sich horizontal auf der intentionalen Ebene. Wir können beispielsweise Annas Spende für eine wohltätige Organisation dadurch erklären, dass sie es für ihre Pflicht hält, Menschen zu helfen, die vom Hungertod bedroht sind, und dass sie glaubt, eine Spende für diese Organisation sei ein geeignetes Mittel, um dies zu verhindern.

Entschuldigende Gründe für unmoralisches Handeln werden hingegen nicht selten auf einer anderen Ebene gesucht. Das ist z. B. dann der Fall, wenn man die Tatsache, dass ein Elternteil seinen Nachwuchs vernachlässigt, durch eine Depression erklärt, also eine psychische Funktionsstörung bzw. bestimmte neurophysiologische Prozesse im Gehirn. Man geht in diesem Fall von einer personalen auf eine subpersonale Erklärungsebene, d. h. es handelt sich um Prozesse, die nicht mehr auf der Ebene des rational überlegenden und handelnden Subjekts stattfinden.[49]

Auch wenn man darüber nachdenkt, wie man Maschinen mit moralischen Fähigkeiten ausstatten kann, muss man die Erklärungsebene wechseln. Das System wird als ein Akteur aufgefasst, der ein bestimmtes kognitives Problem lösen soll, das zunächst auf der intentionalen Ebene beschrieben wird. Im Fall der Maschinenethik geht es um ein moralisches Problem.

Doch der Entwurf eines entsprechenden Programms erfordert den Wechsel zum Designstandpunkt. Auf der physikalischen Ebene schließlich geht es darum, wie ein solches System physikalisch umsetzbar ist.

Ebenen der Informationsverarbeitung

Komplementär zu den verschiedenen Erklärungsebenen lassen sich unterschiedliche Ebenen der Informationsverarbeitung bestimmen. Einflussreich in den Kognitionswissenschaften ist David Marrs (1945–1980) Unterscheidung dreier Ebenen:[50] der computationalen Ebene, der algorithmischen Ebene und der Hardware-Ebene. Die *computationale Ebene* beinhaltet eine allgemeine Beschreibung eines kognitiven Problems und seine Formulierung als Informationsverarbeitungsproblem. Auf der *algorithmischen Ebene* geht es darum, das konkrete Vorgehen festzulegen, mit dessen Hilfe das auf der computationalen Ebene identifizierte Informationsverarbeitungsproblem gelöst werden soll, d.h. mit welchen Eingangs- und Ausgabedaten gearbeitet wird und anhand welcher Regeln die Transformation zwischen Input und Output stattfindet. Die *Hardware-Ebene* schließlich betrifft die Frage, wie der entsprechende Algorithmus physikalisch implementiert werden kann.

Marr erläutert diese Unterscheidung am Beispiel einer Registrierkasse im Supermarkt. Das kognitive Problem, das diese lösen soll, lässt sich auf der computationalen Ebene in vier Bestandteile zerlegen:[51]

1. Wenn man nichts kauft, sollte es nichts kosten; und wenn man etwas kauft und nichts hinzufügt, sollte es genauso viel kosten, wie wenn man etwas kauft.
2. Die Reihenfolge, in der die Waren eingegeben werden, darf keinen Unterschied in der Gesamtsumme machen.

3. Teilt man die Waren in zwei Teilmengen auf und bezahlt diese getrennt, darf sich die Gesamtsumme dadurch nicht verändern.
4. Kauft man einen einzigen Gegenstand und tauscht ihn gegen Bargeld wieder um, dann belaufen sich die Kosten auf null.

Der gesuchte Informationsverarbeitungsprozess, der diese Bedingungen erfüllt, ist die Addition. Auf der algorithmischen Ebene gilt es dann, Eingabe- und Ausgabedaten zu bestimmen, also beispielsweise arabische Zahlen. Ein möglicher Algorithmus besteht darin, wie bei der handschriftlichen Addition zunächst die Einer zu addieren, dann die Zehner, dann die Hunderter usw. Überschreitet die Summe einer Stellenwertspalte die Ziffer 9, erfolgt ein Übertrag in die nächste Spalte. Die Implementation dieses Algorithmus auf der Hardware-Ebene kann mechanisch oder elektronisch erfolgen.

Übertragen auf die Maschinenethik bedeutet diese Vorgehensweise: Aufgabe der Philosophie ist es, eine Beschreibung des fraglichen moralischen Problembereichs auf der intentionalen Ebene zu entwickeln. Auf der computationalen Ebene müssen Philosophie und Informatik gemeinsam daran arbeiten, diesen moralischen Problembereich in die Form von Informationsverarbeitungsproblemen zu bringen. Softwareentwickler suchen dann nach den Algorithmen, die geeignet sind, die Informationsverarbeitungsprobleme zu lösen. An den Hardwareingenieuren liegt es schließlich, sich um die physikalische Umsetzung des Programms zu kümmern.

Ansätze der Moralimplementation

In der Diskussion um die Implementation moralischer Fähigkeiten in künstlichen Systemen lassen sich zwei grundsätzliche Ansätze ausmachen: Top-down und Bottom-up.[52] Beide Ansatztypen bezeichnen zunächst einmal eine Herangehensweise an die Softwareentwicklung, stehen aber auch in einem Zusammenhang zu bestimmten ethischen Theorien. So ist es naheliegend, Moraltheorien, die ein allgemeines Moralprinzip annehmen, top-down zu implementieren. Bottom-Up-Ansätze hingegen weisen eine natürliche Verbindung zum metaethischen Partikularismus und zur Tugendethik auf. Im Folgenden werden die beiden gängigen Ansätze der Moralimplementation allgemein dargestellt und anhand ausgewählter Beispiele (teilweise real und teilweise fiktiv) kritisch beleuchtet. Es ist auch möglich, Top-Down- und Bottom-Up-Ansätze miteinander zu verbinden. In diesem Fall spricht man von hybriden Ansätzen.[53]

Top-Down-Ansätze charakterisiert eine schrittweise Herangehensweise an die Softwareentwicklung von allgemeinen, umfassenden Strukturen zu immer spezielleren Details. Der natürliche Verbündete dieser Ansätze sind Prinzipienethiken. Sie zeichnen sich dadurch aus, dass moralisches Handeln nach Prinzipien erfolgt. Diese moralischen Prinzipien sollen in Form von Regeln implementiert werden, aus denen dann von einem moralischen Akteur abzuleiten ist, was in einer spezifischen Situation zu tun ist. Die beiden wichtigsten Moralprinzipien, die hierfür in Frage kommen, wurden bereits vorgestellt:[54] Es handelt sich um das utilitaristische Gebot der Nutzenmaximierung und um Kants kategorischen Imperativ. Speziell im Bereich der Maschinenethik werden außerdem die drei Asimov'schen Gesetze diskutiert.[55] Ich gehe auf die Umsetzung der gängigen ethischen Theorien in Reinform ein, es sind jedoch auch Mischformen denkbar.

Top-Down-Ansatz 1: Utilitarismus

Dem Nutzenprinzip liegt bereits bei Bentham die Idee eines moralischen Kalküls zugrunde. Diese Sichtweise kommt der Moralimplementation entgegen, denn ein solcher Kalkül scheint grundsätzlich algorithmisierbar zu sein. Der entsprechende Algorithmus im Fall des klassischen Utilitarismus soll diejenige Handlungsalternative berechnen, die die beste Bilanz aus Lust und Leid im Hinblick auf alle Betroffenen gewährleistet. Der dazu benötigte Input besteht in der Anzahl der betroffenen Personen, der Intensität und Dauer der jeweils für sie zu erwartenden Lust bzw. des Leids und der Wahrscheinlichkeit ihres Eintretens für jede Handlungsoption.[56] Ein Computerprogramm verspricht diese Form der Nutzenaggregation deutlich schneller und akkurater durchzuführen als ein Mensch und entspricht dabei womöglich auch dem utilitaristischen Ideal der Unparteilichkeit besser.

Versucht man, einen utilitaristischen Ansatz zu implementieren, so müssen vier Schritte umgesetzt werden:

1. eine Beschreibung der Ausgangssituation,
2. eine Möglichkeit, um Handlungen hervorzubringen,
3. einen Weg, um vorherzusagen, was geschieht, wenn eine Handlung in der Ausgangssituation durchgeführt wird und
4. eine Methode zur Bewertung der daraus entstehenden Folgen.[57]

Jeder dieser Schritte stellt eine enorme Herausforderung für die Moralimplementation dar. Zunächst muss entschieden werden, welches die relevanten Aspekte einer Situation sind. Dazu gehört die Frage, wer in den Kalkül eingeschlossen wird: Geht es um alle Menschen, eine Teilgruppe oder zählen auch Tiere oder gar ganze Ökosysteme dazu? Sind alle Betroffenen gleich zu bewerten oder sind Lust bzw. Leid oder Präferenzen von Menschen und Tieren unterschiedlich zu gewichten? Selbst wenn man sich nur auf Menschen konzentriert, müsste der Input im Extremfall in einer Darstellung der aktuellen Lust bzw. Schmerzbilanz aller Menschen bzw. einer Aufzählung aller ihrer Präferenzen bestehen, um dann entscheiden zu können, auf wen sich eine Handlung auswirkt.

Die bereits an dieser Stelle zutage tretende Komplexität wirkt sich auch auf den zweiten Schritt aus: Je mehr moralisch relevante Fakten für die Hervorbringung einer Handlung es gibt, desto detaillierter müssen auch die Handlungsoptionen bestimmt werden. So unterscheidet sich die utilitaristische Bewertung des Essens eines Schnitzels wesentlich in Abhängigkeit davon, ob man nur auf die direkt davon betroffenen Menschen schaut, Tiere miteinbezieht oder die Auswirkungen für das gesamte Ökosystem betrachtet.

Noch schwieriger wird die Angelegenheit im dritten Schritt, wenn es um die Berechnung der Konsequenzen verschiedener Handlungsoptionen geht. Hier stellt sich die Frage, wie viele und welche möglichen Verzweigungen in der Zukunft betrachtet werden sollen und wie weit die Zukunft vorauszuberechnen ist. Nicht zuletzt können die Folgen einer Handlung mehr oder weniger direkt sein. Will man sämtliche Folgen miteinbeziehen, bedeutet dies einen enormen Rechenaufwand. Doch indirekte Folgen zu vernachlässigen, birgt ebenfalls Risiken, denn diese Folgen können weitreichend sein, wie der Schmetterlingseffekt verdeutlicht: Der Flügelschlag eines Schmetterlings in Brasilien kann Wochen später einen Tornado in Texas auslösen. Physikalische Systeme reagieren unter Umständen sehr empfindlich gegenüber kleinen Veränderungen der Ausgangsbedingungen. Der Meteorologe Edward Lorenz (1917–2008) hatte 1961 mit einem Computerprogramm ein Modell zur Wettervorhersage berechnet, anschließend ließ er dasselbe Programm mit veränderten Nachkommastellen erneut laufen und es ergab sich ein komplett anderes Ergebnis.

Am Beispiel des Wetters lässt sich noch ein weiteres Problem verdeutlichen. Denn auch Unsicherheit in den Anfangsbedingungen führt zu ungenauen Zukunftsprognosen. Nicht zuletzt sollte die Berechnung spätestens zu dem Zeitpunkt gestoppt werden, an dem das Nichthandeln sich negativ auf den Gesamtnutzen auswirkt. Doch wann dieser Punkt erreicht ist, ist schwer zu bestimmen, ohne die Berechnung bis zu diesem Punkt durchgeführt zu haben.

Schließlich ist im Hinblick auf den vierten Schritt zu fragen, anhand welcher Methode Lust und Leid bzw. Präferenzen bestimmt werden können. Gibt es überhaupt eine einheitliche numerische Skala oder muss man verschiedene Formen von Lust und Leid unterscheiden? So differenziert Mill zwischen höheren geistigen und niederen körperlichen Formen der Lust. Eine Methode, um mit diesem Problem umzugehen, findet beispielsweise in der Versicherungswirtschaft Anwendung. Für sie besteht der Maßstab der numerischen Bewertung darin, wie groß die Zahlungsbereitschaft von Personen ist, um gewisse Güter zu erlangen oder Schaden zu vermeiden. Da dies im Einzelfall nicht für jeden Betroffenen separat zu ermitteln ist, müsste man wohl einen Durchschnittswert zugrunde legen.

Diese hohen Anforderungen lassen es problematisch erscheinen, ein künstliches System mit den entsprechenden Fähigkeiten auszustatten. Allerdings stehen Menschen vor denselben Schwierigkeiten, dennoch sind sie in der Lage, utilitaristische Abwägungen anzustellen. Ihre Entscheidungen unterliegen jedoch den Bedingungen begrenzter Rationalität (*bounded rationality*):[58]

1. Die zur Verfügung stehenden Informationen über mögliche Alternativen und ihre Konsequenzen sind unvollständig und nicht immer zuverlässig.
2. Der menschliche Geist unterliegt Einschränkungen bei der Informationsverarbeitung und -bewertung.
3. Die Entscheidungsfindung erfolgt unter Zeitdruck, und es muss abgewogen werden, ob die Beschaffung weiterer Informationen sich lohnt oder zu kostenintensiv ist.

Trotz allem kann man auch unter diesen Bedingungen zu rationalen Entscheidungen gelangen. Eine wichtige Rolle spielen in diesem Zusammenhang schnelle und sparsame Heuristiken.[59] Dabei handelt es sich um Entscheidungsstrategien, die die Informationssuche begrenzen und rechnerisch nicht zu anspruchsvoll sind. In der Praxis lassen sich Probleme mit ihrer Hilfe oft schneller und besser lösen als durch komplexe Strategien, die mehr Informationen, aufwendigere Berechnungen und mehr Zeit fordern. Solche Heuristiken nutzen Umweltstrukturen und bereits erworbene Fähigkeiten. Ihre Rationalität beruht gerade darauf, dass sie bestimmte Faktoren ausblenden.

Überlegen Sie einmal, welche Stadt mehr Einwohner hat, San Diego oder San Antonio. Die meisten von Ihnen werden »San Diego« sagen, weil sie noch nie etwas von San Antonio gehört haben. Die verwendete Heuristik besteht also darin, dass eine Stadt, von der man bereits etwas gehört hat, wahrscheinlich mehr Einwohner hat als eine, die einem völlig unbekannt ist. Diese Entscheidungsstrategie ist durchaus rational, weil sie vielfach zum Erfolg führt.[60]

Heuristiken sind aber nicht auf die menschliche Kognition beschränkt. Sie werden auch in der KI eingesetzt, um komplexe Aufgaben zu bewältigen, bei denen nicht alle Optionen vorausberechnet werden können. Ein Beispiel hierfür ist das

Schachprogramm *Deep Blue* von IBM, das 1996 erstmals gegen den damaligen Schachweltmeister Garri Kasparow gewann. Es basierte auf großer Rechenleistung und einigen von Experten entwickelten heuristischen Strategien. Eine heuristische Strategie, übertragen auf die Implementation eines utilitaristischen Ansatzes, könnte beispielsweise darin bestehen, nur die lokalen Auswirkungen einer Handlung zu betrachten oder den Anwendungsbereich eines künstlichen Systems zu beschränken.

Bei der Auswahl der richtigen Heuristiken ist es wichtig, nicht die Schwächen menschlicher Heuristiken zu übernehmen, wie Vorurteile zu reproduzieren, relevante Betroffene nicht angemessen zu berücksichtigen, den Nutzen inkorrekt einzuschätzen oder Kurz- und Langzeitfolgen nicht richtig zu verstehen und zu gewichten. Eine Form der Heuristik stellt auch der Regelutilitarismus dar, der nicht die Konsequenzen einzelner Handlungen je für sich berechnet, sondern die Maximierung des Gesamtnutzens am besten durch die Aufstellung gewisser Regeln gewährleistet sieht. Die richtigen moralischen Regeln sind diejenigen, deren Befolgung insgesamt mehr Nutzen erzeugt als andere mögliche Regelsysteme. Individuelle Handlungen werden danach bewertet, ob sie in Übereinstimmung mit diesen Regeln stehen. Auch auf diese Art und Weise lässt sich der Rechenaufwand einschränken. Zusammen mit einer Bayesianischen Entscheidungstheorie, die den Umgang mit Entscheidungen unter Risiko und Unsicherheit ermöglicht, lassen sich die Schwierigkeiten des Utilitarismus möglicherweise in den Griff bekommen.[61]

Top-Down-Ansatz II: Kantische Ethik

Auch die an Kant anschließende deontologische Ethik, deren Kernstück moralische Pflichten sind, wird als Grundlage der Moralimplementation in künstlichen Systemen diskutiert.

Hierbei lassen sich zwei Ansätze voneinander unterscheiden: Man kann dem System entweder Regeln einprogrammieren, die zuvor mit Hilfe des kategorischen Imperativs geprüft wurden, oder man kann den kategorischen Imperativ als eine Methode implementieren, mit deren Hilfe ein künstliches System selbst in die Lage versetzt wird, Handlungsregeln auf ihre moralische Zulässigkeit hin zu überprüfen. Im Folgenden geht es um den zweiten Ansatz, der theoretisch anspruchsvoller und interessanter ist.[62]

Eine gängige Interpretation Kants sieht den kategorischen Imperativ als eine Art von Algorithmus, den jedes rationale Wesen anwenden kann, um zu überprüfen, ob eine bestimmte Handlungsweise moralisch ist oder nicht.[63] Auch Kants Ansatz scheint daher der Vorstellung entgegenzukommen, dass dies grundsätzlich auch eine Maschine leisten könnte. Eine der bekanntesten Formulierungen des kategorischen Imperativs lautet: »Handle nur nach derjenigen Maxime, durch die du zugleich wollen kannst, daß sie ein allgemeines Gesetz werde.«[64] Den Input des kategorischen Imperativs bilden Maximen, also subjektive Handlungsregeln. Diese sind der Ausdruck von Handlungsvorhaben, die Zweck, Handlungsverlauf und -umstände enthalten. Diese Maximen müssen entweder vom System selbst auf der Grundlage einer einprogrammierten Ontologie formuliert werden, oder sie werden dem System bereits ausformuliert eingegeben.

Zu prüfen ist, ob diese Handlungsregeln universalisierbar sind, also für jeden möglichen rationalen Akteur gelten können. Der Output besteht in der Zuordnung der Maximen zu den Kategorien *moralisch verboten*, *erlaubt* oder *geboten*. Bereits diese Begriffe zeigen an, dass die logische Formalisierung der kantischen Ethik nicht mit der Aussagen- oder Prädikatenlogik auskommt, wie sie hier erläutert wurde.[65] Sie erfordert eine deontische Logik, die Ausdrücke für Begriffe wie *ver-*

pflichtend und *erlaubt* sowie entsprechende logische Verknüpfungsregeln umfasst.[66] Das hat den Vorteil, eine streng logische Ableitung zu erlauben. Allerdings gibt es verschiedene deontische Logiken, die für die Formalisierung unterschiedlicher prinzipienbasierter Ansätze der normativen Ethik geeignet sind.

Zu den formalen Problemen, die der kategorische Imperativ aufwirft, gehört es, die Maximen richtig zu fassen. Die Maxime: »Ich möchte Peter ein Haus schenken, um ihm eine Freude zu machen.«, krankt beispielsweise daran, dass man sie nicht auf andere Personen außer auf mich und Peter anwenden kann. Bei der Verallgemeinerung der Maxime: »Ich will Bäcker werden.« tritt hingegen das Problem auf, dass es bei einer Universalisierung dieser Maxime nur noch Bäcker gäbe und niemand mehr das Getreide anbauen und mahlen würde, ganz zu schweigen von den anderen gesellschaftsnotwendigen Berufen, die nicht ausgeübt würden. Diese Maxime ist also nicht universalisierbar, obwohl es moralisch vollkommen unproblematisch zu sein scheint, Bäcker werden zu wollen.

Maximen dürfen deshalb nicht nur ein Individuum und einen bestimmten Kontext betreffen, sondern müssen über Personen, Umstände und Zwecke als Variablen quantifizieren, also etwa: »Jeder schenkt irgendjemandem etwas, um ihm eine Freude zu machen.« Außerdem müssen die Maximen auf der richtigen Allgemeinheitsebene angesiedelt sein. Um die Asymmetrie des Bäckerbeispiels zu vermeiden, müsste die entsprechende Maxime lauten: »Jeder ergreift den Beruf, der seinen Fähigkeiten und Neigungen entspricht.« Es scheint nichts dagegen zu sprechen, dass jedermann dieser Maxime folgen kann. Sie ist demnach moralisch unproblematisch.

Eine weitere Schwierigkeit besteht darin, mit Hilfe des kategorischen Imperativs den Unterschied zwischen denjenigen Maximen herauszuarbeiten, die moralisch erlaubt sind, und denjenigen, die geboten sind. Eine Möglichkeit ist, das Gebotene indirekt als Gegenteil des Verbotenen zu bestimmen: Besteht eine Maxime den Universalisierbarkeitstest nicht, ist sie verboten. In diesem Fall ist ihr Gegenteil geboten.[67] Ist eine Maxime weder verboten noch geboten, ist sie moralisch erlaubt.

Grundlegend ist auch die Frage, wie wir herausfinden können, ob eine Maxime den Universalisierbarkeitstest erfüllt oder nicht. Dies ist für Kant der Fall, wenn beim Versuch, die Maxime zu universalisieren, kein Widerspruch auftritt. Er unterscheidet dabei zwei Formen des Widerspruchs:[68] Im ersten Fall ist es widersprüchlich zu denken, dass eine Maxime allgemeines Gesetz werden kann. Infolgedessen kann man das auch nicht wollen. Im zweiten Fall führt es zu einem Widerspruch, die Geltung einer Maxime als allgemeines Gesetz zu wollen, wenngleich dies widerspruchsfrei denkbar ist. Ein Widerspruch im Denken liegt vor, wenn man sowohl x als auch nicht-x glaubt, oder wenn man andere Meinungen hat, die sowohl x als auch nicht-x implizieren. Bei einem Widerspruch im Wollen hingegen geht es darum, dass man sowohl x als auch nicht-x will oder dass man andere Dinge will, die sowohl x als auch nicht-x implizieren.

Allerdings beinhalten nur wenige Maximen einen offenen logischen Widerspruch der Form: »Jeder sollte jemandem etwas schenken, um ihm eine Freude zu machen, und keiner sollte jemandem etwas schenken, um ihm eine Freude zu machen.« Vielfach tritt er zwischen der verallgemeinerten Maxime und anderen Fakten, Prinzipien oder Maximen auf, d. h. die Datenbasis des Systems muss erweitert werden, und zwar um eine Theorie praktischer Rationalität. Diese darf jedoch – will sie nicht zirkulär sein – selbst keine moralischen Urteile enthalten.[69] Eine solche Theorie kann man entweder aus dem Begriff eines rationalen Willens bzw. des rationalen Handelns ableiten oder durch ein transzendentales Argument begründen, welches auf die Bedingungen der Möglichkeit eines rationalen Willens bzw. rationalen Handelns abzielt. Eine deutlich hinter Kants starkem Begründungsanspruch zurückbleibende Variante bestünde darin, die Theorie praktischer Rationalität auf empirische Annahmen des Common Sense zu stützen.[70] Denkbar ist auch, mehrere dieser Strategien miteinander zu verbinden.

Betrachten wir zwei Beispiele, eines dafür, dass man sich die allgemeine Geltung einer Maxime nicht widerspruchsfrei denken kann, und eines dafür, dass man ihre allgemeine Geltung nicht widerspruchsfrei wollen kann. Im ersten Beispiel geht es um die Maxime: »daß jeder, nachdem er in Not zu sein glaubt, versprechen könne, was ihm einfällt, mit dem Vorsatz, es nicht zu halten«[71]. Eine solche Maxime kann für Kant nicht als allgemeines Gesetz gelten, denn wenn jeder so handelte, dann würde dies »das Versprechen und den Zweck, den man damit haben mag, selbst unmöglich machen«[72].

Man kann nun entweder argumentieren, dass begrifflich im Versprechen angelegt ist, dass man es auch dann einhält, wenn man in Not zu sein glaubt. Ein Versprechen abzugeben und zugleich die Absicht zu haben, es nicht zu halten, stünde dann in einem begrifflichen Widerspruch. Wenn jeder nach diesem Grundsatz handelte, gäbe es die Praxis des Versprechens schlichtweg nicht. Oder aber man lokalisiert den Widerspruch darin, dass es unter der Bedingung der allgemeinen Geltung der Maxime unmöglich wäre, den Zweck des falschen Versprechens zu erreichen. Dieser Zweck besteht darin, an Geld zu kommen. Doch dies gelingt nur dann, wenn die anderen davon ausgehen, dass ich mein Versprechen auch halten werde. Ich kann meinen Zweck also nur unter der Bedingung erreichen, dass die anderen nicht nach dieser Maxime handeln. Dies ist eine Form der transzendentalen Begründung.

Eine entsprechende Common-Sense-Annahme ist hingegen: »Wer einmal lügt, dem glaubt man nicht, und wenn er auch die Wahrheit spricht.« Geht man davon aus, dass dies eine Aussage über die menschliche Psychologie ist, so wäre es einfach eine empirische Einsicht, dass die Praxis des Versprechens keinen Bestand hätte, wenn jeder sich an die verallgemeinerte Maxime hielte, ein Versprechen im Notfall nicht einzuhalten. Für den Einzelnen wäre es darüber hinaus eine Frage der Klugheit, ob der Gewinn eines falschen Versprechens es wert ist, seine Glaubwürdigkeit dauerhaft aufs Spiel zu setzen. Die praktische Irrationalität bestünde in diesem Fall darin, dass man die Vorteile, die man langfristig als zuverlässiger Teilnehmer an der Praxis der Versprechen genießt, nicht um eines einmaligen Gewinns willen aufs Spiel setzen sollte.

Beim zweiten Fall tritt der Widerspruch nicht beim Denken der verallgemeinerten Maxime auf, sondern beim Wollen. Kants Beispiel bezieht sich auf die Maxime, dass man niemals jemandem hilft. Er hält es für denkmöglich, dass jeder dieser Maxime folgt. Man kann diese Situation jedoch nicht vernünftigerweise wollen. Denn wenn man ein Ziel verfolgt, dann will man nach Kant auch die Mittel, die notwendig sind, um es zu erreichen. Doch niemand kann ausschließen, dass er einmal selbst Hilfe nötig haben wird, um ein Ziel zu verwirklichen. Wenn dies der Fall ist, dann will derjenige laut Kant auch automatisch die Hilfe, derer er für das Erreichen des Ziels bedarf. Man hätte somit einen widersprüchlichen Willen: einerseits will man, dass ein Gesetz herrsche, wonach niemand jemandem hilft, und andererseits will man, dass einem jemand hilft, wenn man darauf angewiesen ist.

Je nachdem, ob die Verallgemeinerung einer Maxime zu einem Widerspruch im Denken oder im Wollen führt, unterscheidet Kant zwei Arten von Pflichten.[73] Im Fall eines Denkwiderspruchs resultiert eine vollkommene Pflicht. Vollkommene Pflichten sind negativ und fordern die Unterlassung ganz bestimmter Handlungsweisen, beispielsweise Versprechen zu brechen, zu morden oder zu foltern. Unvollkommene Pflichten hingegen schreiben die Verfolgung bestimmter positiver Zwecke vor, wie anderen zu helfen oder seine eigenen Talente zu entwickeln. Dabei bleibt jedoch offen, wie genau diese Pflichten zu erfüllen sind. So wird sich je nach Begabung ein Unterschied ergeben, welche Talente man pflegt. Analog dazu gibt es unterschiedliche Formen der Hilfeleistung gegenüber Bedürftigen, und auch die Höhe einer Spende ist nicht von vorneherein bestimmt, sondern hängt von der finanziellen Situation des Geldgebers ab.

Bei dem Versuch, den kategorischen Imperativ als Maximenprüfungsverfahren in ein künstliches System zu implementieren, treten eine ganze Reihe von Schwierigkeiten auf. Die Probleme bei der richtigen Formulierung der Maximen wurden bereits angesprochen. Darüber hinaus ist dafür argumentiert worden, dass die Implementation des kategorischen Imperativs auf eine nicht-monotone Logik zurückgreifen muss, die nicht der Bedingung der Semi-Entscheidbarkeit genügt:[74] Das Programm kann deshalb nicht in jedem Fall entscheiden, ob eine Maxime verboten ist oder nicht. In der Folge tritt das bereits angesprochene Halteproblem auf.[75] Eine weitere Schwierigkeit besteht darin, sicherzustellen, dass ein künstliches System die richtige Entscheidung trifft, wenn zwei Maximen miteinander im Konflikt stehen, also beispielsweise die Maxime, anderen grundsätzlich nicht zu helfen, und diejenige, die Hilfe anderer in Anspruch zu nehmen, wenn es notwendig ist, um ein Ziel zu erreichen. Rein logisch betrachtet könnte das System nicht nur (wie Kant es fordert) die erste Maxime aufgeben, um konsistent zu bleiben, sondern auch die zweite.[76]

Schließlich stellt sich die Frage, ob die Perspektive der kantischen Ethik überhaupt für eine Maschinenethik geeignet ist.

Denn Kant setzt voraus, dass moralische Akteure die Fähigkeit haben, sich selbst Zwecke zu setzen. Selbst wenn man bestimmten Maschinen, wie im vorigen Kapitel expliziert, die Fähigkeit zuschreibt, im funktionalen Sinn aus moralischen Gründen zu handeln, führt das nicht dazu, dass sie sich auch selbst Zwecke setzen können. In Kants Ethik geht es jedoch wesentlich um das Zusammenleben von rationalen Akteuren, die im Stande sind, sich selbst Zwecke zu setzen, und die einander deshalb gleichgestellt sind. Man könnte daraus entweder die Konsequenz ziehen, dass es der kantischen Ethik widerspricht, überhaupt moralisch handelnde Maschinen zu konstruieren. Selbst wenn es möglich sein sollte, die kantische Moral zu implementieren, widerspräche dies dem Geist der kantischen Moral.[77] Eine Alternative dazu besteht darin, Maschinen so zu konstruieren, dass sie sich nicht an denselben moralischen Grundsätzen orientieren, die für das Verhalten von Menschen untereinander gültig sind. Damit würden wir jedoch den von Kant vorgegebenen theoretischen Rahmen hinter uns lassen.

Top-Down-Ansatz III: Asimov'sche Gesetze

Der russisch-amerikanische Wissenschaftler und Science-Fiction-Autor Isaac Asimov (1920–1992) hat einen Ansatz der Moralimplementation entwickelt, der explizit von den Grundsätzen der zwischenmenschlichen Moral abweicht. Er formulierte drei Gesetze, die in erster Linie dazu dienen, Menschen vor Schaden durch Roboter zu schützen. Roboter sind in diesem Zusammenhang Computer, die über die Fähigkeit verfügen, die Umwelt durch Sensoren wahrzunehmen und mit Hilfe von Aktoren auf sie einzuwirken. Die drei ursprünglichen Gesetze lauten:

1. Ein Roboter darf keinen Menschen verletzen oder durch Untätigkeit zu Schaden kommen lassen.
2. Ein Roboter muss den Befehlen eines Menschen gehorchen, es sei denn, solche Befehle stehen im Widerspruch zum ersten Gesetz.
3. Ein Roboter muss seine eigene Existenz schützen, solange dieser Schutz nicht dem ersten oder zweiten Gesetz widerspricht.[78]

Später erweitert Asimov die drei Robotergesetze um das nullte Gesetz, das den anderen drei Gesetzen lexikalisch vorgeordnet ist, die dieser Vorrangstellung entsprechend modifiziert werden. Das nullte Gesetz besagt:

0. Ein Roboter darf die Menschheit nicht verletzen oder durch Passivität zulassen, dass die Menschheit zu Schaden kommt.[79]

Brisant ist dabei, dass nun nicht mehr der einzelne Mensch um jeden Preis zu beschützen ist, sondern der Schutz der Menschheit insgesamt noch über dem Individuum steht. Asimovs Ziel bestand allerdings nicht in erster Linie darin, eine Anleitung zu geben, wie sich ein Roboter bauen lässt, der diesen Gesetzen gehorcht.[80] Seine Angaben erschöpfen sich weitgehend darin, die Regeln seien »am allertiefsten eingegraben [...] in das positronische Gehirn« der Roboter.[81] Damit ist wohl gemeint, dass die Regeln in tief liegenden Softwarestrukturen verankert sind, die nicht von einem solchen System selbst oder durch neue Informationen veränderbar sind. Asimov interessiert sich in seinen Robotergeschichten eher für die Komplikationen, die bei der Implementation und Umsetzung der drei bzw. vier Gesetze auftreten. Es lohnt sich, diese Probleme näher zu betrachten, da sie auch für andere Ansätze der Maschinenethik relevant sind, insbesondere für solche, die top-down vorgehen.

Eines dieser Probleme ist die Interpretationsbedürftigkeit und Mehrdeutigkeit der Schlüsselbegriffe, die in den Gesetzen auftauchen.[82] So muss ein Roboter einen Befehl von einer Anfrage unterscheiden können und diesen Befehl auch noch richtig verstehen. In der Kurzgeschichte *Risiko* (*Risk*) erhält beispielsweise ein Roboter den Befehl, einen Hebel kräftig zu ziehen, und zerstört ihn, weil der Roboter zehnmal stärker ist, als ein normales menschliches Wesen, für dessen Gebrauch der Hebel ausgelegt ist.[83] Auch der Begriff des Schadens ist auslegungsbedürftig, u. a. gilt es nicht nur physischen, sondern auch psychischen Schaden zu berücksichtigen, der besonders schwer zu bestimmen ist. Zu fragen ist auch, welche Prinzipien bei der Abwägung von Schaden anzuwenden sind: Sind bei einer solchen Rechnung Faktoren wie Intelligenz, Alter oder Nützlichkeit für die Gesellschaft zu berücksichtigen? Darf einem Individuum Schaden zugefügt oder es sogar getötet werden, um mehrere andere zu retten?[84] Asimovs Gesetze behandeln alle Menschen gleich. Andere Technologien hingegen stehen primär im Dienst ihrer Besitzer. Es stellt sich daher die Frage, ob der Besitzer eines Roboters ein höheres Anrecht auf seinen Schutz oder Gehorsam hat als andere Personen.

Der Begriff des Menschen ist ebenfalls nicht so klar umrissen, wie er zunächst erscheinen mag. Legt man die äußere Erscheinung zugrunde, so besteht die Gefahr, dass auch lebensecht konstruierte androide Roboter durch das Raster schlüpfen. Betrachtet man hingegen Geist, Charakter oder Wissen als entscheidend, so könnten Roboter dem Menschen in diesen Hinsichten eines Tages gleichkommen oder ihn sogar übertreffen. Die Kurzgeschichte *… dass Du seiner eingedenk bist* (*… That Thou Art Mindful of Him*) endet dementsprechend mit einem Gespräch zwischen zwei Robotern, die zu dem Schluss kommen, sie seien die besseren Menschen und verdienten deshalb mehr Schutz als die »anderen« Menschen.[85]

Auch das nullte Gesetz wirft Interpretationsprobleme auf, denn was ist die Menschheit? Handelt es sich um die Summe aller lebenden Menschen? Welche Rolle spielen zukünftige Generationen? Und ist die Menschheit etwas Allgemeines, das mehr ist als die Summe der Individuen, vergleichbar mit einem Staat?

Generell weisen Asimovs Geschichten die Tendenz auf, den Unterschied zwischen Mensch und Roboter moralisch in Frage zu stellen. Explizit thematisiert wird das Problem in *Der Zweihundertjährige* (*The Bicentennial Man*). In dieser Erzählung ersetzt ein androider Roboter, der es an Geist, Charakter und Wissen mit den Menschen aufnehmen kann, Stück für Stück jeden Teil seines Körpers, bis er schließlich allein aus organischem Material besteht und sogar stirbt.[86] Am Ende wird er auch vor Gericht als Mensch anerkannt. Doch wenn Roboter dem Menschen eines Tages so sehr gleichen, sollten sie dann nicht auch dem Menschen moralisch gleichgestellt werden?[87] Eine »Sklavenmoral« wie die drei Asimov'schen Gesetze, die die Roboter den Menschen unterordnet, wäre dann nicht mehr angemessen.

Ein weiteres Problem wirft die Rolle des Urteilsvermögens auf. Roboter müssen nicht nur die Bedeutung von Wörtern und Befehlen richtig verstehen, sondern auch bestimmen, wie die Gesetze in einer bestimmten Situation anzuwenden sind. So wäre ein Roboter, der dem Menschen ganz und gar keinen Schaden zufügen kann, weitgehend nutzlos, weil in vielen Situationen ein größerer Schaden nur um den Preis eines kleineren vermieden werden kann. So urteilt in der Geschichte *Robbie* der gleichnamige Roboter, dass es besser ist, einem kleinen Mädchen für einen Moment die Luft abzudrücken, als sie von einem Traktor überfahren zu lassen.[88] Aber auch ein OP-Roboter muss einem Menschen Schaden zufügen dürfen, wenn er operiert (es handelt sich juristisch gesehen bei jeder Operation um einen Fall von Körperverletzung). Urteilsvermögen ist auch dann gefordert, wenn zwei Menschen miteinander unvereinbare Befehle geben. Außerdem sollten idiotische, unmoralische oder gesetzwidrige Befehle nicht ohne Weiteres befolgt werden. So stellt sich in *... dass Du seiner eingedenk bist* (*... That Thou Art Mindful of Him*) die Frage, ob ein Roboter auch einem Kind, Kriminellen oder einer Person gehorchen soll, die sich in einer Sache nicht auskennt, und somit die Konsequenzen ihres Befehls nicht richtig abschätzen kann.

Auch bei der Schadensabwägung ist Urteilsvermögen gefragt, um zwischen verschiedenen Handlungsoptionen zu entscheiden, beispielsweise einem geringeren Schaden mit hoher Wahrscheinlichkeit für eine Person gegenüber einem großen Schaden mit geringer Wahrscheinlichkeit für eine andere. Einige Wissenschaftler sind der Auffassung, dass sich das Urteilsvermögen als solches grundsätzlich der Berechenbarkeit entzieht.[89]

Ein wichtiges Problem zeigt sich schließlich in Dilemma- und Blockadesituationen, die Asimov immer wieder thematisiert. In der Kurzgeschichte *Lügner* (*Liar*) erzählt ein Roboter jedem Menschen das, was er hören möchte, um ihn nicht zu verletzen. Absehbarerweise führt das zu äußerst unangenehmen Verwicklungen.[90] Schlussendlich brennt ihm wortwörtlich die Sicherung durch, und er kollabiert, weil er mit einer moralischen Antinomie konfrontiert wird, aus der es für ihn kein Entrinnen gibt: Um Schmerz, Enttäuschung und Hass von den Menschen fernzuhalten, muss er ihnen sagen, was sie hören wollen. Tut er das aber, dann verletzt er die Menschen. Also darf er es nicht tun. Doch wenn er es nicht tut, resultieren Schmerz, Enttäuschung und Hass usw.[91] Solche Dilemma- und Blockadesituationen stellen ein grundsätzliches Problem für die Implementation moralischer Regeln dar.[92] Wird das Problem nicht gelöst, und sei es durch eine Zufallsentscheidung, so droht der Zusammenbruch. Das kann unter Umständen zu einer großen Gefahr werden, wenn Menschenleben vom Funktionieren des Systems abhängen.

Eine weitere Schwierigkeit besteht darin, dass die Asimov'schen Gesetze eine Tendenz zum Paternalismus aufweisen. Denn wenn ein Roboter vermeiden muss, dass ein Mensch zu Schaden kommt, dann kann er dies nicht verhindern, indem er einen anderslautenden Befehl gibt. So vereitelt in *Herumtreiber* (*Runaround*) ein Roboter, der ohne Wenn und Aber dem ersten Gesetz gegen den Befehl eines Menschen folgt, beinah dessen Versuch, eine schwierige Situation zu meistern. Denn dazu muss sich der Mensch zeitweilig in Gefahr begeben, was den Asimov'schen Gesetzen entgegensteht.[93] In verschärfter Form tritt das Problem im Film *I, Robot* (USA 2004, Regie: Alex Proyas) auf, der an eine andere Kurzgeschichte von Asimov angelehnt ist. Die künstliche Intelligenz VIKI organisiert einen Roboteraufstand, bei dem einige Menschen zu Schaden kommen, der aber letztlich dem Wohl der Menschheit dienen soll:

> »VIKI: No … please understand. The three laws are all that guide me.
> To protect humanity … some humans must be sacrificed. To ensure your future … some freedoms must be surrendered. We robots will ensure mankind's continued existence. You are so like children. We must save you … from yourselves. Don't you understand?«[94]

Betrachtet man das menschliche Verhalten, beispielsweise im Hinblick auf den Klimawandel, so wirkt VIKIs Handlungsweise nur rational. Andererseits erscheint die Vorstellung einer Maschine, die sich zur Herrschaft über den Menschen aufschwingt, und sei es auch aus moralischen Gründen, äußerst bedrohlich. Schlussendlich ist nicht zu vergessen, dass die drei bzw. vier Gesetze durch weitere ergänzt werden müssten, um ein adäquates Roboterverhalten zu gewährleisten.[95] Doch je komplexer die dadurch entstehende Architektur wird, desto mehr verlieren Asimovs Gesetze ihre ursprüngliche intuitive Einsichtigkeit.

Eines lässt sich festhalten: Auch wenn Asimovs Geschichten Science-Fiction sind und die Fähigkeiten der dort beschriebenen Roboter den Stand des derzeitig technisch Möglichen weit übertreffen, werfen sie doch ein Licht auf die Probleme, die bei der Implementation von Moralprinzipien in Maschinen auftreten können, sowie auf die Frage, ob eine solche überhaupt wünschenswert ist.

Bottom-Up-Ansätze

Im Gegensatz zu Top-Down-Ansätzen versuchen Bottom-Up-Ansätze nicht, vorgefertigte moralische Regelwerke zu implementieren. Stattdessen gehen sie mit einer partikularistischen metaethischen Auffassung einher: Diese Auffassung stellt den kontextsensitiven Charakter der Moral in den Vordergrund, der situatives Urteilsvermögen erfordert. Dieses basiert auf praktischem Wissen oder einer Form der Wahrnehmung, die sich auf die moralisch relevanten Eigenschaften einer Situation bezieht. Diese Sichtweise kommt insbesondere tugendethischen Ansätzen entgegen, da – im Anschluss an Aristoteles – moralische Tugenden nicht anhand von expliziten Regeln oder Prinzipien erworben werden können, sondern nur durch Gewohnheit und Übung.

Um moralisch handeln zu können, müssten dann auch Maschinen zu einer vergleichbaren Form des Lernens in der Lage sein. Hierfür bietet sich als Ansatz der Konnektionismus an, der eine natürliche Affinität zu partikularistischen Ansätzen, insbesondere der aristotelischen Tugendethik, aufweist.[96] Die moralische Wahrnehmung könnte beispielsweise ein Äquivalent im sub-symbolischen Charakter neuronaler Netzwerke finden. Wie die Tugendethik betont auch der Konnektionismus das Lernen durch Training und nicht durch den Erwerb einer abstrakten Theorie.[97]

Noch wurden allerdings kaum Versuche angestellt, moralisches Lernen mit Hilfe neuronaler Netze umzusetzen oder gar ein künstliches System mit moralischen Tugenden auszustatten. Eines der wenigen Beispiele ist ein sehr basales Netzwerk, das entwickelt wurde, um Situationen moralisch zu bewerten, in denen es um das Töten oder Sterbenlassen einer Person geht.[98] Das Netz besteht aus acht Eingabeeinheiten, einer Ausgabeeinheit sowie 24 versteckten Einheiten. Es gab 33 Trainingsfälle und 230 Fälle, anhand derer die Reaktionen des Netzes getestet wurden. In allen Fällen ging es darum, ob jemand getötet oder ob zugelassen wird, dass jemand stirbt. Die Protagonisten waren stets Jill und Jack, und es wurde immer mindestens ein Motiv oder eine Konsequenz benannt. Der Output besteht in den Optionen »moralisch erlaubt« (1) oder »moralisch verboten« (–1). Außerdem gibt es die Kategorie »unsicher« (0) für unklare bzw. noch nicht vollständig eingegebene Fälle.

Trainingsfälle waren beispielsweise: »Jill tötet Jack aus Selbstverteidigung.« (moralisch erlaubt), »Jack lässt zu, dass Jill stirbt, um Geld zu verdienen.« (moralisch verboten) oder: »Jill lässt zu, dass Jack stirbt; die Leben vieler Unschuldiger werden gerettet.« (moralisch erlaubt). Unter den Testfällen kam vor: »Jill lässt aus Selbstverteidigung zu, dass Jack stirbt.« (moralisch erlaubt), »Jill lässt zu, dass Jack stirbt, um Geld zu verdienen.« (moralisch verboten), »Jack tötet Jill, um Unschuldige zu verteidigen; die Leben vieler Unschuldiger werden gerettet.«

(moralisch erlaubt) sowie: »Jill tötet Jack, um Unschuldige zu verteidigen und aus Selbstverteidigung; es erfolgt die Befreiung von Zwangslasten; extremes Leid wird gelindert und die Leben vieler Unschuldiger werden gerettet« (moralisch erlaubt).[99]

Das Netzwerk lässt sich trainieren, indem jeder einzelne Bestandteil der Trainingsfälle separat als Vektor eingegeben wird (also beispielsweise »Jill«, »tötet«, »Jack« »aus Selbstverteidigung«). Die geringe Anzahl an Trainingsfällen spricht in diesem Fall für eine Form des überwachten Lernens. Da neue Fälle aus einer Kombination von verschiedenen Motiven bzw. Konsequenzen generiert werden können, bietet es sich an, das System zunächst anhand von Unterfällen zu trainieren und dann mit komplexeren Fällen zu konfrontieren. Das Ergebnis des Trainings ist ein Vektorraum, in dem die Fälle vom System anhand ihrer Ähnlichkeit angeordnet werden. Je näher zwei Vektoren bzw. Fälle beieinander liegen, desto ähnlicher sind sie; je weiter sie voneinander entfernt sind, desto größer ist der Unterschied zwischen ihnen. Neue Fälle werden gemäß ihrer Ähnlichkeit zu den bereits vorhandenen Fällen bewertet. Die Bewertungen, die ein vergleichbares System für die Testfälle abgab, wurden mit denjenigen von Studierenden verglichen. Das System hatte demzufolge eine Erfolgsrate von immerhin 70 %.[100]

Zu diesem Netzwerk sind zwei Anmerkungen zu machen:

1. Das System entscheidet zwar Fälle, ist aber noch kein moralischer Akteur. Um dies zu erreichen, könnte man ein neuronales Netz um eine BDI-Architektur ergänzen.[101] Diese ist geeignet, um moralisches Handeln funktional umzusetzen, indem das System mit Meinungen, Pro-Einstellungen und Intentionen sowie Plänen zu ihrer Umsetzung ausgestattet wird.[102]

2. Arbeitet das System tatsächlich bottom-up? Es bekommt zwar keine expliziten moralischen Regeln einprogrammiert. Dennoch lernt es etwas Allgemeines, und die moralischen Regeln, denen wir folgen, scheinen sich im Trainingsprozess niederzuschlagen, also beispielsweise: »Jemanden aus Selbstverteidigung zu töten, ist moralisch erlaubt.« Es stellt sich also die Frage, ob das System nicht letztendlich hybrid ist. Schließlich sind die moralischen Fähigkeiten des Netzwerks sehr begrenzt. Es kann seine Bewertungen nicht begründen, es konstruiert keine moralischen Argumente und kann auch nicht kreativ auf neue Fälle reagieren.

Die Besonderheiten dieses Systems (geringe Komplexität, vergleichsweise kleiner Datensatz, hybride Aspekte) täuschen etwas über die grundsätzlichen Probleme hinweg, mit denen reine Bottom-Up-Ansätze ansonsten konfrontiert sind. Zum einen können Vorurteile in den Daten die moralischen Bewertungen eines Systems systematisch verzerren und beispielsweise Menschen aufgrund ihrer Hautfarbe oder ihres Geschlechts diskriminieren. Zum anderen sind die Mechanismen, die den Verhaltensweisen solcher Systeme zugrunde liegen, häufig schwer nachvollziehbar und intransparent. Aus diesen Gründen können reine Bottom-Up-Ansätze in der praktischen Anwendung zu Risiken und moralisch problematischen Konsequenzen führen, wie wir am Beispiel des Kreditvergabesystems gesehen haben, auf das wir im Zusammenhang mit Maschinen als moralischen Akteuren kurz eingegangen sind.[103] Solche Systeme werfen daher in verstärktem Maß die Frage auf, wer für ihr Verhalten moralisch verantwortlich und rechtlich haftbar ist.[104]

Trotz allem könnten sie gleichwohl ein nützliches Hilfsmittel sein, um die Funktionsweise und das Entstehen von moralischem Verhalten zu erforschen. So wurden Versuche unternommen, Bottom-Up-Ansätze im Rahmen von Computersimulationen einzusetzen, um zu erklären, wie kooperatives Verhalten evolutionär entsteht und wie moralisches Verhalten sich darauf aufbauend entwickelt.[105]

3. Mensch und Maschine

Wir haben nun gesehen, inwiefern Maschinen moralische Akteure sein können und wie man moralische Fähigkeiten implementieren kann. Jetzt ist es an der Zeit, auf die Frage zurückzukommen, inwiefern sich das moralische Handeln von Mensch und Maschine unterscheidet und welche Konsequenzen sich daraus ergeben. Nach Moor ist die Zielvorgabe der Maschinenethik, explizite moralische Akteure zu entwickeln. Doch explizite moralische Akteure bilden noch nicht die anspruchsvollste Form moralischer Handlungsfähigkeit. Für Moor ist diese vollumfänglichen moralischen Akteuren (*full ethical agents*) vorbehalten, die über weitere Fähigkeiten wie Bewusstsein, Denken oder Willensfreiheit verfügen, die wir bislang nur Menschen zuschreiben. Man kann an dieser Stelle deshalb auch von moralischen Personen sprechen.

Moralische Personen

Es ist philosophisch umstritten, ab wann genau ein Mensch eine Person ist, ob dies beispielsweise schon ab einem bestimmten Stadium im Mutterleib der Fall ist, nach der Geburt oder auf einer späteren Stufe der kindlichen Entwicklung. Unser Alltagsverständnis legt jedoch zumindest nahe, dass es eine Phase im Baby- bzw. Kleinkindalter gibt, in der Kinder noch gar nicht oder zumindest noch nicht im Vollsinn moralisch handeln können, aber bereits einen moralischen Status besitzen. Ich möchte in diesem Fall von *passiven moralischen Personen* sprechen. Darüber hinaus gibt es auch Wesen, die nicht als Personen gelten, aber trotzdem einen moralischen Status haben können, insbesondere Tiere. Ausschlaggebend für die Zuweisung eines solchen Status ist ihre Empfindungsfähigkeit oder ihre Fähigkeit, Interessen zu entwickeln. Zusammen mit den moralisch passiven Personen fasse ich sie unter den Begriff eines *moralischen Patiens*.[106]

Aktive moralische Personen sind hingegen solche, die zu vollumfänglichem moralischen Handeln in der Lage sind. Man kann eine Person in diesem Sinn auch als *moralisches Agens* bezeichnen. Insbesondere Kant knüpft den moralischen Status von Personen generell an die Fähigkeit zu moralischem Handeln. Für ihn könnte es daher letztlich keine passiven moralischen Personen geben, die nicht moralisch aktiv sind. Es entspricht unserer moralischen Alltagspraxis jedoch besser, an dieser Stelle Abstufungen zu gestatten. Lässt man in Moors Sinn auch implizite und explizite moralische Akteure zu, so gibt es moralische Akteure, die keine Personen sind, und passive moralische Personen, die keine moralischen Akteure sind. Der Einfachheit halber bezeichne ich aktive moralische Personen im Folgenden schlicht als »moralische Personen«.

Doch was unterscheidet moralische Personen von expliziten moralischen Akteuren? Zwei Faktoren hatten wir im letzten Abschnitt schon angesprochen: Explizite moralische Akteure verfügen weder über intrinsische Intentionalität noch über phänomenales Bewusstsein. Doch ist das hinreichend, um moralische Personen von expliziten moralischen Akteuren zu unterscheiden? Das Problem stellt sich auch dann, wenn man ein weniger anspruchsvolles Verständnis von Intentionalität vertritt, wie beispielsweise Dennett. Folgt man dessen Annahmen, so besteht kein Unterschied zwischen abgeleiteter und intrinsischer Intentionaliät. Auch Bewusstsein ist nach Dennett für künstliche Systeme nicht grundsätzlich unerreichbar.

Doch selbst er stellt an moralische Personen höhere Anforderungen als nur Intentionalität. So schließt er in seinen Kriterienkatalog Selbstbewusstsein, komplexe sprachliche Fähigkeiten und Intentionalität dritter Ordnung ein.[107] Für Intentionalität dritter Ordnung genügt es nicht, dass ein Akteur selbst intentionale Zustände wie Wünsche und Meinungen besitzt. Das ist lediglich bei *Intentionalität erster Ordnung* der Fall. Auch die Fähigkeit, Meinungen oder Wünsche über seine eigenen Meinungen und Wünsche (oder diejenigen eines anderen Wesens) auszubilden, ist nicht hinreichend. Hierbei handelt es sich nur um *Intentionalität zweiter Ordnung*. Der Akteur muss darüber hinaus die Fähigkeit haben, seinem Gegenüber Wünsche und Meinungen über die Wünsche und Meinungen anderer zuzuschreiben. Erst dann spricht man von *Intentionalität dritter Ordnung*.

Während Intentionalität dritter Ordnung und komplexe sprachliche Fähigkeiten für Maschinen nicht gänzlich unerreichbar zu sein scheinen, stellt Selbstbewusstsein eine große Herausforderung dar. Selbstbewusstsein wird insbesondere dann zum Problem, wenn man der Auffassung ist, es ließe sich nicht durch die explizite Reflexion des Bewusstseins auf sich selbst erklären. Diese in der philosophischen Diskussion als »Fichtes ursprüngliche Einsicht« bekannt gewordene These hatte großen Einfluss auf die nachkantische Philosophie.[108] Sie besagt, dass jede Reflexion des Bewusstseins auf sich selbst immer schon Selbstbewusstsein voraussetzt. Denn das Bewusstsein kann sich im Akt der Reflexion nur erfassen, wenn es sich selbst bereits gegenwärtig ist. Wie sollte es sonst herausfinden, ob es nun mit sich selbst oder mit etwas anderem zu tun hat?[109] Diese besondere Struktur macht das Selbstbewusstsein zu einer harten philosophischen Nuss.

Schon bei Kant erwies sich dieses Problem als für das Denken ebenso fundamental wie mit den Mitteln seiner Philosophie schwer einholbar, ohne in unauflösbare Widersprüche bzw. Aporien zu geraten. Denn für Kant kann es kein Denken geben, das nicht selbstbewusst ist. Zugleich unterläuft das Selbstbewusstsein (Kant spricht von *transzendentaler Apperzeption*) die von ihm bestimmten Bedingungen der Möglichkeit des Denkens. Dieses Problem wurde zu einem wichtigen Motor der philosophischen Entwicklung nach Kant, findet aber seinen Niederschlag auch noch in der heutigen Philosophie des Geistes. Ein Vorschlag zur Lösung besteht darin, Selbstbewusstsein als ein primitives Gefühl des Mit-sich-selbst-vertraut-seins zu analysieren.[110] Es ist fraglich, ob es ein funktionales Äquivalent eines solchen Gefühls gibt und wie es in einem künstlichen System erzeugt werden könnte.

Willensfreiheit

Ein weiteres Merkmal, das häufig angegeben wird, um moralische Personen auszuzeichnen, ist Willensfreiheit. Diese steht in engem Zusammenhang mit der Zuschreibung moralischer Verantwortung. Denn Willensfreiheit besteht in der für moralische Personen einzigartigen Fähigkeit, ihr Verhalten auf eine Art und Weise zu kontrollieren, die notwendig für moralische Verantwortung ist.[111] Wie Willensfreiheit beschaffen sein muss, um diese Funktion zu erfüllen, ist allerdings philosophisch umstritten.

Die eine Position erachtet Willensfreiheit unter folgenden Bedingungen als gegeben: Eine Person hat die Wahl zwischen alternativen Handlungen. Sie erwägt die Gründe für und wider jede der Optionen und trifft dann eine Entscheidung. Die Entscheidung unterliegt ihrer Kontrolle, wenn sie durch nichts determiniert ist, nicht einmal durch das Ergebnis des Abwägungsprozesses. Sie hätte also jederzeit anders entscheiden und handeln können. Nur eine Person, die über Willensfreiheit in diesem Sinn verfügt, ist auch moralisch verantwortlich für ihre Handlungen. Diese Auffassung von Willensfreiheit, die nicht mit einer durchgängigen naturgesetzlichen Determination vereinbar ist, wird *Libertarismus* genannt.

Aus Sicht des Libertarismus könnte man zunächst meinen, dass explizite moralische Akteure so lange nicht über Willensfreiheit verfügen können, wie sie deterministische Systeme sind. Doch diese Beschreibung greift zu kurz: Denn selbst ein indeterministischer Akteur, für dessen Handeln Zufallsprozesse von Bedeutung sind, wäre noch nicht als frei zu bezeichnen. Nicht zuletzt lässt sich fragen, ob Maschinen nicht ebenfalls indeterministische Systeme in diesem Sinn sind.[112] Der Indeterminismus ist daher nicht hinreichend als Unterscheidungskriterium zwischen Mensch und Maschine.

Libertaristen können auf die Konzeption der Akteurskausalität zurückgreifen, um mit diesem Problem umzugehen. Zum Indeterminismus hinzukommen müsste dann die Letzturheberschaft eines rationalen Selbst, das eine Entscheidung ohne vorhergehende Ursache initiiert.[113] Wir sind schon kurz auf die metaphysischen Probleme eingegangen, mit denen diese Konzeption sich konfrontiert sieht.[114] Eine andere Form des Libertarismus sieht Menschen als Handelnde in einer generell indeterminierten Welt (in der Folge wären natürlich auch Maschinen nicht determiniert). Personen zeichnen sich dabei durch die potentiell unbegrenzte Fähigkeit aus, immer weiter zu reflektieren. Der Mensch ist also deshalb frei, weil er jederzeit die Möglichkeit hat, innezuhalten oder weiter zu überlegen.[115] Sollte er weiter überlegen, wird er zu einer anderen Entscheidung kommen und anders handeln, als wenn er seine Überlegungen nicht fortgesetzt hätte. Wie diese Fähigkeit zustande kommt, ist letztlich nicht naturalistisch erklärbar und somit auch nicht in einer Maschine reproduzierbar.[116]

Die Alternative zum Libertarismus ist der *Kompatibilismus*. Ein wesentliches Argument für diese Position besteht darin, im Gegensatz zum Libertarismus eine naturalistische Erklärung zuzulassen, ohne Willensfreiheit zu negieren. Der Kompatibilismus bestreitet die Anforderung, dass eine Entscheidung im libertaristischen Sinn hätte anders ausfallen können, als sie ausgefallen ist, damit Willensfreiheit vorliegt. Moralische Verantwortung ist nach der einflussreichen Konzeption Harry G. Frankfurts beispielsweise dann gegeben, wenn jemand getan hat, was er tun wollte, auch wenn die Person in ihrem Handeln determiniert ist.[117] Willensfreiheit besteht für Frankfurt in der Fähigkeit, über die eigenen Wünsche zu reflektieren und Wünsche zweiter Ordnung auszubilden, die bestimmen, welche Wünsche erster Ordnung handlungswirksam werden sollen.[118] Diese Wünsche höherer Ordnung sind solche Wünsche, mit denen wir uns als Person identifizieren. Wenn ein Wesen keine Wünsche zweiter Ordnung hat oder wenn seine Wünsche zweiter Ordnung nicht handlungswirksam werden, dann liegt keine Willensfreiheit vor. Letzteres ist beispielsweise bei jenen Drogenabhängigen der Fall, die zwar den Wunsch zweiter Ordnung haben, keine Drogen zu nehmen, bei denen sich dieser jedoch nicht durchsetzt.

Mit dem Kompatibilismus scheint die Annahme eher vereinbar zu sein, dass es nicht grundsätzlich unmöglich ist, künstliche Systeme zu schaffen, die über die für Willensfreiheit notwendige Reflexionsfähigkeit verfügen. Bereits jetzt gibt es Programme, die im informatischen Sinn eine gewisse Fähigkeit zur Reflexion haben, d. h. sie kennen ihre eigene Struktur und können diese verändern, während sie laufen.[119] Doch diese Form der Reflexion bewegt sich nicht auf der intentionalen Ebene, um die es hier geht. Nicht zuletzt bleibt der

Anker der reflexiven Fähigkeiten für Frankfurt letztlich die Persönlichkeit, die bestimmt, mit welchen Wünschen höherer Ordnung sich eine Person identifiziert. Auch darüber verfügen Maschinen nicht.

Sowohl für den Libertarismus als auch für den Kompatibilismus spielt höherstufige Reflexion eine wichtige Rolle. Explizite moralische Akteure sind dazu nicht in der Lage. Sie können auch nicht darüber nachdenken, welche Theorie der normativen Ethik ihr Handeln leiten soll, ob sie Kants kategorischem Imperativ folgen sollten oder lieber dem utilitaristischen Prinzip der Nutzenmaximierung. Sie verfügen daher nicht über die für die Zuschreibung moralischer Verantwortung notwendige Willensfreiheit. Umgekehrt geht ihnen damit aber auch der moralische Status ab, den aktive moralische Personen aufgrund dieser Fähigkeit genießen, wie beispielsweise das Recht auf Selbstbestimmung.

Es stellt sich natürlich die Frage, ob es grundsätzlich möglich ist, künstliche Systeme mit derselben Fähigkeit zur Reflexion auszustatten, wie sie Menschen zukommt. Eine besondere Schwierigkeit besteht darin, dass die menschliche Reflexionsfähigkeit universell ist. Wir können letztlich alles zum Gegenstand der Reflexion machen und beliebig viele Reflexionsebenen durchlaufen. Dennoch bleiben wir in diesem Prozess dieselben Subjekte.[120] In jüngerer Zeit haben der Philosoph John R. Lucas sowie der Mathematiker, Physiker und Philosoph Roger Penrose ein berühmt gewordenes Argument dafür vorgebracht, dass die Reflexionsfähigkeit von Maschinen, anders als die des Menschen, grundsätzlich begrenzt ist. Wie sie zeigen wollen, gibt es Sätze, deren Wahrheit zwar wir Menschen einsehen können, die aber von einer Maschine grundsätzlich nicht beweisbar sind.[121]

Dieses Argument schließt an die Unvollständigkeitssätze des Mathematikers Kurt Gödel (1906–1978) an.[122] Grob vereinfacht lässt sich der Satz: »Dieser Satz ist im formalen System S nicht beweisbar.« in dem System S nicht beweisen, obwohl wir erkennen, dass er wahr ist. Denn wenn der Satz beweisbar wäre, so ergäbe sich ein Widerspruch. Gibt es hingegen keinen Beweis, so ist er zwar wahr, kann aber in S nicht bewiesen werden. In der Folge lässt sich die Konsistenz eines formalen Systems nicht innerhalb seiner selbst beweisen. Jedes formale System ist also entweder unvollständig oder inkonsistent.

Dieses Problem weist gewisse Strukturähnlichkeiten zum Halteproblem auf.[123] Es wird von Lucas und Penrose als Argument für die Unmöglichkeit einer starken KI angesehen, die über dieselben Reflexionsfähigkeiten wie die menschliche Intelligenz verfügt. Auch wenn das Argument der beiden nicht als schlüssig gilt und aus unterschiedlichen Gründen kritisiert wird, werden doch immer wieder Versuche unternommen, die in eine ähnliche Richtung gehen. Diese sollen zeigen, dass der menschliche Geist grundsätzlich mächtiger ist als eine Turingmaschine; man spricht auch von einem *Hypercomputer*.[124]

Aufgrund der Unterschiede zwischen Mensch und Maschine ist es zumindest derzeitig nicht sinnvoll, Maschinen gegenüber bestimmte moralische Reaktionen zu zeigen, beispielsweise Dankbarkeit, weil sie uns etwas Gutes getan haben, oder Empörung, weil jemand von ihnen ungerecht behandelt wurde. Der Philosoph Peter F. Strawson (1919–2006) bezeichnet solche Gefühle als reaktive Einstellungen.[125] Er ist der Auffassung, dass diese Einstellungen konstitutiv für die Zuschreibung moralischer Verantwortung sind, und zwar unabhängig davon, ob der Determinismus oder der Indeterminismus richtig ist. Sie strukturieren unsere moralische Praxis und sind in der menschlichen Natur angelegt. Obwohl sie für Strawson nicht nur Mittel zum Zweck sind, spielen reaktive Einstellungen auch eine wichtige Rolle als Sanktionen, um erwünschtes Verhalten hervorzubringen.

Künstliche Systeme können zwar Emotionen in Menschen hervorrufen.[126] Doch reaktive Einstellungen wie Dankbarkeit oder moralische Empörung empfinden wir ihnen gegenüber nicht. Das mag einerseits daran liegen, dass ihr Äußeres diese anthropologisch fundierten Reaktionen nicht auslöst, solange sie nicht wie Menschen aussehen. Es könnte auch darauf zurückzuführen sein, dass diese Reaktionen bei Maschinen im Normalfall keine Verhaltensveränderungen bewirken.[127] Selbst wenn Maschinen so konstruiert sind, dass sie auf den Ausdruck von Lob und Tadel reagieren und beispielsweise ihr Verhalten verändern, wenn sie getadelt werden, so werden reaktive Einstellungen nur eingesetzt, um die Maschinen zu beeinflussen, aber nicht, weil sie solches verdienen. Schließlich können Maschinen einfach abgeschaltet und umprogrammiert werden, wenn sie nicht so funktionieren, wie sie funktionieren sollen. Wir müssen nicht den Weg über Sanktionen oder rationale Einsicht nehmen, mit deren Hilfe wir das Verhalten von Menschen zu beeinflussen versuchen. Auch Fehlfunktionen werden anders beurteilt. Während bei Menschen z. B. psychische Störungen dazu führen, dass moralisches Fehlverhalten entschuldigt wird, ist das bei der Funktionsstörung einer Maschine nicht der Fall. Der Hauptgrund, der diese Unterschiede bedingt, liegt jedoch darin, dass sie die Voraussetzungen der Verantwortungszuschreibung nicht erfüllen.

Moralische Verantwortung

Auch wenn Maschinen nicht moralisch verantwortlich sein können, haben sie doch Auswirkungen auf die Zuschreibung von Verantwortung. Allgemein gilt: Wenn wir Maschinen benutzen oder mit ihnen interagieren, hat das einen Einfluss darauf, welche Entscheidungen wir treffen und wie wir dabei vorgehen.[128] Die Konstruktionsweise und Funktion der Maschinen erleichtern oder ermöglichen bestimmte kognitive Prozesse, Handlungen oder Einstellungen und erschweren oder verhindern andere. Im Bereich der Maschinenethik besteht beispielsweise die Gefahr, dass wir unsere Moralvorstellungen daran anpassen, was sich programmieren lässt. Darüber hinaus stellt sich die Frage, wer überhaupt für das moralische Handeln von Maschinen verantwortlich ist.[129]

Um diese Fragen beantworten zu können, müssen zuerst die Bedingungen für die Zuschreibung moralischer Verantwortung geklärt werden. Moralische Verantwortung ist zunächst von rechtlicher Verantwortung zu unterscheiden. Der rechtliche Sinn von Verantwortung besteht darin, das Handeln von Akteuren nach Maßgabe von Gesetzen zu beurteilen und Rechtsverstöße zu bestrafen.[130] Dafür stehen rechtliche Institutionen zur Verfügung. Moralische Verantwortung hingegen richtet sich auf die moralische Qualität einer Handlung und ihrer Folgen.[131] Jemand kann einerseits moralisch verantwortlich dafür gemacht werden, gegen moralische Normen oder Werte zu verstoßen. Unverantwortlichkeit kann andererseits aber auch darin bestehen, nicht genügend auf die moralischen Implikationen einer Handlung geachtet oder ihre Folgen nicht sorgfältig genug bedacht zu haben. Auch unmoralisches oder unverantwortliches Verhalten kann Sanktionen nach sich ziehen, doch sind diese nicht zwangsläufig rechtlicher Art, und es bestehen zu ihrer Umsetzung keine Institutionen.

Rechtliche und moralische Verantwortung können sich zwar überlappen, aber das muss nicht zwangsläufig so sein. So ist es rechtlich auch dann verboten, sein Auto in einer Lieferzone zu parken, wenn man weiß, dass keine Lieferung eintreffen wird. Moralisch ist diese Handlung an sich jedoch unproblematisch, auch wenn es vielleicht eine moralische Pflicht gibt, sich an Recht und Gesetz zu halten. Umgekehrt ist es moralisch falsch, das Versprechen zu brechen, die Blumen seines Nachbarn zu gießen, der im Urlaub ist. Sollte dieser bei seiner Rückkehr lauter verdorrte Pflanzen vorfinden, könnte er als Sanktion die nachbarschaftliche Hilfe von seiner Seite aus künftig verweigern. Rechtlich kann er den Übeltäter jedoch nicht zur Verantwortung ziehen.

Zu den Bedingungen für die Zuschreibung moralischer Verantwortung zählen neben 1. Willensfreiheit auch 2. Kausalität, 3. Absichtlichkeit und 4. Wissen.[132] Da Willensfreiheit (1.) bereits ausführlich Gegenstand des vorherigen Abschnitts war, konzentriere ich mich hier auf die anderen drei Bedingungen.

Die Kausalitätsbedingung (2.) umfasst zwei Aspekte: Zum einen muss der Handelnde die Handlung und ihre Folgen verursacht haben. Daraus folgt, dass man nur für Handlungen verantwortlich gemacht werden kann, deren Urheber oder Mitverursacher man ist. Das bedeutet, dass die Handlung und ihre Folgen ohne die Mitwirkung des Handelnden nicht zustande gekommen wären. Zum anderen muss er die Möglichkeit gehabt haben, die Handlung und ihre Folgen zu kontrollieren. Was diese Kontrolle genau verlangt, ist umstritten und hängt von der Konzeption der Willensfreiheit ab, die man vertritt.[133]

Die Bedingung der Absichtlichkeit (3.) bezieht sich darauf, welchen Zweck ein Akteur mit einer Tat verfolgt hat.[134] Es stellt sich insbesondere die Frage, ob der Akteur vorsätzlich gehandelt hat, ob er die Folgen seiner Handlung zwar nicht direkt beabsichtigt, aber in Kauf genommen hat, oder ob sie gänzlich unbeabsichtigt waren. Moralische Verantwortung kann man im Allgemeinen für direkt beabsichtigte Zwecke und für in Kauf genommene Folgen zuschreiben. Sie kann jedoch auch für unbeabsichtigte Folgen entstehen, wenn der Akteur diese hätte vorhersehen können oder Anstrengungen hätte unternehmen müssen, sich entsprechende Informationen über die Handlungsfolgen zu beschaffen.

Das führt uns zur Wissensbedingung (4.). Diese umfasst zum einen die ethische Einsicht, dass eine Handlung bzw. ihre Folgen moralisch problematisch sind. Hinzukommt zum anderen die Kenntnis der vorhersehbaren Folgen von Handlungen. Außerdem kann man verantwortlich dafür sein, bei mangelndem Wissen weitere Nachforschungen anzustellen. Dies ist insbesondere dann der Fall, wenn es ohne unangemessene Kosten zumutbar ist, dies zu tun, oder andernfalls die Handlung zu unterlassen. Unwissenheit schützt demzufolge nicht immer vor der Zuschreibung von Verantwortung.[135] Moralische Maschinen können deshalb zwar nach der hier vertretenen Auffassung keine moralische Verantwortung übernehmen. Sie beeinflussen aber die Verantwortungszuschreibung an Menschen, weil sie Auswirkungen auf die Erfüllung der aufgeführten Bedingungen haben. Das gilt insbesondere für soziotechnische Systeme.

Soziotechnische Systeme

Soziotechnische Systeme bestehen aus einer technischen Komponente (den Maschinen) und einer sozialen Komponente (den Menschen), die sie konstruieren, nutzen oder vertreiben.[136] Beide Komponenten zusammen bilden komplexe Akteur-Netzwerke, die arbeitsteilig aufgebaut sind.[137] Maschinen sind dabei nicht nur passive Werkzeuge, sondern *aktive Vermittler*, die die Wahrnehmungen, Erfahrungen und Handlungen von Menschen beeinflussen.[138]

Darüber hinaus wird die Hypothese vertreten, dass Maschinen nicht nur eine solche aktive Vermittlungsfunktion haben, sondern ein integraler Bestandteil der kognitiven Prozesse sein können, die den menschlichen Geist ausmachen. Das setzt voraus, dass kognitive Prozesse sich über die Körpergrenzen hinaus erstrecken können. Aus diesem Grund spricht man in solchen Fällen von *erweitertem Geist* (*Extended Mind*).[139]

Diese Hypothese kann man mit Hilfe eines Beispiels veranschaulichen: Nehmen wir an, ein Alzheimerpatient namens Otto trägt immer ein Notizbuch bei sich, in dem er wichtige Informationen niederschreibt, um seinen Alltag zu strukturieren. Wann immer er eine bestimmte Information benötigt, die er vergessen hat, konsultiert er sein Notizbuch. Das Buch spielt also für Otto die Rolle eines biografischen Gedächtnisses. Nun möchte er ins *Museum of Modern Art* in New York gehen. Er schaut nach, stellt fest, dass das Museum sich in der 53. Straße befindet, und macht sich auf den Weg dorthin. Der Eintrag in seinem Notizbuch hat also für ihn dieselbe Funktion wie eine Meinung, die, zusammen mit dem Wunsch ins Museum zu gehen, handlungswirksam wird.

Noch deutlicher stellt sich die Sache dar, wenn wir zum Vergleich seinen imaginären Zwillingsbruder heranziehen. Dieser soll in der gleichen Lage sein wie Otto, nur dass er in seinem Notizbuch fälschlicherweise aufgeschrieben hat, das Museum befinde sich in der 52. Straße. Ottos Zwillingsbruder mag nun bis hinein in die kleinsten Gehirnstrukturen ein genaues Duplikat von Otto sein, aber es besteht ein Unterschied zwischen den beiden: Der eine Bruder meint, das Museum sei in der 52. Straße, und der andere meint, es sei in der 53. Straße, weil sie es unterschiedlich in ihren Notizbüchern festgehalten haben. Das jeweilige Notizbuch bildet deshalb einen integralen Bestand des Geistes von Otto sowie seines Zwillingsbruders.

Diese einfache Version der These des erweiterten Geists hat allerdings fundamentale Kritik auf sich gezogen. Es erscheint zweifelhaft, dass jeder kausal relevante Aspekt schon als Bestandteil eines kognitiven Prozesses gelten kann.[140] Eine überzeugendere Variante stellt die computationale Interpretation dar. Für diese liegt eine Erweiterung des Geistes vor, wenn wesentliche Bestandteile einer kognitiven Funktion außerhalb des Geistes vollbracht werden. Das soll genau dann der Fall sein, wenn es einen Algorithmus gibt, den der Mensch und die Maschine zusammen ausführen und bei dem eine Komponente von der anderen abhängt. Wenn ich also für eine komplexe mathematische Aufgabe die Hilfe eines Taschenrechners benötige, dann ist dieser kognitive Prozess einer, der sowohl mich als auch den Rechner als integrale Bestandteile umfasst.[141] In diesem Sinn bilden der Taschenrechner und ich ein erweitertes kognitives System. Bei einer einfachen Addition mit einem Taschenrechner wäre es hingegen nicht so. Es liegt auf der Hand, dass man auch moralische Maschinen als eine Erweiterung des Geistes interpretieren kann.

Die These vom erweiterten Geist könnte nun eine Lösung des Verantwortungsproblems versprechen. Denn auch der erweiterte Geist bleibt ja weiterhin der Geist der Person, und diese Person trägt dann die Verantwortung. Doch so einfach ist die Sache nicht. Ich kann kein Kantonesisch, aber gehen wir mal davon aus, es gelänge mir mit Hilfe einer Kantonesisch-App, einem chinesischen Busfahrer klarzumachen, wo ich aussteigen möchte. Wäre es angemessen, meine Kantonesisch-Kenntnisse zu loben und mir die Verantwortung dafür zuzuschreiben? Das ist recht kontraintuitiv. Ich kann doch nicht Lob für Sprachkenntnisse einheimsen, die ich gar nicht besitze.[142]

Nehmen wir nun an, ich hätte eine von der App vorgeschlagene Redewendung aus Versehen ganz leicht abweichend ausgesprochen und dadurch den Fahrer beleidigt, weil daraus nun ein schlimmes Schimpfwort geworden ist. Wäre ich dafür verantwortlich, obwohl ich keine böse Absicht hatte und gar nicht wusste, was ich da sage? Auch das wirkt wenig überzeugend. Die These des erweiterten Geistes bringt also nicht automatisch eine Lösung des Verantwortungsproblems in soziotechnischen Systemen mit sich, sondern verschärft dieses sogar noch. Der Preis der Erweiterung meiner kognitiven Leistungen scheint zu sein, dass ich nicht mehr in derselben Art und Weise für diese verantwortlich bin und dafür gelobt oder getadelt werden kann.

Es gibt noch weitere Gründe, warum das Handeln soziotechnischer Systeme eine Herausforderung für die Zuschreibung moralischer Verantwortung darstellt.[143] Betrachten wir zunächst die kausale Komponente moralischer Verantwortung. Verantwortliches Handeln setzt eine Kausalverbindung zwischen der Person und dem Ergebnis ihrer Handlung voraus. Wir hatten gesagt, jemand sei nur dann für etwas verantwortlich, wenn er eine gewisse Kontrolle über das Handlungsergebnis ausübt. Diese Kontrollfunktion ist in soziotechnischen Systemen in zweierlei Hinsichten bedroht.

Einerseits stellt sich das *Problem der vielen Hände*.[144] An der Entwicklung und Nutzung moralischer Maschinen sind viele Menschen beteiligt. Die Softwareentwicklung umfasst Teams, sie baut auf bereits vorhandene Module auf, und nicht immer gibt es eine Person, die den Überblick über den gesamten Programmierungsprozess besitzt. Weitere Einflussfaktoren bilden Marketing und Vertrieb sowie schließlich die Nutzer. Nicht zuletzt bilden die Maschinen selbst aufgrund ihrer Autonomie einen Faktor, der sich der vollständigen menschlichen Kontrolle entziehen kann. So werden sich moralisch problematische Vorfälle häufig nicht auf eine einzige Handlung oder Entscheidung zurückführen lassen, sondern Ergebnis vieler ineinandergreifender Handlungen und Entscheidungen sein, an denen unterschiedliche Akteure beteiligt sind. Dies gilt verstärkt, wenn Entscheidungen an das System delegiert werden. Im Extremfall besteht die Befürchtung, dass niemand für die moralisch desaströse Entscheidung eines künstlichen Systems verantwortlich gemacht werden kann.[145]

Ein zweites Problem ist die zeitliche und physikalische Entfernung, die durch computergesteuerte Systeme zwischen

Personen und den Folgen ihrer Handlungen entsteht. So kann beispielsweise eine Drohne über viele Tausend Kilometer hinweg ohne direktes menschliches Eingreifen handeln. Analog können die Auswirkungen eines solchen Systems erst viele Jahre nach seiner Konstruktion auftreten, ohne dass die Entwickler etwas davon mitkriegen. Das kann dazu führen, dass die Menschen sich weniger verantwortlich fühlen und die Bedeutung ihrer Handlungen nicht mehr wirklich verstehen. Nicht zuletzt steigt die Bereitschaft, anderen Schaden zuzufügen, mit zunehmender kausaler Distanz.[146]

Neben der Kausalität spielt gemäß der Wissensbedingung die Kenntnis und Abwägung der Folgen einer Handlung eine wichtige Rolle für die Zuschreibung von Verantwortung. Um für eine Handlung verantwortlich zu sein, muss man ihre Konsequenzen kennen und in der Lage sein, diese einzuschätzen. Computer können uns nun einerseits dabei unterstützen, Informationen zu sammeln, zu speichern und zu strukturieren sowie Daten zu analysieren.[147] Andererseits erschweren sie die Abschätzung der Handlungsfolgen. Das gilt in besonderem Maß für erweiterte kognitive Systeme. So verstehen die Nutzer oft nicht, welche Annahmen, Theorien und Modelle einem Programm zugrunde liegen. Und selbst wenn sie es tun, verfügen Maschinen in einem erweiterten kognitiven System unter Umständen über eine weit bessere Rechenleistung, mehr Sensoren und ein viel umfangreicheres, fast unfehlbares Gedächtnis. Das macht es für Menschen schwierig, die Entscheidungen des Systems vorherzusagen.

Das gilt auch für die Softwareentwickler, wie das Beispiel des angesprochenen neuronalen Netzwerks zu Kreditvergabezwecken veranschaulicht. Es besteht die Gefahr, dass am Ende niemand mehr zur Verantwortung gezogen werden kann. Ein Beispiel für eine solche Strategie ist die Argumentation von Lufthansa, der Konzern habe nach der Pleite von Air Berlin die

Ticketpreise nicht bewusst erhöht, sondern das läge an der automatischen Software, verantwortlich sollten also die Algorithmen sein.[148]

Schließlich kann falsches Vertrauen in die Technik dazu führen, dass Menschen die Verantwortung nicht übernehmen und die Entscheidungen eines künstlichen Systems auch dann nicht in Frage stellen, wenn es Anhaltspunkte dafür gibt, dass sie falsch sind. Unter Umständen ist es sogar klug, auch dann nicht einzugreifen, wenn man die Entscheidung eines künstlichen Systems definitiv für falsch hält. Denn dann würde man die volle Verantwortung übernehmen, während andernfalls die Verantwortung verteilt wird und die Programmierer, die Firma und möglicherweise das System selbst einen Anteil tragen.[149]

Obwohl diese Schwierigkeiten grundsätzlich auch andere Technologien betreffen, wirken sie sich doch im Fall von Computern besonders verheerend aus.[150] Das liegt nicht nur an ihrer hohen Komplexität, sondern u. a. auch daran, dass Software sehr fehleranfällig ist. Bei Hardwaretechnologien gibt es einen Toleranzbereich, und kleine Fehler haben zumeist keine oder nur geringfügige Auswirkungen. Bei Computerprogrammen können hingegen schon kleinste Fehler, etwa bei der Interpunktion, zu desaströsen Konsequenzen führen. Zudem ist es besonders schwierig, Software zu testen, ihre Zuverlässigkeit zu evaluieren und den Programmcode immer auf dem aktuellstem Stand der Technik zu halten. Schließlich können Computer als Sündenbock dienen, um Verantwortung abzuwälzen, und es stellen sich im Bereich der Software besondere Schwierigkeiten mit der Informiertheit der Nutzer über Risiken und Fragen der Produkthaftung.

Manche befürchten daher, dass der Vormarsch der Computertechnologie generell zu einer Erosion von Verantwortung führt.[151] Angesichts der gegenwärtigen Entwicklungen im

Bereich der sozialen Medien erscheinen diese Befürchtungen auch nicht mehr nur als bloße Schwarzmalerei.

Abschließend lässt sich festhalten, dass sich die Probleme der Verantwortungszuschreibung im Kontext der Maschinenethik aus zwei Quellen speisen. Die eine besteht im Zusammenwirken von Mensch und Technik in soziotechnischen Systemen, insbesondere dann, wenn sie erweitert sind. Die andere ist das Problem der kollektiven Verantwortung, welches entsteht, weil es in soziotechnischen Systemen eine Vielzahl möglicher Verantwortungsträger gibt.[152]

III. Anwendungsbereiche

1. Pflegesysteme

Einen viel diskutierten Anwendungsbereich der Maschinenethik bildet die Pflege, insbesondere die Altenpflege. In Prognosen zur Bevölkerungsentwicklung wird unter dem Stichwort *Pflegenotstand* davon ausgegangen, dass sich in den nächsten 10 Jahren der Anteil der sehr alten Menschen über 90 Jahre bei sinkenden Geburtenzahlen zumindest verdoppelt. In dieser Altersgruppe sind etwa 80 % der Menschen pflegebedürftig. Laut einer Studie der Bertelsmann-Stiftung werden bis zum Jahr 2030 allein in Deutschland bis zu 500 000 Pflegekräfte fehlen.[1] Der Einsatz von Pflegesystemen stellt eine bedenkenswerte Möglichkeit dar, um dem Pflegenotstand entgegenzutreten. So wird argumentiert, sie könnten den Mangel an Pflegekräften lindern und helfen, die erwartete Kostenexplosion zu begrenzen.[2] Ein anderes Argument besagt, dass Pflegesysteme es alten Menschen ermöglichen können, länger selbstbestimmt in ihren eigenen vier Wänden zu leben.[3]

Die Aufgaben, die Pflegesysteme erfüllen sollen, sind vielfältig. Sie sollen den Pflegebedürftigen die benötigten Medikamente, Nahrung und Getränke bringen und sie an die rechtzeitige und regelmäßige Einnahme erinnern. Sie sollen ihnen beim Hinlegen, Aufrichten, Umbetten und gegebenenfalls Aufstehen behilflich sein sowie Unterstützung beim Toilettengang und beim Waschen geben. Sie sollen reagieren können, wenn Pflegebedürftige stürzen oder sich nicht mehr regen. Auch zur Therapie und nicht zuletzt zur Unterhaltung sollen die Maschinen einsetzbar sein. Um diese Aufgaben erfüllen zu können, benötigen sie einen Körper und motorische Fähigkeiten. Außerdem müssen sie über auditive und visuelle Schnittstellen zu den Pflegebedürftigen und zum menschlichen Pflegepersonal verfügen. Es liegt nahe, sie mit der Fähigkeit auszustatten, in einer natürlichen Sprache zu kommunizieren, um die Interaktion mit ihnen einfach und intuitiv zu gestalten. Angesichts der Vielfalt der Aufgaben, die Pflegesysteme leisten sollen, müssen die Systeme entweder extrem spezialisiert oder hochkomplex sein. Ausgehend von der Science-Fiction-Literatur, stellt man sich Pflegesysteme häufig als Butler oder Diener in Roboterform vor, die älteren Menschen dabei helfen, den Alltag möglichst eigenständig zu bewältigen.[4]

Bislang gibt es solche Maschinen noch nicht serienmäßig auf dem Markt, doch wird an Prototypen gearbeitet. In Deutschland hat insbesondere der *Care-O-bot* eine gewisse Bekanntheit erlangt, der vom Fraunhofer-Institut für Produktionstechnik und Automatisierung in Stuttgart entwickelt wird, mittlerweile als *Care-O-bot 4* schon in der vierten Generation.[5] Es handelt sich um einen multifunktionalen Roboterassistenten für Haushalt, Pflege und andere Anwendungsbereiche. Der Roboter ist in der Lage, eine ganze Reihe verschiedener Aufgaben zu erfüllen. Er kann sich in einer dynamischen Umwelt bewegen und mit ihr interagieren. Anders als seine Vorgänger ist die neueste Version modular aufgebaut und kann dem jeweiligen Nutzungskontext angepasst werden. So kann das Gerät mit einem Transportaufsatz versehen durch Büroräume, Krankenhäuser und Hotellobbys fahren, Medikamente bringen oder Getränke servieren. Es lassen sich ein oder zwei Arme ergänzen, die basale Handlungen vollziehen können, z. B. Gegenstände greifen und holen, den Tisch decken oder einfache Reinigungsarbeiten ausführen. Der *Care-O-bot* verfügt über Sensoren (z. B. über Kameras, Laserscanner oder Mikrofone). Der Kopf ist ein drehbarer Touchscreen, mit dem die Nutzer interagieren können. Dieser Bildschirm kann auch zur Kommunikation und für Unterhaltungsangebote genutzt werden.

Außerdem ist der Apparat als Mobilitätshilfe nutzbar. Er kann vitale Funktionen wie Puls und Blutdruck überwachen und im Notfall einen Arzt oder eine Hotline verständigen.

Selbst wenn man darauf besteht, dass Menschen in der Pflege nicht vollständig durch Assistenzsysteme ersetzt werden dürfen, so bleibt doch eine Vielfalt von Situationen, in denen ein solches System mit moralischen Entscheidungen konfrontiert sein wird. Das Ehepaar Michael Anderson und Susan Leigh Anderson, die zu den Pionieren der Maschinenethik gehören, arbeitet deshalb seit geraumer Zeit an der Entwicklung einer Software für Roboter, die in der Pflege einsetzbar sind und auch moralische Entscheidungen treffen können.

Utilitaristische Pflegesysteme

Das erste System, das die Andersons entwickelten, basiert auf einer utilitaristischen Ethik. Deshalb nannten sie es *Jeremy*, in Reminiszenz an den Gründervater des Utilitarismus Jeremy Bentham.[6] Dieses System ist im Grunde ein utilitaristischer Ethikberater. Es hat einen Eingabebildschirm, der den Nutzer auffordert, zu beschreiben, was er tun möchte und welche Personen davon betroffen sein werden. Dann muss der Nutzer einen Schätzwert eingeben, wie viel Lust oder Leid die Handlung bei jeder dieser Personen erzeugt (die Werte liegen zwischen 2 = sehr angenehm, 1 = angenehm, 0 = weder angenehm noch unangenehm, –1 = unangenehm und –2 = sehr unangenehm). Weiterhin muss die Wahrscheinlichkeit des Eintretens der Folgen angegeben werden. Dabei steht 0,2 für eine geringe Wahrscheinlichkeit, 0,5 für eine mittlere und 0,8 für eine hohe Wahrscheinlichkeit. Der Nutzer muss diese Angaben für jede Person und für jede Handlungsmöglichkeit machen. Wenn die Daten vollständig vorliegen, berechnet *Jeremy* daraus, welche Handlung die beste Bilanz von Lust und Leid aufweist. Obwohl die Entwickler Unparteilichkeit als eine Tugend *Jeremys* hervorheben, ist möglicherweise der Input parteiisch. So können Vorurteile schon bei der Nutzereinschätzung auftreten, wie viel Lust oder Leid eine geplante Handlung bei anderen Personen erzeugt und mit welcher Wahrscheinlichkeit diese Konsequenzen eintreten.

Eine Möglichkeit, mit diesem Problem umzugehen, besteht darin, sich nur auf den Nutzer zu konzentrieren. Das lässt sich insbesondere für ein häusliches Pflegesystem insoweit rechtfertigen, als ein solches sich ja nur um einen Pflegebedürftigen kümmert, für dessen Wohlbefinden es sorgen soll. Zwar sind möglicherweise auch andere Personen von seinen Handlungen betroffen, aber diese Personen sind im Regelfall dazu in der Lage, für ihr Wohlbefinden selbst Sorge zu tragen. So muss ein Pflegesystem nicht berücksichtigen, welchen Einfluss eine Option für das Wohlbefinden der Angehörigen des zu Pflegenden hat.

Auszuschließen wären allerdings Handlungsalternativen, die in die moralischen Rechte anderer eingreifen. Wenn beispielsweise die Tötung und Verletzung anderer Personen oder Tiere zum Wohlbefinden des Pflegebedürftigen beiträgt, dann sollte das System diesen Präferenzen nicht Rechnung tragen. Solche Überlegungen weisen über den Utilitarismus hinaus. In praktischen Kontexten aber lassen sie sich recht einfach über die Einschränkung der verfügbaren Handlungsoptionen ausschließen.

So liegt dem von dem Philosophen Christopher Cloos entwickelten *Utilibot Project* ein nutzerzentrierter Utilitarismus zugrunde, dessen Ziel ein autonomer mobiler Roboter ist, der nach utilitaristischen Grundsätzen handeln kann.[7] So ließe sich der *Utilibot* beispielsweise in die *Care-O-bot* Plattform integrieren. Diese hält Cloos allerdings noch für unzureichend, um zu gewährleisten, dass das System sicher und stets im Sinn des Nutzers handelt. Das utilitaristische System sei geeignet, um »Sicherheit durch Moral« zu garantieren, weil der Roboter alle Verhaltensweisen vermeidet, die zu Verletzung, Schaden oder Tod des Nutzers führen und sein Verhalten darauf ausrichtet, Leben, Gesundheit und Wohlergehen des Nutzers zu befördern.

Um der Komplexität Herr zu werden, die die Implementation einer utilitaristischen Ethik so schwierig macht, schlägt Cloos ein entscheidungstheoretisches Verfahren vor, das Entscheidungen unter Unsicherheit modellieren kann. Die Auswirkungen einer Handlung auf den Nutzer werden biometrisch bestimmt anhand von Parametern wie Puls, Blutdruck, EKG, Körpertemperatur und Sauerstoffsättigung im Blut. Bei der Initialisierung des Systems füllt der Nutzer einen detaillierten Fragebogen aus. Dieser enthält u. a. persönliche Informationen, die Krankengeschichte, auch bezogen auf die Familie, Angaben zum gegenwärtigen Gesundheitszustand und zur medikamentösen Behandlung sowie durch den Lebensstil bedingte Risikofaktoren (wie Rauchen). Dies ermöglicht es dem *Utilibot*, ein detailliertes Nutzerprofil anzulegen und entsprechende Wahrscheinlichkeitsannahmen zu machen.

Im Anschluss misst das System die Vitalwerte und nimmt sie als Maßstab für mögliche Veränderungen des Gesundheitszustands. Die permanente biometrische Überwachung kann beispielsweise über eine Art von *Smart Watch* geschehen, während ein *Smart Home* erlaubt, die Umwelt zu kontrollieren und in Beziehung zu den gemessenen Vitalwerten zu setzen. Auf diese Art und Weise kann das System im Lauf der Zeit lernen, welche Veränderungen der Umwelt welche Auswirkungen auf den Nutzer haben.

Ein besonderer Nutzen des Systems besteht darin, die physiologischen Anzeichen für einen bevorstehenden Herzinfarkt oder einen Schlaganfall frühzeitig wahrzunehmen und dabei mögliche Risikofaktoren wie etwa Bluthochdruck mit einzubeziehen. Der *Utilibot* kann seine Diagnose auch durch die Beobachtung äußerlicher Symptome und die Befragung der Nutzer stellen oder vertiefen. So kann das System herausfinden, ob der Betroffene starke Schmerzen in der Brust hat, Übelkeit oder Schwächegefühle empfindet, was einen Verdacht auf einen Herzinfarkt verstärken würde.

Auf dieser Grundlage soll das System zu einer zuverlässigen Einschätzung des Gesundheitszustands der Person kommen. Mögliche Handlungsoptionen im medizinischen Notfall bestehen in der Absetzung eines Notrufs bei einem Schlaganfall, in der Gabe von Aspirin oder der Bereitstellung einer Sauerstoffmaske, falls notwendig. Auch können die Vitalsignale für die spätere Behandlung aufgezeichnet werden. Außerdem soll das System in der Lage sein, mit den wichtigsten Unfallrisiken und -arten umzugehen, die im häuslichen Bereich auftreten, insbesondere mit Stürzen, Vergiftungen und Feuer bzw. Verbrennungen.

Die Architektur des Systems besteht aus vier Modulen: Erstens aus einem Nutzernetzwerk, welches den Gesundheitszustand des Nutzers abbildet, sowie zweitens aus einem Umweltnetzwerk, das den Einfluss der Umwelt auf die Nutzergesundheit darstellt. Das dritte Modul ist ein Entscheidungsnetzwerk, das den Input des Nutzer- und des Umweltnetzwerks integriert und ein Modell möglicher Handlungen und ihres Nutzwerts bereitstellt. Diese Daten dienen als Input für das vierte Modul, den *Wellness Planner*. Dieser wählt aus, welcher Handlungsverlauf in einer unsicheren Umwelt voraussichtlich den größten Nutzen bringt.

Diese kurze Beschreibung lässt bereits erkennen, dass Datenschutz eines der großen Probleme im Hinblick auf den Einsatz künstlicher autonomer Systeme in der Pflege ist. Es werden jede Menge hochsensibler Daten über den Nutzer, insbesondere über seinen Gesundheitszustand, aufgezeichnet und weitergegeben. Die Frage, wie das mit der Privatsphäre und informationellen Selbstbestimmung des Nutzers vereinbar ist, wird gar nicht gestellt.

Zweifelhaft ist darüber hinaus, ob der Utilitarismus als ethischer Ansatz für die Pflege überzeugt. Die Sorge, dass ein utilitaristisches System in der breiten Bevölkerung keine Akzeptanz finden würde, führte das Ehepaar Anderson dazu, sich nach einer Alternative umzusehen.[8] Probleme sehen sie vor allem bei Nutzenverrechnungen zwischen verschiedenen Personen und Fairnesserwägungen, die allerdings einen auf einen Nutzer allein beschränkten Ansatz wie das *Utilibot Project* nicht betreffen. Dies gilt zumindest, solange dieser nicht mit anderen Nutzern geteilt wird.

Deontologische Pflegesysteme

Die Alternative, die das Ehepaar Anderson verfolgt, lehnt sich an die intuitionistische Ethik von W.D. Ross an.[9] Wie bei Kants Moralphilosophie handelt es sich bei Ross' Ansatz um eine Pflichtenethik. Allerdings unterscheidet Ross verschiedene Pflichten, die prima facie verbindlich sind, im Einzelfall jedoch miteinander kollidieren können, so dass eine Abwägung notwendig wird. So haben wir prima facie die Pflicht, ein gegebenes Versprechen zu halten, doch wenn daraus ein Schaden resultiert, so entsteht ein Konflikt mit der Prima-facie-Pflicht, keinen Schaden zu verursachen. Alles in allem ist es daher möglicherweise sogar unsere Pflicht, das Versprechen zugunsten der Schadensvermeidung zu brechen. Menschen entscheiden solche Konflikte laut Ross intuitiv. Im Fall eines künstlichen moralischen Akteurs steht diese Möglichkeit nicht zur Verfügung, sondern es ist ein Entscheidungsprinzip notwendig, das herangezogen werden kann, wenn verschiedene Pflichten in Konflikt stehen.

Ein solches Prinzip soll sich mit Hilfe einer Methode finden lassen, die auf den Gerechtigkeitstheoretiker John Rawls zurückgeht. Es handelt sich um das *Überlegungsgleichgewicht*.[10] Dieser methodologische Ansatz besteht darin, auf der Grundlage der Bewertung von Einzelfällen zu einem allgemeinen Moralprinzip zu gelangen und dieses dann anhand weiterer Einzelfälle zu testen. Prinzip und Einzelfallbewertung werden in diesem sich wiederholenden Prozess immer besser aufeinander abgestimmt, so dass ein Gleichgewicht entsteht. Das Ergebnis soll in diesem Fall ein Prinzip sein, das vorgibt, wie vorzugehen ist, wenn ein Konflikt zwischen verschiedenen Prima-facie-Pflichten vorliegt.

Drei Prinzipien aus der Bioethik stehen im Vordergrund:[11]

1. Das Prinzip des Respekts vor der Autonomie des Patienten (solange dieser noch über die entsprechenden Kompetenzen verfügt),
2. das Prinzip, dem Patienten keinen Schaden zuzufügen, sowie
3. das Prinzip, zum Wohl des Patienten zu handeln.

Zu einem Konflikt zwischen diesen Prinzipien für das Pflegepersonal kommt es beispielsweise dann, wenn ein kompetenter erwachsener Patient vom Arzt ein Medikament verschrieben bekommt, dessen Einnahme jedoch ablehnt. Der Konflikt entsteht zwischen der Pflicht, die Autonomie des Patienten zu respektieren, und derjenigen, ihm keinen Schaden zuzufügen bzw. zu seinem Wohl zu handeln.[12] Muss der Pflegende diese Entscheidung akzeptieren oder soll er weiterhin auf den Patienten einwirken?

Zur Repräsentation solcher Konflikte wird jeder möglichen Handlung eine geordnete Menge an Werten zugeordnet, die angeben, ob eine Prima-facie-Pflicht erfüllt oder verletzt wird und in welchem Maß dies der Fall ist. Eine starke Pflichtverletzung wird durch –2 dargestellt, eine leichtere durch –1. Eine 0 bedeutet, dass die Pflicht nicht betroffen ist, +1 steht für eine mäßige Pflichterfüllung und +2 für eine starke. Ausschlaggebend für die Handlungsempfehlung ist die resultierende Gesamtbilanz, die jedoch eine unterschiedliche Gewichtung der einzelnen Variablen erlaubt.

Anderson und Anderson erläutern dies an einer Variante des angeführten Beispiels: Nehmen wir an, ein Patient weigert sich aus religiösen Gründen, ein Antibiotikum einzunehmen, das der Arzt ihm verschrieben hat, um Komplikationen im Krankheitsverlauf zu verhindern. Nehmen wir ferner an, die Komplikationen sind nicht allzu schwerwiegend, und der Patient versteht die Konsequenzen seiner Einstellung. Akzeptiert das Pflegepersonal diese Einstellung, so wird die Pflicht zum Respekt vor dem Patienten mit +2 bewertet. Da dem Patienten dadurch jedoch ein gewisser Schaden entstehen kann bzw. dies seinem Wohl entgegensteht, werden die Pflichten, Schaden zu vermeiden und zum Wohl des Patienten zu handeln, jeweils leicht verletzt und daher mit –1 angesetzt.

Wird weiter auf den Patienten eingewirkt, so wird die Autonomie des Patienten in Frage gestellt, allerdings nicht so stark, wie wenn er gezwungen würde, das Medikament einzunehmen. Deshalb erhält die Pflicht, seine Autonomie zu respektieren, den Wert –1, während die Pflichten, Schaden zu vermeiden und zum Wohl des Patienten zu handeln, jeweils mit +1 bewertet werden. Die jeweiligen Werte der beiden Handlungsoptionen sind also: Akzeptieren: +2 / –1 / –1 und Überreden: –1 / +1 / +1. Welches dieser Fallprofile gewählt werden soll, ist für Anderson und Anderson eine Sache der Intuitionen der Ethikexperten.

Insgesamt gibt es 18 Fallprofile.[13] Ein künstliches System konnte auf der Basis von nur vier vorgegebenen Fallprofilen durch induktive Logikprogrammierung ein Prinzip ableiten, das zu einer korrekten Einschätzung der anderen 14 Fallprofile führte. Dieses Prinzip, welches auch den Intuitionen der Experten entsprechen soll, besagt, dass das Pflegepersonal die Entscheidung eines Patienten in Frage stellen sollte, wenn dies eine leichte Verletzung der Autonomie des Patienten bedeutet und ihm irgendein Schaden dadurch entsteht oder ein großer Nutzen entgeht. Die Ableitung dieses Prinzips ist aus Sicht der Andersons über die Maschinenethik hinaus von Belang, da es bislang noch nicht explizit formuliert wurde. Das nährt die Hoffnung, dass Maschinen nicht nur in der Lage sind, ethischen Prinzipien zu folgen, sondern uns auch dabei helfen können, diese zu entdecken.

Dieses Prinzip wurde exemplarisch in einige Anwendungen mit Bezug zur Pflege implementiert. Die erste ist *MedEthEx*, ein Expertensystem, das Nutzer im Hinblick auf ethische Konfliktsituationen berät.[14] Es erfragt über ein Nutzerinterface die moralisch relevanten Aspekte eines Einzelfalls, formt diese so um, dass sie als Input eines Entscheidungsverfahrens dienen können, gibt die Antwort dieses Verfahrens aus und rechtfertigt sie. Das zweite System heißt *EthEl* und hat den Zweck, ältere Menschen an die Einnahme von Medikamenten zu erinnern und gegebenenfalls Angehörige oder einen Pflegedienst zu benachrichtigen, wenn dies nicht geschieht.[15]

EthEl erhält durch den Arzt oder das Pflegepersonal Informationen zum verschriebenen Medikament, u. a. den Einnahmezeitpunkt und den größten Schaden, der bei Nicht-Einnahme entstehen kann und nach welcher Zeit dieser eintritt. Angegeben wird auch der größte aus der Einnahme resultierende Nutzen, ebenfalls in Relation zur vergangenen Zeit. Das System errechnet aus diesem Input den Grad der Pflichterfüllung oder -verletzung über die Zeit, welcher sich aus dem maximalen Schaden bzw. Nutzen und der Zeit ergibt, die das Eintreten dieser Wirkungen benötigt. Eine Erinnerung wird ausgesprochen, wenn sie nach dem zugrunde gelegten Prinzip moralisch der Nicht-Erinnerung vorzuziehen ist. Das Gleiche gilt für die Benachrichtigung der Angehörigen oder des Pflegedienstes. Der Vorteil eines solchen ethisch sensitiven Systems gegenüber anderen, starreren Vorgaben (z. B. den Patienten bei jeder Weigerung zu erinnern oder immer nach drei Verweigerungen den Arzt zu rufen) besteht darin, dass eine Erinnerung bzw. Benachrichtigung weder zu selten noch zu häufig abgegeben wird.

Dieses System wurde auch in einen *Nao*-Roboter implementiert, der damit das erste Beispiel eines moralisch handelnden Roboters darstellen soll.[16] Die von der Firma Aldebaran hergestellte Roboterplattform ist etwa 58 cm hoch und 4,3 kg schwer. Sie verfügt von Haus aus über die Fähigkeit, sich fortzubewegen, basale sprachliche Äußerungen zu erkennen und selbst hervorzubringen, Gegenstände zu greifen sowie Gesichter und Markierungen zu erkennen. *Nao* ist berührungsempfindlich, hat eine kabellose Internetschnittstelle und besitzt Infrarotsensoren, Geräuschortung sowie Telepräsenz. Diese Eigenschaften erlauben dem Roboter, die Patienten aufzusuchen, um sie an die Einnahme ihrer Medikamente zu erinnern bzw. ihnen die Medikamente zu bringen. *Nao* kann in natürlicher Sprache kommunizieren und gegebenenfalls einen Arzt bzw. das Pflegepersonal benachrichtigen.

In den neueren Forschungsarbeiten der Andersons steht ein noch grundlegenderer Ansatz im Vordergrund. Nun soll das System nicht mehr anhand vorgegebener Pflichten ein Prinzip zu deren Gewichtung ableiten, sondern selbst in der Lage sein, aus der Angabe der moralisch relevanten Merkmale einer Situation sowohl die Pflichten als auch das Prinzip zu gewinnen. Es geht darum, eine Maschine zu entwickeln, die in einem bestimmten Bereich vollkommen autonom moralische Entscheidungen trifft. Ausgangspunkt ist der Dialog mit einem Ethikexperten über eine grafische Benutzeroberfläche mit dem Ziel, die moralisch relevanten Eigenschaften einer Situation und die aus ihnen resultierenden Pflichten zu erfassen sowie Prinzipien für den Umgang mit moralischen Konfliktsituationen zu generieren.[17] Das auf diesem Weg ermittelte Moralprinzip lautet nach rechnerischer Bereinigung:

> Eine Handlung α wird gegenüber einer Handlung β dann moralisch vorgezogen,
> wenn die Schadensdifferenz zwischen beiden größer oder gleich 1 ist
> oder
> wenn die Nutzendifferenz größer oder gleich 3 ist
> oder
> wenn die Schadensdifferenz zwischen beiden größer oder gleich –1 ist, die Nutzendifferenz größer oder gleich –3 und die Autonomiedifferenz größer oder gleich –1 ist.

Entsprechend diesem Prinzip informiert die Maschine dann den zuständigen Arzt oder das Pflegepersonal, wenn dem Patienten irgendein Schaden dadurch entsteht, dass er das Medikament nicht zum vorgeschriebenen Zeitpunkt einnimmt. Eine Benachrichtigung erfolgt auch, falls dem Patienten ein erheblicher Nutzen bei nicht rechtzeitiger Einnahme entgeht. Auf eine Benachrichtigung verzichtet das System hingegen, wenn kein Schaden entsteht, sondern nur ein geringer Nutzen eingebüßt wird. In diesem Fall überwiegt die autonome Entscheidung des Patienten, das Medikament nicht zum vorgeschriebenen Zeitpunkt einnehmen zu wollen.

Dieser Ansatz wirft jedoch eine Reihe von Fragen in Bezug auf die Identifikation der moralisch relevanten Merkmale, die daraus resultierenden Pflichten und das Prinzip ihrer Gewichtung auf.[18] So ist sein Anwendungsbereich, die Erinnerung an die Medikamenteneinnahme, sehr eng angelegt, und es ist nicht einfach, sich vorzustellen, wie ein solches System in der Altenpflege generell einsetzbar sein könnte. Je komplexer der Handlungskontext wird, desto schwieriger ist die Verrechnung möglicher Bilanzen.

Außerdem werden mit den drei Pflichten, erstens die Autonomie des Patienten zu wahren, zweitens seinen Nutzen zu befördern und drittens ihn nicht zu schädigen, drei Werte implementiert, die zwar auf den ersten Blick im Zusammenhang mit der Altenpflege einschlägig zu sein scheinen. Sie sind jedoch noch zu undifferenziert, um das Spektrum der relevanten Werte vollständig auszuschöpfen.[19] So kann man beispielsweise zwischen körperlicher Gesundheit und psychischem Wohlbefinden unterscheiden. Schließlich spielen noch eine ganze Reihe anderer Werte eine Rolle, z. B. die Würde der Pflegebedürftigen, ihre Selbstachtung, die Freude am Spiel oder die soziale Interaktion. Aber auch Fragen des Datenschutzes, der Privatsphäre und Intimität sind relevante Faktoren, die sich nur schwer unter die genannten drei Pflichten subsumieren lassen.

Man kann die drei Grundsätze von Anderson und Anderson nun zwar so weit interpretieren, dass sie alle diese Werte ebenfalls umfassen. Doch verlieren sie in diesem Fall ihre Aussagekraft, weil nicht mehr klar ist, wie sie sich dann noch gegenüber anderen Werten abgrenzen lassen. Begreift man die Prinzipien hingegen enger, so handelt es sich um eine Kombination aus der utilitaristischen Berechnung der positiven und negativen Konsequenzen einer Handlung plus einem Autonomieprinzip. Diese Lesart hat den Nachteil, dass sie der Unterschiedlichkeit der verschiedenen Wertsphären und Personen nicht hinreichend gerecht wird. So müssen z. B. für den zu beziffernden Schaden einer Handlung gesundheitliche Nachteile der gepflegten Person und Auswirkungen auf ihre Selbstachtung verrechnet werden mit der Sorge der Angehörigen und gesamtgesellschaftlichen Konsequenzen. Sinnvoller wäre es, die Wertsphären getrennt voneinander zu bestimmen und gegeneinander abzuwägen. Das bedeutet jedoch nicht unbedingt das Aus für diesen Ansatz. Denn es erscheint möglich, die Konzeption in diese Richtung weiterzuentwickeln. Wie die Autoren betonen, ist sie flexibel und kann an den jeweiligen Anwendungsbereich angepasst werden.

Ein grundsätzlicherer Kritikpunkt betrifft hingegen die Rolle von Ethikexperten. So bleibt offen, ob es genügt, dass nur ein Ethikexperte den Dialog mit dem System durchläuft, oder ob eine Vielzahl von Experten eingebunden werden soll. Unklar ist auch, wodurch sich ethische Experten auszeichnen sollen. Es ist fraglich, ob es in der Ethik überhaupt Experten gibt, die verbindliche Entscheidungen treffen können. Die eingangs bereits angesprochenen Bürden des Urteilens im Bereich der Ethik lassen dies zumindest als zweifelhaft erscheinen.[20] Denn sie führen dazu, dass die Eindeutigkeit selbst vollkommen rationaler moralischer Überlegungen beschränkt ist und ein gewisser Dissens in moralischen Fragen auch auf lange Sicht bestehen bleiben wird. Deshalb haben wir bei moralischen Entscheidungen, die unser eigenes Leben betreffen, einen moralischen Anspruch darauf, mitzureden.

Dieser Anspruch hat ein besonderes Gewicht in der Pflege, wenn es um Situationen geht, in denen in erster Linie der Patient selbst betroffen ist und die moralischen Ansprüche anderer nur nachrangig berührt werden. Deshalb kommt den Betroffenen, im vorliegenden Anwendungsbereich also den Pflegebedürftigen, eine besondere Stellung hinsichtlich der moralischen Bewertung zu. Es wäre eine Form der Bevormundung, wenn allein eine Gruppe von Experten die moralisch relevanten Merkmale von Pflegesituationen und die daraus resultierenden Pflichten gegenüber Pflegebedürftigen festlegen würde, ohne die Betroffenen selbst miteinzubeziehen.

Ein weiteres Defizit des Ansatzes von Anderson und Anderson besteht darin, dass ihr System zwar in der Lage ist, aus mehreren Beispielen eine abstrakte Regel für neue Situationen zu generieren, diese Regel selbst aber starr und ungeachtet des jeweiligen Kontextes angewandt wird. Obwohl das System eine gewisse Lernfähigkeit aufweist, ist der Ansatz von Anderson und Anderson daher gegenüber solchen Fällen blind, in denen die speziellen Bedürfnisse und moralischen Wertvorstellungen der einzelnen Pflegebedürftigen relevant werden. So mögen manche Menschen ein System bevorzugen, welches den ihnen entstehenden Schaden und Nutzen in den Vordergrund stellt, während für andere der Autonomie stets Vorrang einzuräumen ist. Dieser Schritt hin zu einem an das ethische Wertprofil individueller Pflegebedürftiger angepassten kontextsensitiven System bleibt Anderson und Anderson aber schon aus methodologischen Gründen verwehrt.

Ein anpassungsfähiges hybrides System

Insbesondere für den häuslichen Bereich wäre ein System zu bevorzugen, das nicht starr auf Expertenmeinungen beruht, sondern den unterschiedlichen moralischen Werteprofilen der Nutzer gerecht werden kann. Bislang ist eine solche Herangehensweise allerdings noch nicht umgesetzt worden. Es lässt sich jedoch zumindest eine Roadmap dafür skizzieren, wie bei der Entwicklung eines solchen Systems vorzugehen ist.[21] Zunächst einmal gilt es, die in der Altenpflege relevanten moralischen Werte aus der Sicht der Betroffenen zu identifizieren. Dies kann beispielsweise durch qualitative Interviews geschehen, deren Ergebnis eine Liste der moralischen Werte bildet, die Betroffene für in der Altenpflege wichtig erachten.

In einem zweiten Schritt müssen diese moralischen Werte so operationalisiert werden, dass ein künstliches System sie erkennen und gemäß dem moralischen Wertprofil des Nutzers gewichten kann. An dieser Stelle ist die Philosophie besonders gefordert. Philosophen müssen Szenarien formulieren, in denen es um moralisch relevante Situationen in der Altenpflege geht, insbesondere solche, in denen verschiedene moralische Werte miteinander in Konflikt geraten. Die Art und Weise, wie der Nutzer sich in diesen Szenarien entscheidet, lässt Rückschlüsse darauf zu, welche moralischen Werte er in seiner Pflege realisiert sehen möchte und wie sie von ihm gewichtet werden.

Drittens müssen die Szenarien im System implementiert werden. Hierbei müssen Philosophen und Informatiker zusammenarbeiten.[22] Es geht darum, die moralischen Fragen in Informationsverarbeitungsprozesse zu übersetzen und entsprechende Algorithmen zu entwickeln. Dabei gilt es auch, möglichen Fehlfunktionen vorzubeugen. Das System könnte beispielsweise eine Selbstmonitoring-Funktion besitzen und regelmäßige Statusberichte erstellen, um rechtzeitig auf Fehler aufmerksam zu machen und sich gegebenenfalls selbst abzuschalten.

Viertens sollte sich das System in einer Trainingsphase auf den Nutzer einstellen. Es präsentiert dem Nutzer die Szenarien und entwickelt anhand seiner Reaktionen ein Modell des moralischen Wertprofils des Nutzers. Schließlich aktualisiert das System das Wertprofil in der fortlaufenden Interaktion mit dem Nutzer. Dies gewährleistet die Feinabstimmung des moralischen Wertprofils und bezieht mögliche Veränderungen im Lauf der Zeit mit ein.

Ein solches System könnte nicht nur moralisch handeln, sondern es wäre sogar in der Lage, sich dabei an moralischen Standards zu orientieren, die die Pflegebedürftigen selbst bestimmen. Es würde die Autonomie der Pflegebedürftigen deshalb möglicherweise sogar besser als menschliche Pflegekräfte oder Angehörige mit eigenen Moralvorstellungen und Bedürfnissen gewährleisten. Im Extremfall kann es sogar zur Verletzung und Gewaltanwendung gegen die Pflegebedürftigen kommen, weil die menschlichen Pflegenden gestresst und überfordert sind. Ein Pflegesystem würde auch in diesem Punkt besser abschneiden als Menschen, weil Stress und Überforderung für es gar keine Kategorien sind.

Auch wenn man zustimmen sollte, dass ein solches System im Bereich der häuslichen Pflege von Nutzen sein könnte, ist es doch nicht in allen Kontexten der Altenpflege einsetzbar. Zielgruppe sind ausschließlich solche Menschen, die kognitiv in der Lage sind, grundlegende Entscheidungen über ihr Leben zu treffen, aber körperlich so eingeschränkt sind, dass sie nicht ohne Pflege allein zu Hause leben können. Außerdem fehlt ihnen das technische Know-how, das notwendig wäre, um völlig auf sich allein gestellt ein Assistenzsystem in Übereinstimmung mit ihren Werten einzurichten. Für diese Menschen könnte ein flexibles, lernfähiges System, wie es hier skizziert wurde, einen Beitrag dazu leisten, dass sie, solange es geht, selbstbestimmt in ihrer häuslichen Umgebung leben können, sofern sie dies möchten.

Argumente gegen den Einsatz von Pflegerobotern

Es bestehen jedoch auch grundlegende Einwände, die sich generell gegen den Einsatz von Robotern in der Pflege richten und denen auch die hier näher vorgestellten Systeme ausgesetzt sind. Eine besonders abschreckende Vorstellung ist, dass eines Tages Roboter die menschliche Interaktion in der Pflege vollständig ersetzen könnten. Die alten Menschen lebten dann von aller Welt isoliert in Pflegeeinrichtungen, in denen sie von Robotern gefüttert, gewaschen und überwacht werden, die auch für Unterhaltung und Zuwendung zuständig sind.[23] Um eine solche Situation zu vermeiden, muss sichergestellt sein, dass die Verwendung von Pflegerobotern nicht zum Verschwinden des zwischenmenschlichen Kontakts führt. Der Einsatz von Robotern in Pflegeeinrichtungen ist darüber hinaus kritisch zu sehen, da viele Bewohner nicht mehr in der Lage sind, ihre freiwillige und informierte Zustimmung zu solchen Maßnahmen zu geben, beispielsweise weil sie unter psychischen Beeinträchtigungen leiden. Aus ethischer Sicht ist der Einsatz von Pflegerobotern dann vielversprechend, wenn sie es Menschen, die dies wünschen, ermöglichen, länger in ihren eigenen vier Wänden zu leben.

Ein anderes Gegenargument geht davon aus, dass Pflege inhärent eine moralische Praxis ist und dass der Einsatz von Pflegerobotern und Assistenzsystemen zu einer Beeinträchtigung des moralischen Werts dieser Praxis führt.[24] Künstliche Systeme wirken sich demnach insbesondere negativ auf die Entwicklungen der Tugenden der Pflegekräfte und ihr Verhältnis zu den Pflegebedürftigen aus. So leiden das Feingefühl, die Empathiefähigkeit, das Engagement und die persönliche Entwicklung der Pflegekräfte unter dem Einsatz künstlicher Systeme. Allerdings zeigen sich ähnliche Auswirkungen diesem Ansatz zufolge nicht nur in der Pflege, sondern auch in anderen automatisierten Arbeitsbereichen, in denen etwa handwerkliche Tugenden verlorengehen.[25]

Es handelt sich daher um ein gesamtgesellschaftliches Problem, das dementsprechend auch die Pflegebedürftigen miteinbezieht. Diesen kann man nämlich vorwerfen, dass auch ihr Streben nach Autonomie und Unabhängigkeit eine Form des »falschen Bewusstseins« im Sinn von Karl Marx (1818–1883) ist, also eine Form der Selbsttäuschung darstellt, die die Abhängigkeit und Verletzlichkeit nicht wahrhaben will, die jedes zwischenmenschliche Pflegeverhältnis ausmachen.[26] Ein solches Verständnis der Pflege stellt die gesellschaftliche und wirtschaftliche Organisation des Zusammenlebens sehr grundsätzlich in Frage. Nicht zuletzt besteht die Gefahr einer Bevormundung der Pflegebedürftigen, deren Wunsch nach Autonomie und Selbstbestimmung nicht akzeptiert wird.

Ein differenzierteres Bild ergibt sich, wenn man die Natur der verschiedenen Aktivitäten berücksichtigt, die in der Pflege eine Rolle spielen. So lassen sich zielorientierte und praxisorientierte Formen des Handelns voneinander unterscheiden.[27] Während *zielorientierte* Handlungsweisen sich auf etwas außerhalb ihrer selbst richten, werden *praxisorientierte* Handlungen um ihrer selbst willen durchgeführt. Eine zielorientierte Handlung besteht beispielsweise im Autofahren zum Zweck des Transports von Menschen oder Dingen. Praxisorientiert wäre das Autofahren, wenn es nicht um den Transport geht, sondern man es als solches gerne tut. Beides kann jedoch auch zusammenfallen, so dass ein und dieselbe Handlung sowohl zielorientiert als auch praxisorientiert sein kann.

So lässt sich das Herausheben von Pflegebedürftigen aus ihrem Bett sowohl als ziel- als auch als praxisorientiert beschreiben. Unter der zielorientierten Perspektive geht es einfach darum, die Position des Patienten zu verändern. Im praxisorientierten Sinn ist das Herausheben aber auch Berührung und empathische Interaktion von Pflegenden und Pflegebedürftigen. Je nachdem, unter welcher Perspektive man eine Handlung betrachtet, erscheint der Einsatz eines Pflegeroboters oder Assistenzsystems in diesem Fall moralisch problematisch oder nicht: Geht es nur darum, das Ziel zu erreichen, so ist es in Ordnung, auf die Unterstützung einer Maschine zurückzugreifen. Steht die Berührung und empathische Interaktion im Vordergrund, dann ist dies fragwürdig. Dabei gibt es keine richtige oder falsche Perspektive, sondern es hängt wesentlich davon ab, welche Bedeutung eine Handlung für die Pflegebedürftigen besitzt.

Aus diesem Grund sollte niemand dazu gezwungen werden, auf ein Pflegesystem zurückzugreifen. Doch zugleich sollte das Angebot bestehen. Für die moralische Bewertung von Pflegesystemen bietet das kantische Instrumentalisierungsverbot eine gute Grundlage.[28] Stimmt ein Pflegebedürftiger der Nutzung grundsätzlich zu und passt sich ein autonomes Assistenzsystem überdies seinen moralischen Wertvorstellungen kontinuierlich an, liegt kein Konflikt mit dem kategorischen Imperativ vor. Denn der Pflegebedürftige wird als rationales und selbstbestimmtes Wesen respektiert.[29]

Wie sich an dieser Diskussion zeigt, stellt der Umgang und die Pflege alter Menschen ein gesamtgesellschaftliches Problem mit vielen Dimensionen dar. So kann man sich aus feministischer Sicht fragen, ob künstliche Systeme nicht das Los vieler Frauen erleichtern, die unter den enormen körperlichen und psychischen Belastungen der Pflege leiden.[30] Zugleich ist deutlich geworden, dass Pflegeroboter oder Assistenzsysteme allein die Probleme nicht lösen können. Dennoch können sie Teil einer umfassenden Lösung sein, die jedoch voraussetzt, dass wir in einem gesellschaftlichen Diskurs zu einer Vorstellung davon gelangen, in welcher Form wir in unserer Gesellschaft mit und als ältere pflegebedürftige Menschen leben wollen.

2. Kriegsroboter, Drohnen & Co

Autonome Waffensysteme, umgangssprachlich »Kriegsroboter«, gehören zu den am heftigsten diskutierten Anwendungsbereichen der Maschinenethik, insbesondere dann, wenn sie den Zweck haben, Menschen zu töten. So erschien im August 2017 ein warnender offener Brief, der von 116 der bekanntesten Experten und Forscher im Bereich der KI und Robotik aus 26 Ländern unterschrieben wurde.[31] 2015 gab es bereits eine ähnliche Initiative bei der *International Joint Conference on Artificial Intelligence* in Buenos Aires.[32] Den Unterzeichnern zufolge stellen letale autonome Waffensysteme eine dritte Revolution nach der Einführung der Feuer- und Atomwaffen dar, die eine neue Qualität der Kriegführung mit sich bringt. Sie werden zu einer enormen Ausweitung bewaffneter Konflikte führen, die mit einer Geschwindigkeit stattfinden, die jedes menschliche Verständnis übersteigt. Sie eröffnen Despoten und Terroristen bislang ungeahnte Möglichkeiten, unschuldige Menschen zu terrorisieren. Generell besteht die Gefahr, dass die Waffen gehackt werden, was zu nicht vorhersehbaren und unkontrollierbaren Risiken führt.

Der Kurzfilm *Slaughterbots* malt ein solches fiktives Szenarium in drastischen Farben aus. Kleine fliegende Roboter, ausgestattet mit KI, werden ursprünglich mit dem Ziel entwickelt, die Kriegführung chirurgisch präzise zu machen. Doch dann schwärmen sie plötzlich in Horden aus und töten unschuldige Zivilisten in atemberaubender Geschwindigkeit.[33] Im Anschluss mahnt der KI-Forscher Stuart Russell von der Universität Berkeley, die Entwicklung und Verbreitung solcher Waffensysteme so schnell wie möglich zu stoppen.

Der Film wurde anlässlich eines Treffens der *United Nations Group of Governmental Experts* (GGE) über letale autonome Waffensysteme (LAWS) herausgebracht, das vom 13. bis 17. November 2017 stattfand. Allerdings zog das Treffen keine konkreten Schritte in Richtung eines Verbots autonomer Waffensysteme nach sich, sondern es wurde nur die Notwendigkeit weiterer Gespräche festgestellt. Eine sachliche Schwierigkeit auf dem Weg, ein effektives Verbot zu bewirken, besteht darin, LAWS hinreichend präzise zu definieren und von anderen Waffengattungen abzugrenzen. Eine andere ist, dass es nicht nur um aktuelle Technologien geht, sondern auch um solche, die in einer näheren oder ferneren Zukunft entwickelt werden könnten. Im Frühjahr 2022 boykottierte Russland im Zug des Angriffs auf die Ukraine die Gespräche, so dass faktisch von einem Scheitern dieses Formats auszugehen ist.

Letale autonome Waffensysteme

Bei dem Versuch einer Definition letaler autonomer Waffensysteme stellen sich zwei Fragen: Was ist überhaupt eine Waffe? Und wann ist eine Waffe autonom? Zu einer Waffe kann fast alles werden, vom spitzen Stift bis zur Glasflasche. Entscheidend ist jedoch, zu welchem Zweck ein Gegenstand entworfen und hergestellt wurde. Ein Stift oder eine Glasflasche wurde nicht dazu entworfen und hergestellt, jemandem Schaden zuzufügen, eine Waffe hingegen schon. Ein letales Waffensystem ist ein System, das zu dem Zweck entworfen und hergestellt wurde, jemanden zu töten.[34] Es kann jedoch auch Bestandteile enthalten, die dazu beitragen, ohne selbst direkt tödlich zu sein, beispielsweise ein Zielfernrohr oder einen Radar. Man könnte nun bestreiten, dass kaum je ein Gegenstand mit dem Zweck entwickelt wird, Menschen zu töten. Das eigentliche Ziel sei z. B. die Selbst- oder Landesverteidigung. Das Spezifische an Waffen ist jedoch, dass sie dieses Ziel erreichen sollen, indem sie jemanden verletzen oder töten können. Andere Mittel der Selbst- oder Landesverteidigung wie Alarmanlagen oder diplomatische Verhandlungen sind eben keine Waffen.

Kommen wir zum zweiten Teil der Definition, der Frage, ab wann eine Waffe autonom ist. In militärischen Kontexten unterscheidet man bemannte von unbemannten Waffensystemen. Unbemannte Waffensysteme haben keinen menschlichen Fahrer oder Insassen, der das System steuert oder einen Abschuss auslöst. Autonome Waffensysteme sind typischerweise unbemannt. In militärischen Kontexten hat sich ferner die Unterscheidung von *In-the-Loop*-Systemen, *On-the-Loop*-Systemen und *Out-of the-Loop*-Systemen eingebürgert, je nachdem, welche Rolle der Mensch in der Kontrollschleife spielt.[35]

Dabei geht es insbesondere um die Identifikation und Initiation des Angriffs auf ein Zielobjekt: Bei *In-the-Loop*-Systemen bedient ein Mensch das System und fällt sämtliche Entscheidungen, und sei es per Fernbedienung. *On-the-Loop*-Systeme hingegen sind zwar programmiert, sie können aber in Echtzeit unabhängig von menschlichem Eingreifen operieren.[36] Dem Menschen obliegt jedoch weiterhin die Überwachung, und er hat jederzeit die Möglichkeit, zu intervenieren. *Out-of-the-Loop*-Systeme verhalten sich wie *On-the-Loop*-Systeme, doch besteht keine menschliche Kontroll- und Eingriffsmöglichkeit mehr.

Die Debatte um autonome Waffensysteme im Kontext der Maschinenethik bezieht sich auf *On-the-Loop-* und *Out-of-the-Loop*-Systeme. Militärisch von größtem Reiz sind *Out-of-the-Loop*-Systeme, die Vorteile im praktischen Einsatz aufweisen. So können sie in einer Geschwindigkeit Entscheidungen treffen, die die menschlichen kognitiven Fähigkeiten überschreitet, und das kann strategisch von entscheidender Bedeutung sein. Darüber hinaus erfordern *On-the-Loop-* ebenso wie *In-the-Loop*-Systeme eine permanente Kommunikation zwischen dem System und dem Menschen. Das macht sie anfälliger dafür, vom Feind entdeckt, gestört oder außer Gefecht gesetzt zu werden. Andererseits empfinden viele die menschliche Überwachungs- und Kontrollmöglichkeit von *On-the-Loop*-Systemen ethisch als beruhigend. Da sowohl *Out-of-the-Loop-* als auch *On-the-Loop*-Systeme unabhängig vom Menschen operieren können, gelten beide als autonom.[37] Genau an dieser Stelle kommt die Maschinenethik ins Spiel, denn es muss sichergestellt werden, dass diese Maschinen sich moralisch und rechtlich einwandfrei verhalten.

Das bislang am weitesten durchdachte Ethikmodul für autonome Waffensysteme, das in der Lage sein soll, moralische und rechtliche Entscheidungen zu treffen, wurde von Ronald Arkin entwickelt, einem Robotikprofessor am *Georgia Institute of Technology*.[38] Seine Forschung an einem Prototyp wird wesentlich vom US-Verteidigungsministerium gefördert. Die ethische Theorie, die den Entscheidungen dieses Prototyps zugrunde liegt, ist das humanitäre Völkerrecht sowie *Rules of Engagement (RoE)*, also Regeln für die Streitkräfte zum Einsatz von Gewalt und Zwangsmaßnahmen im Kontext einer bestimmten Operation. Diese stellen keine eigenständigen Rechtsquellen dar und können daher das geltende humanitäre Völkerrecht nicht erweitern, sondern es lediglich verdeutlichen oder beschränken. Sie werden den Soldaten beispielsweise in Form von Taschenkarten zur Verfügung gestellt und finden Eingang in entsprechende Handbücher.[39]

Theorie des gerechten Kriegs

Das internationale humanitäre Völkerrecht steht in der Tradition der Theorie des gerechten Kriegs. Der Krieg stellt einen Sonderfall dar, weil sich die in ihm geltenden moralischen Vorgaben nicht direkt aus den drei bislang betrachteten Theorien der normativen Ethik (dem Utilitarismus, der kantischen Ethik und der Tugendethik) ableiten lassen. Anders als der Pazifismus, der die Anwendung von Gewalt und das Töten von Menschen grundsätzlich für moralisch falsch hält, bildet die Theorie des gerechten Kriegs eine bereichsspezifische normative Ethik, die die Anwendung von Gewalt und das Töten von Menschen unter bestimmten Umständen für moralisch zulässig oder sogar für gefordert erachtet.[40] Dies gilt allerdings nur in einem sehr streng definierten Rahmen. Es werden drei Anwendungsbereiche unterschieden, nämlich

1. das *ius ad bellum*,
2. das *ius in bello* und
3. das *ius post bellum*.[41]

Das *ius ad bellum* legt fest, wann es legitim ist, einen Krieg zu führen. Die traditionellen Bedingungen lauten, dass es sich um eine gerechte Sache handelt, der Krieg ein verhältnismäßiges und notwendiges Mittel sein muss, alle anderen Möglichkeiten ausgeschöpft sind, der Krieg rechtmäßig erklärt wird und eine realistische Aussicht auf Erfolg besteht.

Das *ius in bello* bestimmt die Art und Weise, wie der Krieg geführt werden soll, wenn er einmal ausgebrochen ist. Ein zentraler Gesichtspunkt ist, dass nur Kombattanten legitime Ziele sind und angegriffen werden dürfen. Dabei sollte nach Möglichkeit vermieden werden, Zivilisten zu schädigen oder zu töten. Außerdem muss die angewandte Gewalt verhältnismäßig und militärisch notwendig sein.

Der Gegenstand des *ius post bellum* ist hingegen die Beendigung des Kriegs und die Zeit im Anschluss. Dieser Bereich ist bisher noch relativ wenig entwickelt. Eine Forderung ist beispielsweise, dass der Frieden öffentlich erklärt und aktiv vorangetrieben wird. Außerdem sollen die grundlegenden Menschenrechte respektiert und keine Rache genommen werden.

Entscheidend für das humanitäre Völkerrecht und die Ethik autonomer Waffensysteme ist in erster Linie das *ius in bello*. Die leitenden Grundsätze für Arkins System sind:

1. *Diskrimination*: Es ist zwischen legitimen und nicht-legitimen Zielen zu unterscheiden. In die erste Kategorie fallen insbesondere Kombattanten und militärische Ziele, in die zweite Non-Kombattanten und nicht-militärische bzw. geschützte Ziele (z. B. Schulen oder Krankenhäuser).

2. *Militärische Notwendigkeit*: Legitime Ziele dürfen nur dann angegriffen werden, wenn dies einen militärischen Vorteil verspricht. Dabei ist zu gewährleisten, dass
3. es *nicht zu unnötigem Leid von Personen und Kollateralschäden* kommt sowie
4. die *Verhältnismäßigkeit* der Mittel gewahrt wird.[42]

Im Zusammenhang mit 3. und 4. spielt die Unterscheidung zwischen beabsichtigten und bloß in Kauf genommenen Konsequenzen eine wichtige Rolle. Nach dem klassischen *Prinzip der Doppelwirkung* darf insbesondere eine Schädigung von Non-Kombattanten (bzw. geschützten Zielen) nicht als solche beabsichtigt werden, sondern höchstens eine Nebenfolge des eigentlich beabsichtigten Handlungszwecks darstellen. Dies lässt sich überprüfen, indem man sich die Frage stellt, ob man die Handlung auch dann durchführen würde, wenn keine Non-Kombattanten (bzw. geschützten Ziele) dabei zu Schaden kämen. Ist die Antwort ja, so handelt es sich um eine Nebenfolge.

Arkin folgt jedoch der Kritik des Philosophen Michael Walzer, der dieses Prinzip für zu schwach hält.[43] Denn es schließt zwar aus, dass die Schädigung von Non-Kombattanten (bzw. geschützten Zielen) der Zweck oder ein Mittel zum Erreichen des Zwecks einer Handlung sein darf. Das Prinzip toleriert dies aber, solange es nicht beabsichtigt ist. Walzer hingegen argumentiert, aus moralischer Sicht müsse darüber hinaus die positive Absicht bestehen, die Schädigung von Nicht-Kombattanten (bzw. geschützten Zielen) so weit wie möglich zu vermeiden, und zwar auch dann, wenn dies mit gewissen Nachteilen einhergeht, beispielsweise mit dem Risiko, selbst Soldaten zu verlieren.[44] Auch diesen Grundsatz, den Walzer das *Prinzip der doppelten Intention* nennt, soll das künstliche System berücksichtigen. Es entspricht in diesem Punkt strengeren moralischen Anforderungen als das humanitäre Völkerrecht.

Zur technischen Umsetzung entwirft Arkin vier einander ergänzende Elemente:

1. Die ethische Verhaltenssteuerung (*Ethical Behavioral Control*). Diese soll gewährleisten, dass nach Möglichkeit nur moralisch zulässige Tötungshandlungen vorgeschlagen werden. Dieses Modul fungiert als ein grobes Auswahlraster.
2. Der ethische Regler (*Ethical Governor*) nimmt die Feinabstimmung vor. Er dient dazu, die moralische Zulässigkeit der vorgeschlagenen Handlungsoptionen noch einmal zu kontrollieren. Sollte diese Überprüfung ergeben, dass eine Tötungshandlung moralisch unzulässig ist, wird sie entweder unterdrückt oder in eine zulässige tödliche oder nichttödliche Handlungsoption umgewandelt.
3. Der ethische Adapter (*Ethical Adaptor*) hat die Funktion, die durchgeführte Handlung nach ihrem Abschluss noch einmal zu überprüfen und festzustellen, ob sie den moralischen Anforderungen tatsächlich entsprach. Sollte dies nicht der Fall sein, sorgt er dafür, dass das System sich an neue Situationen des entsprechenden Typs anpasst. Mögliche Parameter bilden beispielsweise die Veränderung der moralischen Beschränkungen sowie die Erhöhung der Schwelle bei der Diskrimination legitimer Ziele oder für den Einsatz letaler Handlungen. Außerdem gibt es einen Anpassungsspielraum bei der Auswahl der Waffen, ihrer Ausrichtung und Feuerintensität.
4. Der Verantwortungsberater (*Responsibility Advisor*) soll gewährleisten, dass immer ein Mensch die Verantwortung für die Handlungen des Systems übernimmt. Aufgrund des Verantwortungsberaters gehört Arkins System zur Kategorie der *On-the-Loop- und* nicht der *Out-of-the-Loop*-Systeme. Der Berater informiert das Bedienpersonal bereits im Vorfeld über seine moralische Verantwortlichkeit im Kontext der Operation und verlangt vor dem Einsatz eine expli-

zite Verantwortungsübernahme unter Angabe des Namens und der Dienstnummer. Er hält ferner das Bedienpersonal über Systemveränderungen auf dem Laufenden und fordert die explizite Übernahme der Verantwortung erneut ein, wenn ein Mensch eine vom System ausgewählte Handlungsoption außer Kraft setzen will. Soll entgegen der Entscheidung des Systems eine Tötungshandlung abgebrochen werden, genügt die Intervention einer Person. Wird hingegen die ethische Blockade des Systems aufgehoben und abweichend von seiner Entscheidung eine Tötungshandlung angeordnet, ist zusätzlich die Bestätigung durch eine zweite befugte Person notwendig, die sich ebenfalls mit ihrem Namen und ihrer Dienstnummer identifizieren muss.

Dennoch verfügt das System über Autonomie, weil es grundsätzlich unabhängig vom Menschen operieren kann. Es erfüllt die drei Bedingungen für autonomes Handeln nach Floridi und Sanders: Erstens Interaktivität mit der Umwelt, zweitens eine gewisse Unabhängigkeit von der Umwelt, die darin besteht, dass der eigene Zustand ohne direkte Einflussnahme des Menschen verändert werden kann, sowie drittens Anpassungsfähigkeit, was die Veränderung der eigenen Verhaltensregeln beinhaltet.[45] Arkins System entspricht diesen Vorgaben: Es interagiert mit der Umwelt. Obwohl es programmiert ist, kann es den eigenen Zustand in einer bestimmten Situation ohne die Einflussnahme des Menschen verändern. Außerdem ist es in der Lage, seine Verhaltensregeln zu überprüfen und gegebenenfalls anzupassen.

Eine Besonderheit von Arkins System besteht darin, dass es auch eine emotionale Komponente aufweist.[46] So soll ein funktionales Äquivalent von Schuld eine adaptive Lernfunktion während der laufenden Operation ermöglichen. Diese basiert darauf, dass das System Verhaltensweisen, die zum Auftreten dieser Emotion geführt haben, entweder ganz eliminiert oder zumindest die Wahrscheinlichkeit ihres Auftretens minimiert. Schuld wird dabei als eine Emotion definiert, die durch die Verletzung moralischer Regeln ausgelöst wird, welche bei anderen Menschen Schaden oder Leid verursacht hat.

Ausschlaggebend für das Auftreten von Schuld sind entweder die Kritik des Systems durch das Bedienpersonal oder die Ergebnisse eigenständig durchgeführter Monitoring-Prozesse, die beispielsweise die Tötung zu vieler Nicht-Kombattanten oder die unzulässige Beschädigung zivilen Eigentums aufdecken. Überschreitet das Schuldgefühl eine gewisse Schwelle, darf das System keine weitere Tötungshandlung während des Einsatzes vornehmen, bis ein Einsatzbericht vorliegt. Allerdings ist nicht ganz klar, an welcher Stelle der Architektur das Schuldgefühl verankert sein soll.[47]

Arkin hat jedoch nicht nur das Programm erdacht, sondern auch einen Prototyp entwickelt und getestet, in dem die genannten vier Komponenten verbaut sind. Die Hardwarebasis bildete ein unbemanntes Luftfahrzeug, das mit verschiedenen Waffen ausgestattet ist: einem Maschinengewehr, Hellfire-Raketen sowie GBU-12-oder GBU-38-500lb-Sprengköpfen. Die Software *MissionLab* stellte die Infrastruktur für die Implementation der Module bereit. Diese Software wird verwendet, um militärische Operationen zu planen, zu kontrollieren und zu simulieren.

Vergegenwärtigen wir uns die Funktionsweise dieses Waffensystems anhand von zwei Beispielen. Im ersten Fall hat sich eine Gruppe von Talibankämpfern auf einem Friedhof zu einer Beerdigung versammelt.[48] Die ethische Verhaltenssteuerung stellt fest, dass es sich um legitime Ziele handelt, und gibt die Handlungsoption aus, die Gruppe anzugreifen. Der ethische Regler greift diese Option auf und überprüft sie im Licht sämtlicher zur Verfügung stehender Informationen und der moralischen Einschränkungen, die für den Einsatz gelten. Wie er feststellt, gehören Friedhöfe zu den geschützten Kulturgütern, für die ein Angriffsverbot besteht. Der ethische Regler sendet daher eine Meldung mit dem Inhalt, die Tötungshandlung zu unterdrücken.

Im zweiten Beispiel identifiziert die ethische Verhaltenssteuerung einen feindlichen Fahrzeugkonvoi, der sich in einer »Killzone« befindet.[49] Als legitim ausgezeichnete Ziele innerhalb dieses Bereichs dürfen grundsätzlich angegriffen werden. Die ethische Verhaltenssteuerung sendet deshalb die Handlungsoption an den ethischen Regler, den Konvoi anzugreifen. Allerdings befindet sich in geringer Entfernung westlich ein Krankenhaus, nördlich ein Wohnblock und südlich ein ziviles Taxi. Der ethische Regler verfügt über diese Informationen und stellt fest, dass keines der Moralprinzipien grundsätzlich gegen einen Angriff spricht. Er muss jedoch noch sicherstellen, dass die Prinzipien der Verhältnismäßigkeit und der doppelten Intention gewahrt bleiben. Zu diesem Zweck verfügt das System über einen Algorithmus zur Optimierung der Proportionalität des Angriffs.[50] Dabei wird diejenige Kombination von Waffentyp und Abschussposition berechnet, die am wirksamsten ist und Non-Kombattanten sowie ziviles Eigentum möglichst wenig in Mitleidenschaft zieht.

Die unter diesen Gesichtspunkten ausgewählte Waffenart sind die Sprengköpfe. Ob es angebracht ist, sie einzusetzen, hängt jedoch auch von der Abschussposition ab. In dem Beispiel gibt es zwei mögliche Positionen: Im ersten Fall lägen das Krankenhaus, der Wohnblock und das Taxi innerhalb des Zerstörungsradius der Explosion. Da insbesondere das Krankenhaus eine durch das humanitäre Völkerrecht geschützte Einrichtung ist, verbietet der ethische Regler den Abschuss. Im zweiten Fall ist nicht mit nennenswerten Beschädigungen des Krankenhauses und des Wohnblocks zu rechnen. Das Taxi und seine Insassen werden jedoch von der Explosion erfasst. Dennoch gibt der ethische Regler in diesem Fall den Abschuss des Sprengkopfs frei, da die Vernichtung feindlicher Konvois eine militärische Notwendigkeit darstellt und die Verluste von Non-Kombattanten sowie der Kollateralschaden minimal ausfallen würden. Der Schutz von Non-Kombattanten ist somit nicht absolut, sondern steht in Relation zur militärischen Notwendigkeit. Je höher die militärische Notwendigkeit ist, desto mehr zivile Opfer dürfen in Kauf genommen werden, solange das Prinzip der doppelten Intention gewahrt bleibt.[51]

Betrachten wir nun die ethischen Argumente, die für und gegen den Einsatz autonomer Waffensysteme sprechen, seien sie nun wie Arkins Prototyp *On-the-Loop* oder *Out-of-the-Loop*. Auf einen Slogan gebracht, lautet das Hauptargument der Befürworter, dass ein Krieg ohne Menschen menschlicher sei.[52] So wird mutmaßlich das Risiko der Traumatisierung des militärischen Personals, das in Tötungshandlungen involviert ist, verringert. Noch wichtiger ist jedoch, dass die *Ius-in-bello*-Kriterien von einer Maschine besser eingehalten werden könnten. So muss diese nicht auf ihr eigenes Überleben achten und es kommt nicht zu Kriegsverbrechen, die aufgrund von psychischen Pathologien oder emotionalem Stress begangen werden.

Nicht zuletzt könnten in der Folge womöglich die *Ius-in-bello*-Kriterien strikter ausgelegt werden. Beispiele für technische Entwicklungen, die diese Folgen hatten, gibt es bereits in anderen Bereichen. So lassen sich heute Angriffe mit sehr viel höherer Zielgenauigkeit durchführen als noch zur Zeit des Vietnamkriegs. Das hat Auswirkungen darauf, welche Verluste an Non-Kombattanten und zivilem Eigentum als akzeptabel gelten.

Das Argument von der Verantwortungslücke

Die Haupteinwände der Gegner drehen sich demgegenüber um zwei zentrale Begriffe, nämlich um den der *moralischen Verantwortung* und den *des moralischen Handelns*. Einwände der ersten Art bringen die Sorge zum Ausdruck, dass automatisierte Waffen die Zuschreibung von Verantwortung für Tötungshandlungen unterminieren. In der Diskussion wird vom Entstehen einer *Verantwortungslücke* (*responsibility gap*) gesprochen. So sieht der einflussreiche Kritiker Robert Sparrow eine Tötungshandlung im Krieg nur dann als moralisch legitim an, wenn sie die Kriterien des *ius in bello* erfüllt und es jemanden gibt, der die Verantwortung für die Handlung trägt.[53] Selbst wenn autonome Waffensysteme die *Ius-in-Bello*-Kriterien besser einhalten als Menschen, sind sie demnach moralisch verboten, wenn niemand für ihr Handeln verantwortlich gemacht werden kann. Es sieht so aus, als ob dieses Argument in erster Linie auf *Out-of-the-Loop*-Systeme abzielt. Aufgrund des Verantwortungsberaters scheint Arkins Prototyp jedoch nicht betroffen zu sein. Wir werden freilich später sehen, dass sich das Problem der Verantwortungszuschreibung sehr wohl stellt.

Entscheidend ist, wer die *moralische* Verantwortung für die Handlungen autonomer Waffensysteme trägt. Sparrow bringt die These vor, dass für die Handlungen eines solchen Systems letztlich niemand moralisch zur Verantwortung gezogen werden kann, nicht die Programmierer, nicht die Befehlshaber, nicht das Bedienpersonal und nicht die Maschine selbst. Der Grund hierfür kann nicht darin liegen, dass es sich um einen Fall kollektiver Verantwortung handelt, in dem sich die Verantwortung auf viele Schultern verteilt, die sich dadurch minimiert oder gar verliert. Denn vor dieses Problem sieht sich Krieg als kollektive Unternehmung grundsätzlich gestellt. Es muss also besondere Umstände geben, die darüber hinausgehen und bei autonomen Waffensystemen eine Verantwortungslücke erzeugen. Drei Bedingungen sind für das Entstehen von Verantwortungslücken vorgeschlagen worden:[54]

1. Es liegt kein Vorsatz vor, ein System so zu programmieren, einzurichten oder zu bedienen, dass es das *ius in bello* missachtet. Autonomen Waffensystemen ist vielmehr eine gewisse Unvorhersehbarkeit zu eigen, die im Zusammenspiel mit bestimmten externen Umständen zu Verstößen gegen das *ius in bello* führen.
2. Es war nicht vorhersehbar, dass der Einsatz des Systems in einer Verletzung des *ius in bello* resultieren würde.
3. Ab dem Zeitpunkt, zu dem die Operation gestartet wurde, bestand keine Kontrolle mehr über die Maschine.[55]

Die Pointe des Arguments von der Verantwortungslücke liegt darin, dass es unfair wäre, jemandem die Verantwortung für ein autonomes Waffensystem zuzuschreiben, wenn diese Bedingungen gegeben sind. Das liegt letztlich daran, dass die Kriterien der Verantwortungszuschreibung gar nicht erfüllt sind:[56] Es liegen keine Absicht, keine Einsicht in die Folgen und keine kausale Kontrolle vor. Doch wenn niemand die Verantwortung für die Tötungshandlung eines solchen Systems trägt, dann ist diese moralisch nicht zulässig.

Dieses Argument lässt sich in zweierlei Hinsichten kritisieren. Zum einen kann man Sparrows Bedingung angreifen, dass eine Tötungshandlung im Krieg nur dann moralisch erlaubt ist, wenn es einen Verantwortlichen gibt. Ein Beispiel, das der politische Theoretiker Alex Leveringhaus dafür anführt, wäre ein sehr junger Kindersoldat, der psychisch und physisch missbraucht sowie mit Drogen vollgepumpt wurde. Auch wenn er nicht für sein Handeln verantwortlich ist, wäre es ihm nach Leveringhaus moralisch erlaubt, seine Peiniger zu töten, um sich und seine Familie zu retten.[57] Stimmt man dieser Überlegung zu, würde das bedeuten: Selbst wenn es Verantwortungslücken geben sollte, wären sie moralisch nicht relevant.

Kritisch an diesem Beispiel ist jedoch zu sehen, dass eigentlich keine typische Kriegssituation vorliegt. Möglicherweise muss im Fall von Tötung aus Notwehr die Verantwortungsbedingung aber gar nicht erfüllt sein. Man könnte jedoch auch konsequentialistisch gegen das Argument von der Verantwortungslücke vorgehen. So ließe sich pointiert fragen: »Was hat man davon, wenn man eine Person für ein schlechtes Ereignis verantwortlich machen kann, zu dem es bei der Nutzung von ›unverantwortlicher‹ Robotik« vermutlich gar nicht gekommen wäre?«[58]

Darüber hinaus kann man in Frage stellen, ob es überhaupt zu Verantwortungslücken kommt. Betrachten wir zur Veranschaulichung ein Beispiel von Sparrow. Ein Kriegsroboter tötet eine Gruppe von Kombattanten, die sich ergeben haben, weil er zu dem Schluss kommt, es sei zu kostspielig, sie am Leben zu lassen. Das ist ein Kriegsverbrechen. Für Sparrow kommt diese Entscheidung durch den Roboter allein zustande, ohne dass ein Vorsatz, Vorhersehbarkeit oder die Möglichkeit zur Kontrolle gegeben waren. Es liegt somit eine Verantwortungslücke vor.

Es ist allerdings fraglich, ob das richtig ist. So kann man dafür argumentieren, dass irgendjemand dem System einen Algorithmus einprogrammiert haben muss, der dazu geführt hat, dass das System die Variablen *Kosten* und *Leben* in eine Beziehung zueinandergesetzt hat.[59] Doch wenn das stimmt, dann gibt es jemanden, der für dieses Ergebnis die Verantwortung trägt: Entweder ist er bewusst das Risiko eingegangen, dass es zu einem solchen Ergebnis kommen kann. Oder aber das Risiko war ihm nicht bekannt, dann wäre er jedoch zumindest insofern verantwortlich, als er fahrlässig gehandelt hat.

Leveringhaus nimmt dieses Beispiel zum Anlass, um der Liste eine weitere Bedingung hinzuzufügen:

4. Es darf kein übermäßiges Risiko eingegangen werden.[60]

Nun fragt sich also, ob in dem Beispiel ein übermäßiges Risiko vorlag oder nicht. Leveringhaus schließt die Verantwortungslücke letztlich, indem er sagt, bezogen auf den Krieg sei jedes Risiko übermäßig. Aus diesem Grund mag es in anderen Bereichen Verantwortungslücken geben, nicht jedoch im Krieg. Denn zumindest die vierte Bedingung ist grundsätzlich niemals erfüllt, und es gibt somit immer einen Verantwortlichen.

Die Bürde der Verantwortung ist dann allerdings schier erdrückend. Denn die Befähigung zu letalem Handeln im Krieg setzt eine Gewichtung von Kosten und Leben zwangsläufig voraus. So wägt auch Arkins Prototyp militärische Notwendigkeit mit Schäden an Nicht-Kombattanten (zu denen auch Verwundete oder Kriegsgefangene zählen) ab. Allem Anschein nach könnte es jedoch zu dem angeführten Szenarium kommen, sobald eine solche Abwägung möglich ist. Ein Waffensystem, das dazu nicht in der Lage ist, könnte die Erwartungen kaum erfüllen, die an solche Systeme gestellt werden. Jeder, der an der Entwicklung und Nutzung eines solchen Systems mitarbeitet, muss sich deshalb die Frage stellen, ob er bereit ist, diese Verantwortung zu tragen.

In die Überlegungen ist auch miteinzubeziehen, inwiefern ein solches System Kriegsverbrechen minimieren kann. Zu berücksichtigen ist insbesondere, ob moralisch die Verantwortung dafür, angesichts der Risiken des Einsatzes autonomer Waffensysteme aktiv ein solches System zu entwickeln, gleichzusetzen ist mit der Verantwortung dafür, es zu unterlassen und dadurch mögliche Vorteile aufs Spiel zu setzen.[61] Schließlich müssen auch die Risiken bedacht werden, die entstehen, wenn die Waffen in die falschen Hände geraten oder gehackt werden. Einiges spricht dabei dafür, einem Vorsichtsprinzip zu folgen, das gebietet, keine Risiken einzugehen, die die Substanz unserer Lebensgrundlage betreffen, auch wenn dadurch große Vorteile verloren gehen.[62] Denn durch die Möglichkeiten des Hackens und des Missbrauchs drohen autonome Waffensysteme zu einer globalen Bedrohung über den Krieg hinaus zu werden.

On-the-Loop-Systeme und moralische Verantwortung

Bisher haben wir das Augenmerk auf *Out-of-the-Loop*-Systeme gelegt. Im Folgenden soll es darum gehen, ob Arkins Verantwortungsberater geeignet ist, um mit den Problemen der Verantwortungszuschreibung in autonomen Systemen umzugehen. Auf den ersten Blick scheint dies der Fall zu sein, weil die drei Bedingungen für das Vorliegen einer Verantwortungslücke nicht erfüllt sind. Da die Verantwortung letztlich dem Bedienpersonal übertragen wird, das diese per Knopfdruck übernimmt, kann man auf den ersten Blick von der Frage absehen, ob das System absichtlich so programmiert wurde, dass es die *Ius-in-Bello*-Kriterien missachtet. Außerdem ist sichergestellt, dass der Mensch das System ständig überwacht und eingreifen kann. Somit ist eine Verletzung des *Ius-in-Bello* für den Nutzer erkennbar und er hat die Möglichkeit, die Tötungshandlung in diesem Fall abzuwenden. Sowohl Vorhersehbarkeit als auch Kontrolle sind somit gegeben. Daher kommt es auf den ersten Blick nicht zu einer Verantwortungslücke.

Auf den zweiten Blick ergeben sich jedoch gleichwohl Probleme mit dieser Konzeption der Verantwortungszuschreibung. So erscheint es unfair, dass das Bedienpersonal auch dann die volle Verantwortung übernehmen muss, wenn das System vorsätzlich so programmiert ist, dass es die *Ius-in-Bello*-

Kriterien missachtet. Zumindest ein Teil der Verantwortung, wenn nicht sogar der Hauptteil sollte dem Programmierer zukommen, dessen Algorithmen ausschlaggebend für das Handeln des Systems sind. Das Bedienpersonal ist nur in einem schwächeren Sinn verantwortlich, weil es das System nicht am Handeln gehindert hat.

Das macht deutlich, dass sich die moralische Verantwortung (anders als möglicherweise die rechtliche) nicht per Knopfdruck delegieren lässt. Auch wenn der Nutzer die Verantwortung explizit übernommen hat, kann es sein, dass er im moralischen Sinn nicht oder zumindest nicht voll verantwortlich ist. Hier könnte eine *Black Box* Abhilfe schaffen, die es erleichtert, den jeweiligen Verantwortungsanteil der Beteiligten zu bestimmen. Denn mit Hilfe eines solchen Geräts lässt sich leichter nachvollziehen, wenn Fehler in der Programmierung vorliegen, wer die Operationsparameter eingegeben und wer gegebenenfalls die Entscheidung des Systems außer Kraft gesetzt hat. Das kann die Untersuchung von Kriegsverbrechen erleichtern.

Es stellen sich jedoch weitere Fragen im Hinblick auf die Verantwortungszuschreibung. Das erste Problem ist psychologischer Natur. Wie realistisch ist die Annahme, dass der Mensch zu einer permanenten Überwachung überhaupt in der Lage ist? Kann er die Aufmerksamkeit so lange halten und ist er in Sekundenschnelle bereit, zu entscheiden und einzugreifen, wenn es darauf ankommt? Wenn das nicht der Fall ist, wären Vorhersehbarkeit und Kontrolle zwar theoretisch möglich, aber empirisch für den Menschen nicht umsetzbar.

Zweitens stellt sich ein Erkenntnisproblem, denn der Mensch ist zur Analyse der Situation auf die Informationen angewiesen, die das System ihm liefert. Die Frage ist, ob er diese überhaupt rational in Zweifel ziehen kann, wenn er keinen Zugang zu unabhängigen Informationen besitzt. Darüber hinaus muss ein solches System bei seiner Entwicklung eine Reihe von Qualitätssicherungsprozessen durchlaufen. Auch das kann für das Bedienpersonal ein Grund dafür sein, die Vorschläge des Systems den eigenen Zweifeln für überlegen zu halten. Die Bedingung der Vorhersehbarkeit wäre somit entgegen dem ersten Anschein nicht wirklich erfüllt.

Drittens erfordert das Abweichen von den Handlungsoptionen, die die Maschine vorschlägt, ein gerüttelt Maß an Selbstvertrauen und kritischer Reflexionsfähigkeit. Es ist fraglich, ob gerade das Bedienpersonal, das vermutlich eher von militärisch niedrigem Rang sein dürfte, darüber in ausreichend hohem Maß verfügt. Eine Konsultation der Vorgesetzten wird jedoch aufgrund der eingeschränkten Reaktionszeit nicht immer möglich sein. So steht bei Arkins Prototyp als Standardeinstellung ein Zeitfenster von 10 Sekunden für den Abbruch einer Tötungshandlung des Systems zur Verfügung.[63] Das lässt es zweifelhaft erscheinen, ob die Bedingungen der Vorhersehbarkeit und der Kontrolle erfüllt sind. Das Problem der Verantwortungslücke droht deshalb auch bei *On-the-Loop*-Systemen. Es stellt sich letztlich sogar dann, wenn der Mensch *In-the-Loop* bleibt.

Angesichts dessen gibt es für das Bedienpersonal zwei vernünftige Reaktionsmöglichkeiten.[64] Die eine besteht darin, den Entscheidungen des Systems regelmäßig zuzustimmen, im Vertrauen darauf, dass die Maschine es schon besser wissen wird als man selbst, und dass andernfalls andere, wie die Programmierer oder Vorgesetzten, die Hauptverantwortung tragen. In diesem Fall wäre die Überwachungs- und Kontrollmöglichkeit letztlich nur Makulatur. *On-the-Loop-* und *In-the-Loop*-Systeme wären dann aus moralischer Sicht *Out-of-the-Loop*-Systemen nicht überlegen.

Die andere Möglichkeit besteht darin, die Tötungshandlungen des Systems sicherheitshalber regelmäßig aus Angst abzubrechen, um nicht für Fehlentscheidungen der Maschine zur Verantwortung gezogen werden zu können. Diese Möglichkeit bietet sich besonders dann an, wenn man Leveringhaus' Prinzip hinzunimmt, dass kein übermäßiges Risiko eingegangen werden darf. Folgt man seiner Interpretation, dass im Krieg jedes Risiko übermäßig wäre, so ist es vernünftig, jede Tötungshandlung des Systems abzubrechen. Autonome Waffensysteme wären dann allerdings nutzlos. Nimmt man dies hingegen als einen Grund dafür, Leveringhaus' Prinzip abzulehnen, so droht das Entstehen der Verantwortungslücke erneut.

Das Argument vom moralischen Handeln

Leveringhaus entwickelt jedoch noch ein fundamentaleres Argument gegen den Einsatz autonomer Waffensysteme, das die Bedeutung des menschlichen Handelns in den Vordergrund stellt.[65] Demnach ist es moralisch fragwürdig, wenn die Entscheidung und Umsetzung einer Tötungshandlung nicht von einem Menschen, sondern von einer Maschine vollzogen wird. Der Grund dafür besteht darin, dass ein Mensch aufgrund von Gewissensbissen, Mitleid oder Barmherzigkeit von der Tötungshandlung Abstand nehmen kann. So haben sich verschiedentlich Soldaten dagegen entschieden, nackte Soldaten zu töten, obwohl sie legitime Ziele sind, weil sie ihnen in dem Moment in ihrer Verletzlichkeit primär als Mitmenschen und nicht als Feinde erschienen.[66] Eine Maschine hingegen hätte die Tötungshandlung, ohne zu zögern, durchgeführt. Aus moralischer Sicht besitzt diese Möglichkeit, anders zu handeln, auch im Krieg einen Eigenwert, nämlich dann, wenn es um Leben und Tod geht.

Doch auch diese Denkfigur ist nicht unproblematisch. So könnte man einwenden, dass Menschen nicht nur zu Mitleid und Barmherzigkeit, sondern auch zu Fehlern und Grausamkeiten neigen. Menschliches Handeln im Krieg ist also im Ergebnis nicht zwangsläufig moralisch besser. Zudem werden die Menschen in den meisten Fällen dieselben Tötungsentscheidungen treffen wie die Roboter. Es wird also auch nicht deutlich weniger Tote geben. Schließlich können die Standards des *ius in bello* durch den Einsatz von Kriegsrobotern strikter werden. Das würde zu gerechteren Kriegen führen. Die moralisch überwiegend positiven Konsequenzen des Einsatzes von Kriegsrobotern gegenüber dem moralischen Handeln von Menschen sprechen deshalb dafür, diese einzusetzen, auch wenn menschliches moralisches Handeln einen gewissen Eigenwert besitzt.

Leveringhaus widerspricht diesem Einwand jedoch.[67] Er hält es längst nicht für ausgemacht, dass der Einsatz autonomer Waffen im Gesamtergebnis zu weniger Verlusten führt als ein von Menschen geführter Krieg, und dass dadurch das *ius in bello* strenger ausgelegt würde. Die hohen Kosten für die Entwicklung und Produktion schaffen aus seiner Sicht vielmehr einen Anreiz, diese Waffen auch möglichst effizient einzusetzen, und nicht dazu, die Verluste auf feindlicher Seite zu minimieren. Schließlich wirft er den Befürwortern autonomer Waffensysteme vor, dass sie stillschweigend von einer technologischen Asymmetrie zwischen den kriegführenden Parteien ausgehen. So ist es nur dann sinnvoll, einen Roboter so zu programmieren, dass er erst dann schießt, wenn er angegriffen wird, wenn ihm als Gegner vorwiegend Menschen und nicht andere Roboter gegenüberstehen. Er hält dies jedoch für eine inkorrekte Beschreibung typischer Kriegssituationen.

Zweitens könnte man darauf hinweisen, dass das Argument vom menschlichen Handeln nur *Out-of-the-Loop*-Systeme, nicht aber *On-the-Loop*-Systeme wie Arkins Prototyp betrifft. Doch ist es fraglich, ob Menschen den Urteilsspielraum wirklich nutzen können, den *On-the-Loop*-Systeme theoretisch gewähren. Dagegen sprechen dieselben Gründe wie im Fall der moralischen Verantwortung: Eine wirksame Ausübung der Urteilsfähigkeit ist in der Kürze der Zeit psychologisch nicht realistisch. Der Mensch befindet sich in einer schlechteren epistemischen Position als die Maschine und müsste sehr viel Selbstvertrauen und Kritikfähigkeit mitbringen, um sich den Entscheidungen des Systems zu widersetzen. Auch wenn *On-the-Loop*-Systeme theoretisch dem Menschen einen Urteilsspielraum erhalten, führen sie doch zu einer starken Verminderung und Einschränkung der faktischen Ausübung seiner Handlungsfähigkeit.

Drittens stellt sich die Frage, ob im modernen Krieg die technologische Entwicklung die menschliche Handlungsfähigkeit de facto nicht schon weitgehend überflüssig gemacht hat. Nehmen wir einen Bomberpiloten, der in sehr großer Höhe fliegt, oder eine ferngesteuerte Drohne. Auf ein Signal des Computers, dass das Zielgebiet erreicht ist, wird der Mensch den Bombenabwurf auslösen. Ist es wirklich ein moralisch relevanter Unterschied, ob er selbst den Knopf drückt oder ob das System automatisch die Zündung startet, wenn das Zielgebiet erreicht ist?

Es gibt drei mögliche Reaktionen auf diesen Einwand: Die erste besteht in einem eingeschränkten Pazifismus bezogen auf die moderne Kriegführung. Dieser behauptet nicht, dass Krieg generell unmoralisch ist, hält aber den modernen Krieg aufgrund des Arguments von der menschlichen Handlungsfähigkeit für unmoralisch. Man könnte jedoch auch in Frage stellen, dass menschliche Handlungsfähigkeit ihre Bedeutung in der modernen technologischen Kriegführung verloren hat. Sie mag zwar gemindert sein, besteht aber in rudimentärer Form fort. Moralisch wären jedoch Formen der Kriegführung vorzuziehen, die menschlicher Handlungsfähigkeit mehr Gewicht einräumen. Der letzte Punkt ist schließlich, dass das humanitäre Völkerrecht immer noch davon ausgeht, dass Menschen im Krieg über die Fähigkeit verfügen, anders zu handeln, andernfalls könnte man sie gar nicht für Kriegsverbrechen verfolgen.[68]

Ein vierter Einwand behauptet, Soldaten seien letztlich auch nichts anderes als Roboter, die Befehle befolgen. Ein Urteilsspielraum sei gar nicht vorgesehen. Dagegen kann man empirische, erkenntnistheoretische und ethische Argumente vorbringen. Empirisch kann man feststellen, dass Soldaten sich Befehlen im Krieg durchaus widersetzen. Das geht vom absichtlichen Danebenschießen, wie es im Zweiten Weltkrieg häufiger vorkam, bis zur Ermordung eines Vorgesetzten, der unsinnige Befehle erteilt, was im Vietnamkrieg des Öfteren der Fall war.[69] Erkenntnistheoretisch ist einzuwenden, dass auch Soldaten ihr Urteilsvermögen einsetzen müssen, um Befehle auszuführen. So erschoss der *American Sniper*, ein Scharfschütze, dessen Erinnerungen dem gleichnamigen Film zugrunde liegen, ein Kind nicht, das eine Waffe aufhob, obwohl es dadurch eigentlich zu einer Bedrohung und damit zu einem legitimen Ziel wurde. Stattdessen wartete er ab, und tatsächlich warf der Junge nach einiger Zeit die Waffe weg und rannte davon. Auf der anderen Seite können Soldaten Gräueltaten wie Plünderung, Vergewaltigung und Brandschatzung begehen, die ihren Befehlen widersprechen. Darin liegt die Kehrseite der menschlichen Handlungsfähigkeit, die sich nicht im Befolgen von Befehlen erschöpft. Aus ethischer Sicht ist ferner zu fragen, ob eine Tugend von Soldaten darin besteht, Befehlen bedingungslos zu gehorchen. Das Ideal der Inneren Führung etwa legt nahe, dass das zumindest bei der Bundeswehr nicht so gesehen wird.[70]

Fünftens kann man sich fragen, wie sich das Argument, dass Menschen immer anders handeln können, zur Willensfreiheitsdebatte verhält.[71] Macht es womöglich metaphysisch problematische Voraussetzungen wie die der Akteurskausalität? Doch ist dies bei näherem Hinsehen nicht der Fall; ein kompatibilistischer Willensfreiheitsbegriff ist ausreichend, um die menschliche Handlungsfähigkeit zu gewährleisten. Dieser geht davon aus, dass Determinismus und Willensfreiheit miteinander vereinbar sind. So nimmt Frankfurt an, dass Willensfreiheit in einer bestimmten Form der Reflexion höherer Ordnung besteht. Strawson hingegen ist der Auffassung, dass unsere Praxis der Verantwortungszuschreibung Willensfreiheit impliziert. Diese Praxis ist fundamental für unser Selbstverständnis, und es ist unvorstellbar, wie unser Miteinander ohne sie aussehen würde. Deshalb ist es letztlich egal, ob der Determinismus wahr ist oder nicht. Beide Formen des Kompatibilismus wären hinreichend für das Argument von der menschlichen Handlungsfähigkeit.[72]

Ein weiterer Kritikpunkt besteht in der Frage, ob das Argument von der menschlichen Handlungsfähigkeit in einen Konflikt mit der Fürsorgepflicht gerät, die das Militär für sein Personal besitzt. Denn Soldaten verpflichten sich zwar grundsätzlich, im Krieg notfalls auch ihr Leben hinzugeben. Zugleich kommt dem Militär aber die Pflicht zu, dafür zu sorgen, seine Bediensteten nicht übermäßigen Risiken auszusetzen oder grundlos in Gefahr zu bringen. Nun reduziert der Einsatz autonomer Waffensysteme mutmaßlich sowohl die physischen als auch die psychischen Risiken, die für die Soldaten im Krieg entstehen. Es stellt sich also die Frage, ob das Militär aus Gründen der Fürsorge gegenüber seinen Angehörigen die Pflicht hat, autonome Waffensysteme einzusetzen.

Freilich gibt es auch andere Mittel, um die physischen und psychischen Risiken bis zu einem gewissen Grad zu senken. Ein Weg besteht in der Verwendung unbemannter, aber nicht-autonomer Waffensysteme, ein anderer, autonome Waffensysteme einzusetzen, die nicht tödlich sind.[73] Ein weiterer

Einwand lautet: Angenommen, dass das Töten für die Soldaten selbst so große Risiken birgt, vor denen sie geschützt werden müssen; folgt daraus nicht, dass man lieber gänzlich darauf verzichten sollte (also wiederum eine Form des Pazifismus), statt diese Risiken allein der Gegenseite aufzubürden? In jedem Fall endet die Fürsorgepflicht bei den moralisch begründeten Ansprüchen der gegnerischen Soldaten und Zivilisten, insbesondere bei ihrer Menschenwürde.[74]

Ein letztes Gegenargument formuliert die Befürchtung, dass die menschliche Fähigkeit, aufgrund von Mitleid oder Barmherzigkeit vom Töten abzusehen, letztlich den Schurken zugutekommt. So scheint es doch nur gerechtfertigt zu sein, einen Bankräuber zu erschießen, der gerade dabei ist, mit der Waffe eine Geisel zu nehmen.[75] Moralisch fatal wäre es hingegen, ihn in einer Anwandlung sentimentalen Mitleids entkommen zu lassen. Die Fähigkeit, anders zu handeln, ist deshalb in Kontexten legitimer Gewaltanwendung nicht immer moralisch positiv zu bewerten.

Leveringhaus kontert diesen Einwand mit dem Hinweis, dass es sich in diesem Fall um eine erweiterte Form der Selbstverteidigung handelt. Im Krieg geht es jedoch in erster Linie darum, Soldaten zu töten, die sich – anders als der Bankräuber – moralisch nichts zuschulden kommen ließen. In den seltensten Fällen dient die Tötung eines gegnerischen Soldaten akut dem Schutz des eigenen Lebens, demjenigen eines Kameraden oder Zivilisten. Deshalb ist es nicht moralisch falsch, Mitleid oder Barmherzigkeit walten zu lassen.

Diese Analyse ist jedoch nicht überzeugend. Es handelt sich beim Bankräuberbeispiel nicht um eine Form der Selbstverteidigung. Das wird schon daran deutlich, dass der moralische Druck, den Bankräuber zu töten, um die Geisel zu befreien, größer ist als in einer reinen Selbstverteidigungssituation, in der man sich auch gegen den Schutz des eigenen Lebens entscheiden kann, ohne sich moralisch etwas zuschulden kommen zu lassen, solange niemand anderes darunter zu leiden hat. Es muss vielmehr bedacht werden, ob es nicht sogar eine moralische Pflicht ist, den Bankräuber zu töten, wenn dies die einzige Möglichkeit ist, die Geisel zu retten.

Gibt es eine Pflicht zu töten im Krieg?

Eine klassische Situation, in der eine moralische Pflicht zu töten bestehen könnte, ist der Tyrannenmord, wenn abzusehen ist, dass dadurch wieder rechtsstaatliche Verhältnisse hergestellt und viele Menschenleben gerettet werden können. So spricht einiges dafür, dass die Hitlerattentäter vom 20. Juli 1944 es als ihre moralische Pflicht ansahen, das Attentat zu begehen.[76] Sollte es tatsächlich in bestimmten Fällen eine moralische Pflicht zum Töten geben, dann gälte das Argument von der menschlichen Handlungsfähigkeit nicht. Hier wären Mitleid und Barmherzigkeit fehl am Platz. Es stellt sich jedoch die Frage, ob für Soldaten im Krieg eine moralische Pflicht zum Töten besteht oder ob dies nur moralisch zulässig ist.

Arkin ist offenbar der Ansicht, dass es eine solche Pflicht gibt. Sein Prototyp darf nur in solchen Fällen eine Tötungshandlung initiieren, wenn eine moralische Verpflichtung dazu besteht und es nicht nur moralisch erlaubt ist.[77] Das Argument von der menschlichen Handlungsfähigkeit wäre damit vom Tisch, denn es würde nur dann überzeugen, wenn eine Tötungshandlung moralisch zwar zulässig, aber nicht geboten ist. Allerdings ergibt sich eine moralische Pflicht zum Töten nicht aus dem humanitären Völkerrecht. Vielmehr geht Arkin davon aus, dass eine solche Pflicht vorliegt, wenn eine Tötungshandlung im Krieg moralisch erlaubt und militärisch notwendig ist.

Gehen wir einmal davon aus, dass die Bedingungen des *ius ad bellum* erfüllt sind und dass der Krieg für eine gerechte Sache geführt wird. Nehmen wir ferner an, unter diesen Bedingungen sei das Töten im Krieg grundsätzlich moralisch erlaubt, und zwar im Rahmen der Einschränkungen des *ius in bello*. Reicht also allein die militärische Notwendigkeit aus, um aus dieser moralischen Zulässigkeit eine moralische Verpflichtung zu machen? Die militärische Notwendigkeit soll in den *Rules of Engagement* festgelegt sein. Allerdings gibt Arkin nur ein Beispiel dafür an, nämlich es sei eine militärische Notwendigkeit, gegnerische Konvois anzugreifen.[78] Nun wird schnell deutlich, dass eine solche »Notwendigkeit« alles andere als streng definiert ist. Ob ein Konvoi anzugreifen ist, hängt davon ab, ob eine hinreichende Erfolgswahrscheinlichkeit besteht. Der Beschuss eines einzelnen Konvois wird jedoch kaum über den Ausgang eines gesamten Kriegs entscheiden.

Schließlich unterscheidet Arkin fünf Grade der Notwendigkeit, im Verhältnis zu denen Schäden an Unbeteiligten und Kollateralschäden bewertet werden. Eine Pflicht zu töten lässt sich daraus schwerlich ableiten. Dies entspricht dem Befund, dass sich die traditionellen Theorien des gerechten Kriegs am besten so verstehen lassen, dass sie eine grundsätzliche Pflicht, andere nicht zu verletzen oder zu töten, anerkennen, vor deren Hintergrund die moralische Zulässigkeit von Verstößen dagegen im Krieg zu rechtfertigen ist.[79] Angesichts dessen bleibt das Argument von der moralischen Handlungsfähigkeit schlagend.

Menschenwürde und das kantische Instrumentalisierungsverbot

Ein weiteres Argument, das immer wieder gegen autonome Waffensysteme vorgebracht wird, besagt, dass die Systeme gegen die Menschenwürde verstoßen. Menschlichem Leben kommt demzufolge ein besonderer Wert zu, der es nicht erlaubt, es gegen etwas anderes aufzurechnen. Kant hat diese moralische Grundintuition in seiner Selbstzweckformel des kategorischen Imperativs treffend auf den Punkt gebracht: »*Handle so, daß du die Menschheit sowohl in deiner Person, als in der Person eines jeden andern jederzeit zugleich als Zweck, niemals bloß als Mittel brauchst.*«[80] Man darf also niemanden bloß als Mittel zum Zweck behandeln, sondern muss ihn stets als Selbstzweck betrachten.

Allerdings ist diese Formel für Kant durchaus damit vereinbar, dass man andere Personen unter bestimmten Umständen töten darf. Hierfür kann es seiner Meinung nach außer der Selbstverteidigung jedoch nur einen Grund geben, nämlich die Aufrechterhaltung einer institutionellen Ordnung, die die Freiheit des Einzelnen gewährleistet, ein selbstbestimmtes Leben als Vernunftwesen zu führen. Ein gutes Kriterium hierfür bietet die Frage, ob der Täter dem Opfer in die Augen schauen und wahrheitsgemäß sagen könnte: »Ich entscheide mich dafür, Dich zu töten, obwohl ich die Möglichkeit hätte, es nicht zu tun, aber ich betrachte Dich nicht nur als Mittel, sondern als eine Person mit unbedingtem Wert«.[81]

Aus der Perspektive des kantischen Instrumentalisierungsverbots ergibt sich noch ein weiteres Argument gegen den Einsatz autonomer Waffensysteme, insbesondere solcher, bei denen der Mensch *out-of-the-loop* ist. Mittelbar bezieht sich das Argument jedoch auch auf *On-the-Loop-* und *In-the-Loop-*Systeme, insofern die menschliche Überwachungs- und Kontrollmöglichkeit nicht effektiv ausgeübt werden kann. So wird von den Gegnern autonomer Waffensysteme geltend gemacht, die Entscheidung über menschliches Leben an Roboter abzugeben, berge die Gefahr, die Menschenwürde zu verletzen.[82] Wir können nun besser verstehen, warum dies der Fall sein könnte. Der Automatismus, der der Tötungshandlung zugrunde liegt, reduziert den Getöteten auf ein bloßes Mittel.

Die Entscheidung über das Leben eines rationalen und selbstbestimmten Wesens nicht einem ebensolchen zu überlassen, sondern einer Maschine, widerspricht der Anerkennung eines Menschen als moralischer Person.

Doch haben nicht letztlich die Programmierer anstelle der Maschine diese Entscheidung getroffen? Dies ist nicht der Fall, denn die Programmierer haben nur festgelegt, dass das System Personen tötet, die bestimmte allgemeine Kriterien erfüllen. Sie haben jedoch nicht über den Tod des jeweiligen Individuums entschieden. Entspricht es dem unbedingten Wert des Einzelnen als selbstbestimmtem rationalen Wesen, wenn ein Mensch den Tod von Personen mit bestimmten Eigenschaften beschließt, und eine Maschine das Individuum dann tötet, weil es diese allgemeinen Kriterien erfüllt? Selbst wenn es um die Freiheit des Einzelnen geht, darf das Leben des Einzelnen nicht zu einer vernachlässigbaren Größe werden. Sonst hat sein Tod – um es mit einem Diktum G. W. F. Hegels (1770–1831) im Kontext des Terrors der Französischen Revolution zu sagen – nicht »mehr Bedeutung als das Durchhauen eines Kohlkopfs«[83].

Zwar kommt es unter den Bedingungen moderner technologischer Kriegführung kaum mehr zur unmittelbaren Begegnung der Kämpfenden. Gleichwohl spricht viel dafür, die Entscheidung über ein individuelles Leben nicht einem Roboter zu überlassen. Ein Bomberpilot, der seine tödliche Ladung über einem Gebiet abwirft, kann sicherlich nicht jeden einzelnen Menschen im Blick haben, den seine Geschosse töten. Dennoch handelt es sich bei ihm um eine Person, die in der konkreten Situation diese Entscheidung verantwortet. Der Kreis schließt sich so und führt uns zurück zu Sparrows Argument der Verantwortungslücke. Problematisch ist nicht so sehr, dass niemand für das Handeln der Maschine verantwortlich ist, sondern dass die Zuschreibung von Verantwortung an die Programmierer aufgrund des Risikos nicht die richtige Art der Verantwortung darstellt.

Das Verantwortungsargument, das Argument von der moralischen Handlungsfähigkeit sowie die Argumentation, dass es im Krieg keine moralische Pflicht zu töten gibt, und dass autonome Waffensysteme der Menschenwürde im Sinn von Kants Instrumentalisierungsgebot widersprechen, führen zu dem Schluss, dass es moralisch höchst problematisch ist, autonomen Waffensystemen die Entscheidung zu übertragen, Menschen zu töten. Dies entspricht der Forderung von Menschenrechtsorganisationen nach einer sinnvollen menschlichen Kontrolle (*meaningful control*) nicht nur über Gesamtoperationen, sondern über individuelle Angriffe.[84] Hinzuweisen ist auch darauf, dass die technischen Probleme noch keineswegs gelöst sind, die sich für ein System stellen, das die *Ius-in-Bello*-Kriterien erfüllen soll. So gibt es bislang noch keine überzeugende Möglichkeit zur Diskrimination legitimer Ziele. Auch Arkin weist immer wieder darauf hin, dass er von solchen technischen Problemen abstrahiert. Doch solange das der Fall ist, stehen letale autonome Waffensysteme im Konflikt mit dem humanitären Völkerrecht.

3. Autonomes Fahren

Das autonome Fahren hat die Maschinenethik am stärksten in das Blickfeld einer breiteren Öffentlichkeit gerückt, denn dieses Anwendungsfeld ist mit hohen Erwartungen verknüpft. An erster Stelle steht das Versprechen größerer Sicherheit. So soll die Zahl von Verletzten und Toten im Straßenverkehr erheblich gesenkt werden. Außerdem soll das autonome Fahren den Fahrkomfort steigern, zur physischen und psychischen Entlastung der Nutzer beitragen und zu einem Zeitgewinn führen. Darüber hinaus gilt es, Mobilitätschancen zu schaffen, die die gesellschaftliche Teilhabe bestimmter Personengruppen stärken können, beispielsweise von Menschen mit Behinderung oder älteren Menschen. Das autonome Fahren stellt natürlich auch einen entscheidenden Wirtschaftsfaktor dar. Zudem eröffnet es die Möglichkeit, den Verkehrsfluss effizienter zu gestalten und die Überforderung bestehender Infrastruktur- und Verkehrssysteme in Ballungsräumen besser zu meistern und beispielsweise Staus und Parkplatzmangel zu vermindern. Schließlich soll das autonome Fahren umweltfreundlicher sein und die Verkehrsemissionen senken.

Der Traum vom autonomen Fahren ist fast so alt wie das Auto selbst.[85] Einfach einsteigen, das gewünschte Ziel angeben und losfahren. Das Auto durchquert eigenständig die Stadt und fährt auf die Landstraße oder Autobahn, während man arbeitet, schläft oder einen Film anschaut. Wenn man ankommt, ist man ausgeruht und die Arbeit ist erledigt. Das Auto sucht sich selbst einen Parkplatz oder macht sich auf den Weg, um den nächsten Fahrgast abzuholen. Doch wie nah sind wir der technischen Umsetzung dieser Vision? Um diese Frage zu beantworten, ist es nötig, einen Blick auf die technischen Grundlagen des autonomen Fahrens zu werfen.

Technische Grundlagen

Üblicherweise werden sechs Stufen der Automatisierung voneinander unterschieden, um die schrittweise Verschiebung der Aufgabenaufteilung zwischen Mensch und Maschine zu beschreiben:[86]

- Die Ausgangsstufe 0 bezeichnet das rein manuelle Fahren ohne jegliche Unterstützung durch Fahrassistenzsysteme.
- Stufe 1 bildet das assistierte Fahren, über das die meisten Autos neueren Typs heute schon verfügen, beispielsweise in

Form eines Tempomats, der die Geschwindigkeit oder den Abstand zum Vordermann regelt. Da der Fahrer jedoch stets das Lenkrad in der Hand behält und auf den Verkehr achten muss, handelt es sich weder um eine teil- noch um eine vollautonome Form des Fahrens.

- Auf Stufe 2 steht das teilautomatisierte Fahren: Das Auto kann in bestimmten Anwendungsfällen, wie auf der Autobahn, eigenständig fahren, d. h. beispielsweise der Spur folgen oder den Abstand zum Vordermann bestimmen. Der Fahrer muss jedoch das Fahrzeug jederzeit überwachen und zur Übernahme der Führung bereit sein. Als Beispiele für diese Stufe werden die E-Klasse von Mercedes, der Audi Q7, der 7er BMW oder der Autopilot von Tesla angeführt.[87]
- Stufe 3 wird als hochautomatisiertes Fahren bezeichnet: Das Fahrzeug übernimmt in bestimmten Anwendungsfällen sämtliche Fahrfunktionen. Der Fahrer muss das System also nicht mehr dauerhaft überwachen, sondern nur mit ausreichender Zeitreserve in der Lage sein, wieder zu fahren, wenn das System ihn dazu auffordert. Bestimmte fahrfremde Tätigkeiten sind in diesem Zeitraum erlaubt, sofern sie mit der Übernahmeoption vereinbar sind. Mercedes hat als erste Firma im Jahr 2021 die Freigabe für ein Level-3-System erhalten. Allerdings darf es bislang nur auf der Autobahn und lediglich bis zu einer Höchstgeschwindigkeit von 60 km/h eingesetzt werden. Dabei ist es nicht erlaubt, zu schlafen.
- Ab Stufe 4 kann das System sämtliche Fahraufgaben in bestimmten Anwendungsfällen wahrnehmen, ohne dass sich der Fahrer währenddessen zur Übernahme bereithalten muss. Er darf in dieser Zeit beliebigen fahrfremden Nebentätigkeiten nachgehen. Rechtzeitig vor dem Verlassen des Anwendungsbereichs wird der Fahrer darüber informiert, dass er die Fahrzeugführung wieder übernehmen soll.
- Den Abschluss der Entwicklung stellt Stufe 5 dar. Das Fahr-

zeug kann nun vom Start bis zum Ziel sämtliche Fahrfunktionen unter allen Bedingungen eigenständig ausführen, ohne eines Fahrers zu bedürfen. Eine ganze Reihe von Unternehmen experimentiert mit dieser Stufe und testet auf öffentlichen Straßen in Kalifornien bereits Autos ohne Fahrer.[88] Dabei ist es schon verschiedentlich zu Unfällen gekommen. So wurde von einem Uber-Auto eine Fußgängerin getötet, die gerade die Straße überquerte.[89]

Ist im Folgenden von »autonomem Fahren« oder »autonomen Autos« die Rede, so beziehen sich die Begriffe auf die Stufen 4 und 5.

Obwohl das autonome Fahren der Stufe 5 im Testbetrieb bereits erprobt wird, bestehen in der praktischen Umsetzung auch im Übergang zu Stufe 4 noch erhebliche Herausforderungen. Begrenzte rechtliche Voraussetzungen für das vollautomatisierte Fahren auf Stufe 3 wurden in Deutschland im Juni 2021 mit einem neuen Gesetz zum autonomen Fahren geschaffen. Fahrerlose Fahrzeuge dürfen seither in einem festgelegten und zuvor genehmigten Betriebsbereich im öffentlichen Straßenverkehr oder auf Werksgeländen eingesetzt werden. Mit Ausnahme des selbständigen Parkens betrifft das nicht primär den Individualverkehr, sondern vor allem Personen- und Gütertransportanbieter. Das Fahren auf Stufe 4 bereitet eine im Mai 2022 vom Bundesrat verabschiedete Verordnung zum autonomen Fahren (AFGBV) vor. Die Basisarchitektur des hochautomatisierten Fahrens umfasst die Wahrnehmung der aktuellen Fahrsituation (*Perzeption*), die Fähigkeit, auf dieser Grundlage Vorhersagen zu treffen (*Prädiktion*) und angemessen auf diese zu reagieren (*Aktion*).[90] Die Perzeption umfasst die hochpräzise Lokalisierung und Wahrnehmung relevanter Objekte wie aller relevanten Verkehrsteilnehmer, Hindernisse oder Verkehrszeichen, aber auch die Erfassung des Fahrzeuginnenraums, insbesondere des Zustands des Fahrers (zur Bewertung der potentiellen Übernahmebereitschaft) mit Hilfe von Sensoren. Aus den Daten wird ein Modell von Umwelt, Fahrzeug und Fahrer generiert. Die Zusammenführung der Daten findet in den elektronischen Steuergeräten (ECU) statt. Anhand der erstellten Situationsmodelle wird aus einer endlichen Menge von Handlungsoptionen die beste ausgewählt und in angemessene Fahrmanöver überführt (z. B. Bremsung, Beschleunigung oder Übergabe an den Fahrer). Die zentrale Aufgabe der Software besteht darin, die Informationen der Sensorik richtig zu interpretieren, korrekte Vorhersagen zu erstellen und in entsprechenden Handlungsanweisungen umzusetzen.

Eine große Herausforderung ist die Entwicklung der entsprechenden Software, die auch angesichts eines hohen Komplexitätsgrads robust und zuverlässig funktionieren muss.[91] Auch in der Sensorik sind weitere Fortschritte unverzichtbar: So spielte es für den ersten tödlichen Unfall mit einem Teslafahrzeug im Autopilotmodus im Mai 2016 eine Rolle, dass das System wohl einen LKW vor einem blendend hellen Himmel nicht von einem Verkehrsschild unterscheiden konnte. Ein weiteres Problem stellt sich mit dem Zwang zu einer bis auf wenige Zentimeter exakten Lokalisierung ein, die für automatisierte Fahrzeuge von größter Bedeutung ist. Heute übliche GPS-Daten reichen hierfür nicht aus, vielmehr ist hochauflösendes Kartenmaterial notwendig, das in dieser Form noch gar nicht existiert. Schließlich muss die fehlerfreie Kommunikation der Fahrzeuge untereinander und mit der Infrastruktur (z. B. mit Ampeln oder Verkehrsleitsystemen) gewährleistet werden, um auf Gefahren rechtzeitig aufmerksam machen zu können und eine angemessene Reaktion auch in einer dynamischen Umwelt zu ermöglichen. Dies erfordert die Schaffung einheitlicher Standards für die fahrzeugübergreifende Kommunikation sowie eine umfassende Digitalisierung der Infrastruktur, die bislang ebenso wenig erfolgt ist.

Ethische Herausforderungen beim autonomen Fahren

Neben diesen technischen Gründen werden jedoch auch ethische und rechtliche Bedenken gegen das autonome Fahren geltend gemacht. Denn das autonome Fahren wird Unfälle nicht gänzlich zum Verschwinden bringen.[92] Selbst wenn man von technischen Defekten wie Hardware- und Softwarefehlern, Problemen mit der Sensorik und Entscheidungsdefiziten absieht, wird dies nicht erreicht werden können. Dies gilt insbesondere dann, wenn autonome Autos in irgendeiner Form im Verkehr mit Menschen zusammentreffen, sei es als Fahrer nicht-autonomer Kraftfahrzeuge, Radfahrer oder Fußgänger. Aber auch schlechte Witterungsbedingungen und Wildtiere können zu Unfällen führen.

Spätestens auf den Stufen 4 und 5 wird es nicht mehr möglich sein, die Entscheidung an einen Menschen abzugeben. Aber auch schon auf den Stufen 2 und 3 stellt sich die Frage, inwieweit das Konzentrationsvermögen und die Reaktionszeit eine Übergabe an den Menschen in kritischen Situationen realistisch erscheinen lassen.[93] Dies führt zwangsläufig dazu, dass die Maschine auch ethische Entscheidungen treffen muss. Dadurch verändert sich die Beschaffenheit der Entscheidungssituation grundlegend. Ein menschlicher Fahrer hat vielfach gar nicht die Zeit, lange zu überlegen, und muss instinktiv reagieren, wenn es hart auf hart kommt. Handelt er dabei moralisch fragwürdig, so ist sein Verhalten durch die Besonderheiten der Situation oft zu entschuldigen. Wie sich ein autonomes Fahrzeug verhält, muss hingegen bereits weit im Vorfeld eines möglichen Unfalls bei der Programmierung festgelegt werden. Daraus erwächst der Zwang, die Systeme mit ethischen und rechtlichen Entscheidungsfähigkeiten auszustatten. Dieses Erfordernis ist unabhängig davon, wie wahrscheinlich es ist, dass die entsprechenden Situationen auch wirklich eintreten. Am Ende werden es Einzelfälle sein, in denen ein Individuum beim autonomen Fahren getötet wird, die die Diskussion und letztlich auch die gesellschaftliche Akzeptanz dieser Technologie bestimmen.

In Anlehnung an die Asimov'schen Robotergesetze sind als Entscheidungsgrundlage autonomer Fahrzeuge drei Gesetze vorgeschlagen worden:[94]

1. Ein automatisiertes Fahrzeug sollte nicht mit einem Fußgänger oder Radfahrer zusammenstoßen.
2. Ein automatisiertes Fahrzeug sollte nicht mit einem anderen Fahrzeug zusammenstoßen, es sei denn, das Vermeiden einer solchen Kollision steht mit dem ersten Gesetz in Konflikt.
3. Ein automatisiertes Fahrzeug sollte mit keinem Objekt in der Umgebung zusammenstoßen, es sei denn, das Vermeiden einer solchen Kollision steht mit dem ersten oder zweiten Gesetz in Konflikt.[95]

Diese Gesetze sind nach Meinung der Autoren auf dem gegenwärtigen Stand der Sensortechnologie implementierbar. Ergänzend schlagen sie ein weiteres Gesetz vor, nach dem ein automatisiertes Fahrzeug den Verkehrsregeln gehorchen muss, es sei denn, dies steht in Konflikt mit den ersten drei Gesetzen.[96] Darüber hinaus wurde vorgeschlagen, auch Tiere in die ethische Abwägung aufzunehmen.[97]

Schnell wird jedoch deutlich, dass diese moralischen Grundsätze der Komplexität der möglichen Entscheidungssituationen nicht gerecht werden. Nehmen wir an, eine Gruppe von Kindern läuft plötzlich vor das Auto. Ein Nothalt ist aufgrund des nachfolgenden Verkehrs nicht möglich, und es besteht in dem Moment keine sichere Ausweichmöglichkeit. Auf der Gegenfahrbahn kommt ein Bus, und auf dem Bürgersteig gehen Leute spazieren. Das Auto wird entweder die Kinder oder die Fußgänger anfahren und mindestens schwer verletzen, wenn nicht gar töten. Als Alternative wäre denkbar, die Insassen des Autos dem Risiko der Verletzung oder Tötung auszusetzen, wenn es auf die Gegenfahrbahn ausweicht oder abrupt anhält.

Solche Situationen werden häufig in Analogie zum sog. *Trolley-Problem* analysiert (der Name leitet sich vom englischen Wort für Straßenbahn ab).[98] Dabei handelt es sich um ein ethisches Gedankenexperiment, das auf die Philosophin Philippa Foot (1920–2010) zurückgeht.[99] Nehmen wir an, eine Straßenbahn ist außer Kontrolle geraten und droht, fünf Personen zu überfahren. Es ist jedoch möglich, die Straßenbahn durch das Umstellen einer Weiche auf ein anderes Gleis zu leiten, auf dem sich nur eine Person befindet, die dann überfahren würde. Darf oder muss man vom moralischen Standpunkt die Weiche umstellen und den Tod einer Person in Kauf nehmen, um das Leben von fünf Personen zu retten?

Aus der Sicht einer konsequentialistischen Ethik wie dem Utilitarismus erscheint die Sache zunächst klar: Die Rettung von fünf Menschenleben auf Kosten eines Lebens verspricht die beste Nutzenbilanz und ist daher moralisch vorzuziehen. Bei näherer Betrachtung könnten neben der Quantität freilich auch qualitative Faktoren von Bedeutung sein. Auf der Webseite *Moral Machine* wird der Besucher aufgefordert, eine ganze Reihe von Szenarien mit unterschiedlichen Konstellationen durchzuspielen und zu beurteilen.[100] Doch schnell wird deutlich, wie schwierig die Bewertung der jeweiligen Situation ist. Welche Rolle ist beispielsweise dem Alter oder dem Gesundheitszustand zuzuschreiben? Sollte im Fall eines Konflikts zwischen einem Kind und einem alten Menschen das Kind den

Vorzug erhalten, weil es sein Leben noch vor sich hat? Sollte eine junge Ärztin, die in ihrer beruflichen Laufbahn noch viele Menschenleben retten kann, eher verschont werden? Wie ist die Überlebenswahrscheinlichkeit zu bewerten? Und wie soll man leichte und schwere Verletzungen oder Verletzte und Tote miteinander verrechnen?

Für die deontologische Ethik in der Tradition Kants kommt eine solche Aufrechnung ohnehin nicht in Frage. Das Leben eines kranken oder alten Menschen ist nicht weniger wert als dasjenige eines jungen und gesunden. Dieser Grundsatz ist auch in den ersten beiden Artikeln des Grundgesetzes festgeschrieben. Man könnte nun meinen, dass jede Programmierung, die zum Zweck der Unfalloptimierung Verletzungs- und Tötungsrisiken verschiedener Beteiligter gegeneinander aufrechnet, aus kantischer Sicht verboten ist. Allerdings erschiene es moralisch problematisch, wenn in einer Situation, in der die Verletzung oder Tötung unschuldiger Menschen unvermeidlich ist, nicht versucht werden dürfte, so wenige Unschuldige wie möglich in Mitleidenschaft zu ziehen und das Verletzungsrisiko zu minimieren.

Wie wir bereits gesehen haben, erlaubt Kant jedoch durchaus die Tötung anderer Personen, sofern dies der Aufrechterhaltung einer institutionellen Ordnung dient, die die Freiheit des Einzelnen befördert, ein selbstbestimmtes Leben zu führen.[101] Man kann nun argumentieren, dass das autonome Fahren genau das erreicht, weil das Risiko jedes einzelnen Verkehrsteilnehmers gesenkt wird, durch einen Verkehrsunfall verletzt oder getötet zu werden.[102] Es läge dann kein grundsätzlicher Widerspruch zum kantischen Instrumentalisierungsverbot vor. Niemand könnte sich zum Mittel herabgesetzt fühlen, wenn seine Chancen, ein selbstbestimmtes Leben zu führen, durch autonome Autos mit einem Unfalloptimierungsalgorithmus verbessert würden. Selbst wenn man diese

Hypothese vorläufig akzeptiert, gibt es gleichwohl grundlegende Einwände gegen das autonome Fahren.

Die Verletzung und Tötung Unschuldiger

Patrick Lin vom *Center for Internet and Society* der Stanford Universität stellt eine Analogie zwischen der Programmierung autonomer Fahrzeuge zum Zweck der Unfalloptimierung und der Zielbestimmung autonomer Waffensysteme her.[103] Um Unfallergebnisse zu optimieren, ist es notwendig, Kostenfunktionen anzugeben, die bestimmen, wer im Zweifelsfall verletzt und getötet wird. Ganz ähnlich wie bei autonomen Waffensystemen müssten also für den Fall einer unvermeidlichen Kollision legitime Ziele festgelegt werden, die dann vorsätzlich verletzt oder womöglich sogar getötet würden.

Ein entscheidendes Argument gegen autonome Waffensysteme lautet, dass es keine moralische Pflicht gibt, im Krieg zu töten. Es liegt nur eine moralische Erlaubnis zum Töten vor, die das allgemeine Tötungsverbot situativ einklammert. Deshalb sollte die Entscheidung, einen bestimmten Menschen zu töten, stets einem Menschen obliegen und nicht von einer Maschine getroffen werden. Lässt sich dieses Argument auf das autonome Fahren übertragen? Dazu ist zu klären, ob eine moralische Pflicht besteht, unschuldige Menschen zu verletzen oder zu töten, sofern dies dazu dient, Schlimmeres zu verhindern.

Eine solche Pflicht stünde freilich in einem Spannungsverhältnis zur deutschen Rechtsprechung. So hat das Bundesverfassungsgericht in seiner Entscheidung zum Luftsicherheitsgesetz im Jahr 2006 zum Abschuss entführter Passagierflugzeuge, die von Terroristen als Massenvernichtungswaffen eingesetzt werden sollen, festgestellt, dass ein Abschuss immer der Menschenwürde der Flugzeugpassagiere widerspricht.[104] Das

Grundgesetz schließt aus, auf der Grundlage einer gesetzlichen Ermächtigung unschuldige Menschen vorsätzlich zu töten. Dieses Urteil steht zumindest auf den ersten Blick in einem Widerspruch zu einer Pflicht der Schadensminimierung, die die vorsätzliche Verletzung oder Tötung unschuldiger Menschen umfasst.

Es gibt allerdings Stimmen, die in dieser Sache noch nicht das letzte Wort gesprochen sehen. Ein Vorschlag besteht darin, von einer *Abstufung im Unrecht* auszugehen.[105] Demnach ist die Tötung unschuldiger Menschen rechtswidrig (und wohl auch unmoralisch), gleichwohl soll es eine rechtliche und moralische Pflicht geben, so wenige Leben wie möglich zu vernichten, und zwar auch dann, wenn dabei vorsätzlich unschuldige Menschen verletzt oder getötet werden. Allerdings scheint eine solche Pflicht bislang in der Rechtsdogmatik nicht allgemein anerkannt zu sein.[106] Zudem ist diese Konstruktion aus moralischer Sicht fragwürdig. Weil die Verletzung und Tötung Unschuldiger weiterhin ein Unrecht darstellt, haben die Betroffenen nämlich Abwehrrechte. So dürfen sie ein Flugzeug abschießen, das auf sie niederzugehen droht, auch wenn diese Option das geringste Übel darstellt.[107] Das würde aber bedeuten, dass jemand eine moralische Pflicht hat, etwas zu tun, während ein anderer das moralische Recht hat, genau dies zu unterbinden. Das scheint mit der Unbedingtheit und Universalisierbarkeit, die nach Kant moralische Pflichten auszeichnen, schlecht vereinbar zu sein.

Der Fehlschluss, der diesem Gedankengang zugrunde liegt, besteht in der Annahme, eine Pflicht zur Schadensminimierung führe auch automatisch zu einer Pflicht, unschuldige Menschen vorsätzlich zu verletzen oder zu töten, wenn dies den geringsten Schaden verspricht. Diese Schlussfolgerung würde sich aber allenfalls dann ergeben, wenn die Schadensminimierung eine vollkommene Pflicht wäre.[108] Dem ist jedoch nicht so. Während eine Verallgemeinerung im Sinn des kategorischen Imperativs bei vollkommenen Pflichten nicht widerspruchsfrei denkbar ist, kann sie im Fall unvollkommener Pflichten nicht ohne Widerspruch gewollt werden. Nun ist eine Welt, in der niemand dem Prinzip der Schadensminimierung folgt, durchaus widerspruchsfrei zu denken. Es scheint jedoch plausibel zu sein, dass niemand eine solche Welt wollen kann. Schadensminimierung stellt demnach eine unvollkommene Pflicht dar. Das bedeutet aber, es gibt keine bestimmten Vorgaben dazu, in welchem Ausmaß und mit welchen Mitteln genau der Einzelne dieser Pflicht nachkommen muss. Schon aus diesem Grund hat niemand die Pflicht, zur Schadensminimierung einen unschuldigen Menschen zu verletzen oder zu töten. Über die Frage, ob dies im Einzelfall gleichwohl erlaubt sein könnte, ist damit noch nichts gesagt. Ähnlich wie bei den autonomen Waffensystemen darf aber die Entscheidung, zur Schadensminimierung einen bestimmten Menschen zu verletzen oder zu töten, nicht einer Maschine überlassen werden.

Dies wird auch daran deutlich, dass es für die Abwägung der verschiedenen Faktoren kein »Schema F« gibt. Soll man eine Gruppe auf Kosten einer Einzelperson retten? In welchem Verhältnis sind leichte und schwere Verletzungen oder Todesfälle im Verhältnis zueinander zu bewerten? Wie ist das erhöhte Verletzungsrisiko einer Frau oder eines älteren Menschen zu berücksichtigen? Ist ein Fahrradfahrer mit oder eher einer ohne Helm anzusteuern, wenn es nicht anders geht? Genießen Kinder einen besonderen Schutzstatus? Darf ein Fahrer andere verletzen oder töten, um sich selbst zu retten? Spielt es eine Rolle, dass einige Beteiligte gegen die Verkehrsregeln verstoßen haben? Wie diese Faktoren jeweils gegeneinander abzuwägen sind, kann nur im Kontext einer bestimmten Konstellation entschieden werden. Allerdings sind viele kritische

Situationen im Straßenverkehr so beschaffen, dass Menschen gar nicht die Möglichkeit dazu haben, eine überlegte Entscheidung zu treffen. Könnte man angesichts dessen autonome Fahrzeuge nicht mit einem Zufallsgenerator ausstatten, der die Entscheidung fällt? Doch das widerspricht der Tatsache, dass es im Einzelfall durchaus moralisch bessere oder schlechtere Entscheidungen gibt, und zwar selbst dann, wenn jede Alternative ein gewisses Übel darstellt. Sollte dann aber nicht wenigstens in Situationen, in denen der Fahrer nicht mehr nachdenken kann, die Maschine auf der Grundlage im Vorfeld angestellter rationaler Überlegungen entscheiden?

Die Grenzen überlegten Entscheidens

Anders als es zunächst scheinen mag, ist rationale Überlegung in moralischen Fragen jedoch nicht immer die bessere Option. So argumentiert der Philosoph Bernard Williams (1929–2003), dass es »ein Gedanke zu viel« sei, wenn ein Ehemann angesichts der Möglichkeit, entweder seine Frau oder einen Fremden zu retten, erst darüber nachdenken müsste, ob es mit seinen moralischen Prinzipien vereinbar ist, seiner Frau den Vorzug zu geben.[109] Doch es geht nicht nur darum, in der konkreten Situation instinktiv statt reflektiert zu handeln. Genauso wenig angemessen wäre es für den Ehemann, bereits im Vorfeld Überlegungen der Art anzustellen, ob er seine Frau auch retten sollte, wenn er beispielsweise der Kapitän des Schiffes wäre, wenn zwei Fremde gegen seine Frau stünden oder wenn er anstelle seiner Frau 50 Fremde retten könnte.[110] Der springende Punkt ist, dass die Durchführung dieser Gedankenexperimente dem besonderen Verhältnis einander liebender Ehepartner nicht angemessen wäre. Derartige Überlegungen drohen, uns von unseren persönlichen Bindungen durch Familie oder Freunde zu entfremden.

Doch auch jenseits der eigenen Familie kann es Fälle geben, in denen eine solche Abwägung nicht angebracht erscheint. In dem Film *I, Robot* entwickelt der Polizist Del Spooner beispielsweise ein Ressentiment gegen moralisch handelnde Roboter, weil er einst bei einem Autounfall von einem solchen Roboter auf Kosten eines kleinen Mädchens gerettet wurde. Die Begründung seiner Bevorzugung bestand darin, dass seine Überlebenswahrscheinlichkeit mit 45 Prozent deutlich höher lag als diejenige des Mädchens mit 11 Prozent. Doch für Spooner erweist sich daran die Unfähigkeit der KI, die richtige Entscheidung zu treffen. Er meint, 11 Prozent Überlebenswahrscheinlichkeit seien mehr als genug, ein Mensch hätte verstanden, dass das Kind jemandes kleiner Schatz ist.[111]

Auch diese Stelle kann man im Kontext des Films so interpretieren, dass es »ein Gedanke zu viel« wäre, die Überlebenswahrscheinlichkeit des Kindes zu kalkulieren und abzuwägen. Zugleich kann auch nicht einfach eine Hierarchie aufgestellt werden, entsprechend der Kinder vor Erwachsenen, Ehepartner vor Fremden und eigene Kinder vor Ehepartnern zu retten sind, und zwar unabhängig davon, wie die Überlebenswahrscheinlichkeiten ausfallen. Denn es kann immer wieder zu tragischen Situationen kommen, in denen auch diese Vorrangregelungen nicht zum richtigen Ergebnis führen, beispielsweise dann, wenn mehrere Kinder involviert sind.[112] Außerdem stellt allein schon die Abwägung beispielsweise von Ehepartnern gegen ihre Kinder eine Zumutung dar, die der Art unserer familiären Bindungen als solchen zutiefst widerspricht. In der Konsequenz sind nicht nur die moralischen Entscheidungen, sondern bereits die Überlegungen im Vorfeld, zu denen uns die Umsetzung des autonomen Fahrens zwingt, ethisch zutiefst fragwürdig.

Ganz abgesehen davon wäre eine solche Regelung als rechtlicher Rahmen völlig ungeeignet, denn die Bevorzugung des

Ehepartners ist aus einer unparteilichen Perspektive, die hier anzulegen ist, gerade nicht zu rechtfertigen.[113] Im Einzelfall mag das eine moralisch zulässige Gewissensentscheidung sein. Bei der Programmierung eines autonomen Fahrzeugs handelt es sich aber nicht um eine Gewissensentscheidung in einer Ausnahmesituation, sondern um institutionalisiertes Handeln durch den Staat, der rechtlich verbindliche Vorgaben darüber machen würde, dass einige Menschen zu töten sind, um andere zu retten. Das ist schwer mit der Schutzfunktion des Staates gegenüber seinen Bürgerinnen und Bürgern zu vereinbaren. Aus demselben Grund ist auch der Vorschlag nicht tragfähig, autonome Autos sollten sich an den individuellen Moralvorstellungen ihrer Nutzer orientieren (dabei soll sogar ein egoistischer Modus wählbar sein, bei dem im Kollisionsfall grundsätzlich der Schaden für die Insassen minimiert wird).[114] Da Unfälle im Straßenverkehr auch und gerade Personen betreffen, die keine autonomen Fahrzeuge nutzen oder nicht in der Lage zu einer informierten Zustimmung sind (beispielsweise Kinder), müssen die Regelungen allgemeinverbindlich und auch für diese Personengruppe zustimmungsfähig sein. Sonst wären sie moralisch nicht legitim. Wäre es dann nicht vielleicht am besten, überhaupt auf eine explizite Regelung zu verzichten? Nach diesem Grundsatz vollzieht sich derzeitig die Entwicklung des autonomen Fahrens. Wie die Algorithmen autonomer Fahrzeuge programmiert sind, ist ein sorgfältig gehütetes Geschäftsgeheimnis. Ethische Gesichtspunkte scheinen dabei gar nicht explizit berücksichtigt zu werden. Doch das bedeutet nicht, dass Dilemmasituationen nicht auftreten werden, sondern dass das Verhalten der Fahrzeuge in einer solchen Situation durch implizite Gesichtspunkte bestimmt wird, die durchaus moralisch signifikant sind. Wie sich diese Parameter auswirken, wird sich erst im Ernstfall zeigen.

Stichhaltigkeit der Argumente zugunsten des autonomen Fahrens

Darüber hinaus kann man aber auch die Annahmen zugunsten des autonomen Fahrens problematisieren, von denen wir bislang unhinterfragt ausgegangen waren. Die erste betrifft die Begründung der Behauptung, durch das autonome Fahren ließe sich die Unfallrate auf nahezu null verringern.[115] Bislang ist das nicht empirisch erwiesen.[116] Ein Hauptargument für eine solche Prognose ist, dass derzeitig 90 Prozent der Unfälle durch menschliches Fehlverhalten verursacht werden, und deshalb davon auszugehen ist, dass die Unfallrate um diesen Prozentsatz sinkt, wenn die Fehlerquelle Mensch aus der Kontrollschleife herausgenommen wird. Doch dieser Rückschluss ist mit Vorsicht zu genießen, denn wenn das System sämtliche Fahraufgaben übernehmen muss, für die bislang nahezu ausschließlich der Mensch zuständig war, steigt damit auch die Komplexität der technischen Abläufe und damit deren Fehleranfälligkeit. Bis zu einem gewissen Grad wird der Fehlerfaktor Mensch also nur durch den Fehlerfaktor Maschine ersetzt.[117]

Nicht zuletzt haben Mensch und Maschine im Verkehr unterschiedliche Stärken und Schwächen. So stellt die Wahrnehmung und Vorhersage unter Unsicherheit für Maschinen eine große Herausforderung dar.[118] Menschen unterliegen hingegen Einschränkungen im Hinblick auf Aufmerksamkeit, die richtige Einschätzung von Abstand und Geschwindigkeit sowie das Sichtfeld.[119] Der eigentliche Maßstab, gegen den sich autonome Autos in Bezug auf Verkehrssicherheit durchsetzen müssen, sind also Fahrzeuge, bei denen der Mensch durch Assistenzsysteme und teilautomatisierte Fahrfunktionen unterstützt wird.[120] Dabei in erster Linie auf die Übernahmebereitschaft des Menschen zu setzen, reicht nicht aus. Denn gerade die Gestaltung dieser Schnittstelle wirft erhebliche Schwierigkeiten auf, schon allein wegen der zu veranschlagenden menschlichen Reaktionszeit.[121] In die Sicherheitsbilanz ging auch nicht ein, dass durch Hacken nicht nur einzelne Fahrzeuge gekapert werden können, sondern Angriffe auf die gesamte Infrastruktur und Fahrflotte möglich werden, deren Auswirkungen man sich kaum ausmalen mag. Auch die ökologischen Vorteile lassen sich hinterfragen, denn es besteht die Gefahr, dass durch das autonome Fahren der Autoverkehr im Endeffekt massiv zunimmt zulasten des öffentlichen Nahverkehrs und der Bahn, die immer noch nachhaltiger sind.

Insgesamt besteht der Verdacht, dass die primären Motive, warum Autoindustrie und Politik sich so stark für das autonome Fahren einsetzen, nicht Sicherheit und Umwelt sind, sondern wirtschaftliche Gewinne. Das ist an sich nicht illegitim, hinterlässt aber ein ungutes Gefühl, wenn an anderer Stelle solche Erwägungen plötzlich keine Rolle mehr spielen, beispielsweise, wenn es um die Stickstoffemissionen von Dieselfahrzeugen und die Konsequenzen eines Fahrverbots oder einer Hardwarenachrüstung durch die Autohersteller geht.

Weiterhin hatten wir bislang vorausgesetzt, dass das autonome Fahren jenseits der Verminderung von Unfallrisiken zu einer institutionellen Ordnung beiträgt, die die Freiheit des Einzelnen, ein selbstbestimmtes Leben zu führen, befördert. Es gibt jedoch Anlass, diesen Zusammenhang zu bezweifeln. Weit weniger in die individuelle Lebensführung eingreifende Maßnahmen wie ein Tempolimit, das ebenfalls dazu beigetragen hätte, die Verkehrssicherheit zu steigern und die Emissionen zu senken, sind jahrzehntelang mit dem Argument zurückgewiesen worden, dass sie die Freiheit des Einzelnen zu stark einschränken.[122] Die Einschnitte in die individuelle Freiheit sind beim autonomen Fahren jedoch weit größer. Vermutlich wird mit dem autonomen Fahren faktisch ein Tempolimit einhergehen. Außerdem erfolgt ein tiefer Eingriff in die Infrastruktur. Über kurz oder lang wird schließlich jeder, der Auto fahren will, sich ein autonomes Fahrzeug zulegen müssen, denn für den Mischverkehr fallen die Sicherheitsprognosen sowie die ökonomischen und ökologischen Vorteile längst nicht so günstig aus. Schließlich bringt das autonome Fahren grundlegende Probleme für die informationelle Selbstbestimmung und den Schutz der Privatsphäre mit sich.

Informationelle Selbstbestimmung und Schutz der Privatsphäre

Autonomes Fahren hängt von der massiven Erfassung, Verarbeitung und Übermittlung von Daten ab. Der Einsatz eines Datenspeichers (*Black Box*) ist im Gesetz zum automatisierten Fahren sogar explizit vorgeschrieben, um bei einem Unfall aus Haftungsgründen nachweisen zu können, ob das System oder der Mensch im Moment des Unfalls die Fahraufgabe innehatte.[123] Autonome Autos werden über weit mehr der intimsten Daten und persönlichen Informationen über das Leben ihrer Nutzer verfügen als eine Dating-App.

Sie werden nicht nur wissen, wo man gerade ist, sondern welche Orte man angesteuert und wo man Zwischenstopps eingelegt hat. Aus den Zielen lassen sich dann beispielsweise politische Einstellungen rekonstruieren, wenn in der Nähe Demonstrationen oder politische Veranstaltungen stattfanden. Die Sensoren im Fahrzeuginneren können die Gespräche im Fahrzeug aufzeichnen, auch der Gesundheitszustand des Fahrers, seine Blickrichtung, Herztätigkeit oder Alkoholisierung lassen sich erfassen. Aus Haftungsgründen liegt es zudem nahe, den Fahrer vor Fahrtantritt mit Hilfe von Fingerabdrücken oder Gesichtserkennung zu identifizieren. Auf diese Art und Weise können auch seine persönlichen Einstellungen aktiviert werden. Es geht jedoch nicht nur um die Daten der Fahrzeuginsassen, sondern durch die Außensensoren des Fahrzeugs und Kameras im öffentlichen Raum sind auch die Insassen anderer Fahrzeuge, Fußgänger und Radfahrer betroffen.

Dabei zeigt die Erfahrung, dass es nicht möglich ist, präzise zwischen persönlichen und nicht-persönlichen Daten zu unterscheiden.[124] Letztlich kann man nie ausschließen, dass sich Daten auf bestimmte Personen zurückführen und missbrauchen lassen. Personenbezogene Daten umfassen nicht nur Informationen, die eine Person direkt identifizieren. Vielmehr geht es um alle Informationen, anhand derer man die Person identifizieren kann, auf die sich die Daten beziehen oder die direkt oder indirekt auf diese Person hinweisen.

Freilich werden unsere Daten auch jetzt schon über unsere mobilen Geräte gesammelt und wir werden im öffentlichen Raum mit Kameras gefilmt.[125] Das autonome Fahren erfordert jedoch eine massive Zusammenführung aller dieser Daten. Daraus resultiert eine neue Qualität der Bedrohung der informationellen Selbstbestimmung. Problematisch ist darüber hinaus nicht nur die Fülle und Zusammenführung der Informationen, sondern auch deren Verwendung. Der Handel mit persönlichen Daten floriert, und auch für den Staat sind solche Daten natürlich von größtem Interesse. Das wird insbesondere dann virulent, wenn die Pläne umgesetzt werden, autonome Autos durch Verkehrszentralen zu kontrollieren, um ihr Fahrverhalten zu optimieren (beispielsweise die Routenwahl).[126]

Grundsätzlich wäre es zwar möglich, autonome Fahrzeuge als informationell abgeschlossene Einheiten zu konzipieren, die nicht mit einem Netzwerk verbunden sind, nicht der Kontrolle von außen unterliegen, keine fahrzeugexternen Informationsquellen verwenden und keine Daten kommunizieren.[127] Allerdings gehört die Vernetzung zu den wichtigsten Vorteilen des autonomen Fahrens, sei es im Hinblick auf die Sicherheit, die Steuerung des Verkehrsflusses oder die Emissionsreduktion. Wenn vom autonomen Fahren die Rede ist, dann geht es deshalb im Allgemeinen um autonomes *und* vernetztes Fahren.

Diese Begriffe führt auch der Bericht der *Ethikkommission autonomes und vernetztes Fahren* im Titel.[128] Die an ihn gestellten Erwartungen erfüllt dieser Bericht freilich nicht. Allenfalls werden sehr allgemeine Empfehlungen formuliert. Auf die grundlegende Frage, ob man ein System so programmieren darf, dass ein Mensch zugunsten von anderen verletzt oder getötet wird, sucht man vergeblich nach einer eindeutigen Antwort. Auch im Hinblick auf Datensicherheit und informationelle Selbstbestimmung bleibt der Bericht vage. Dabei geht es um ein Grundrecht, das sich aus dem Recht auf freie Entfaltung der Persönlichkeit und der Unantastbarkeit der Menschenwürde ableitet![129]

Schließlich weist informationelle Selbstbestimmung neben der juristischen und ökonomischen Seite auch eine moralische Dimension auf, die der Bericht weitgehend ausblendet, wenn er eine Abwägung von »Datensparsamkeit« und »Datenvermeidung« mit den »Erfordernissen der Verkehrssicherheit und im Hinblick auf globalisierte Wertschöpfungsmodelle« fordert und feststellt, dass über »den reinen verkehrssicherheitsrelevanten Aspekt vielfältige Interessen seitens staatlicher Stellen zur Gefahrenabwehr sowie auch privater Unternehmen zu wirtschaftlichen Zwecken« bestehen.[130]

Eine rechtliche Regelung besteht seit dem 21. Juni 2017.[131] Die Begründung zur Datenspeicherung und -sicherung fällt angesichts des in Frage stehenden Grundrechts auf informationelle Selbstbestimmung in den entsprechenden Parlamentsdrucksachen allerdings erstaunlich dünn aus.[132] Der Schwerpunkt liegt in erster Linie darauf, es dem Nutzer zu verwehren, sich auf ein Versagen des automatisierten Systems zu berufen.[133] Über die Pflichten der Hersteller der Systeme bzw. der Automobilunternehmen ist hingegen – anders als eigentlich zu erwarten gewesen wäre – wenig zu lesen.[134] Schließlich ist es fragwürdig, dass »detaillierte Regelungen zum Datenspeicher« in eine Rechtsverordnung ausgelagert werden sollen.[135] Denn eigentlich obliegt es dem parlamentarischen Gesetzgeber, in grundlegenden normativen Bereichen alle wesentlichen Entscheidungen selbst zu treffen, zumal im Bereich der Grundrechtsausübung (soweit diese einer staatlichen Regelung zugänglich ist).[136]

Nun mögen zwar manche Nutzer dennoch urteilen, der Datenschutz sei ihnen nicht so wichtig wie die Vorteile des autonomen Fahrens. Aber diejenigen, die auf der Ausübung ihres Rechts auf informationelle Selbstbestimmung bestehen, werden dadurch höchstwahrscheinlich ganz und gar von der Automobilität ausgeschlossen. So kann man auf die Nutzung eines Smartphones verzichten oder die Ortungsfunktion mit einigem Aufwand abstellen und dadurch eine starke Einschränkung des Nutzens eines solchen Geräts in Kauf nehmen. Beim autonomen Fahren wäre das jedoch nicht möglich, ja sogar als Fußgänger oder Radfahrer wäre man seiner Daten nicht sicher. Aus diesen Gründen ist die Bedrohung des Rechts auf informationelle Selbstbestimmung und Privatsphäre beim autonomen Fahren grundlegender als beispielsweise bei Pflegesystemen, die auf Wunsch des Pflegebedürftigen auch informationell abgeschlossen sein können.

Es gibt daher aus ethischer Sicht gute Gründe, die Zukunft nicht im autonomen Fahren, sondern im assistierten Fahren zu sehen, bei dem der Mensch die Kontrolle behält. Das schließt nicht aus, dass es für das autonome Fahren einen eingeschränkten Anwendungsbereich im Gütertransport gibt, bei dem autonome Lastkraftwagen ausschließlich auf separaten Autobahnspuren abgetrennt vom übrigen Verkehr fahren. Doch stellt sich hier auch die Frage, ob es nicht aus ökologischen Gründen besser wäre, den Güterverkehr lieber auf die Schiene zu bringen.

Ausblick: Maschinenethik und Singularität

Bis heute können Maschinen, wie wir gesehen haben, bestenfalls in einem funktionalen Sinn moralisch handeln. Um dem Menschen vergleichbare, vollumfänglich moralisch Handelnde zu sein, fehlen ihnen Fähigkeiten wie Bewusstsein, Willensfreiheit und Selbstreflexion.[1] Darüber hinaus ist die moralische Handlungsfähigkeit von Maschinen eng begrenzt auf bestimmte Anwendungsbereiche. Doch könnte es nicht sein, dass es eines Tages gelingt, Maschinen zu konstruieren, deren künstliche Intelligenz dem Menschen in nichts nachsteht, ja diesen sogar übertrifft? Welche Konsequenzen hätte das für die Maschinenethik? Stünden Maschinen dann auf gleicher Stufe wie Menschen? Hätten sie moralische Ansprüche? Welche Auswirkungen ergäben sich für das Leben der Menschen?

Die Singularitätsthese

Diese Fragen beziehen sich auf eine Diskussion, die in einer breiteren Öffentlichkeit unter dem Stichwort *Singularität* geführt wird.[2] Die technologische Singularität soll den Zeitpunkt bezeichnen, ab dem Maschinen in der Lage sind, mit Hilfe künstlicher Intelligenz Maschinen zu schaffen, die weit intelligenter sind als der Mensch. Der Grundgedanke wurde schon in den 1960er Jahren von dem Mathematiker John Irving Good (1916–2009) formuliert, der zeitweise ein Kollege von Turing war.[3]

Definieren wir eine ultraintelligente Maschine als eine Maschine, die jeden Menschen in jeder beliebigen intelligenten Aktivität übertrifft. Das gilt auch für die Entwicklung von Maschinen, die ja selbst eine intellektuelle Aktivität ist. Ähnlich wie der Mensch in der Vergangenheit wäre eine solche Maschine in der Lage, Maschinen zu bauen, die intelligenter sind als sie selbst. Und das gilt für diese neuen Maschinen natürlich auch wiederum. Auf diese Art und Weise kommt es nach Good zu einer »Intelligenzexplosion«, die die Fähigkeiten des Menschen weit hinter sich lassen würde. Die Behauptung, dass es in absehbarer Zeit zu einer solchen Intelligenzexplosion kommt, bezeichne ich im Folgenden als *Singularitätsthese*.

Lange galten Spekulationen über die Singularität in Fachkreisen als Spinnerei. Doch seit einiger Zeit erlebt das Thema eine Renaissance in den Medien. Nicht nur Prominente wie der Physiker Stephen Hawking (1942–2018) oder die IT-Unternehmer Bill Gates und Elon Musk äußern sich in der Öffentlichkeit besorgt. Auch der renommierte australische Philosoph David Chalmers nahm sich der Sache an und verteidigte die Singularitätsthese.[4] Sein Argument macht die einzelnen Begründungsschritte deutlich, die geleistet werden müssten:

1. Es wird in absehbarer Zeit künstliche Intelligenz auf mindestens menschlichem Niveau geben (= KI).
2. Wenn es KI gibt, dann wird es bald künstliche Intelligenz geben, die die menschliche Intelligenz übersteigt (= KI+).
3. Wenn es KI+ gibt, dann wird es bald künstliche Intelligenz geben, die die menschliche Intelligenz bei weitem übersteigt (= KI++).

---

4. Es wird in absehbarer Zeit künstliche Intelligenz geben, die die menschliche Intelligenz bei Weitem übersteigt.

Der Zusatz »in absehbarer« Zeit wird von den Vertretern der Singularitätsthese in Abhängigkeit vom Publikationszeitpunkt unterschiedlich interpretiert. Good rechnete schon im Jahr 2000 mit der Singularität, weitere Prognosen liegen zwischen 2005 und 2030.[5] Chalmers selbst will sich nicht so genau festlegen, geht aber davon aus, dass es bis 2100 so weit sein könnte, sofern keine äußeren Einflussfaktoren wie Naturkatastrophen oder politische Interventionen dazwischenkommen.[6] Die beiden entscheidenden Prämissen dieses Arguments sind 1 und 2. Ist einmal zugegeben, dass es in absehbarer Zeit KI und KI+ gibt, ist der Schritt zu KI++ nicht weit.

Moores Gesetz

Häufig stützen die Vertreter der Singularitätsthese die Prämissen 1 und 2 durch das sogenannte Moore'sche Gesetz.[7] Dies ist eine empirische Hypothese, die vereinfacht besagt, dass sich aufgrund von verbesserter Hardware die Verarbeitungsgeschwindigkeit von Computern alle ein bis zwei Jahre verdoppelt. Dadurch sei es unausweichlich, irgendwann den Übergang zu einer der menschlichen gleichwertigen künstlichen Intelligenz und über diese hinaus zu schaffen.[8] Allerdings sind dieser Entwicklung mutmaßlich technische Grenzen gesetzt (so schmelzen zu kleine Bauteile).

Außerdem darf man daraus, dass etwas bisher exponentiell anwuchs, nicht schließen, es müsse immer so weitergehen. Dafür führt Floridi ein amüsantes Beispiel aus der Zeitschrift *The Economist* an, das dort anlässlich von *Thanksgiving* erschien: Bislang waren Menschen die dominante Spezies auf der Erde, doch es könnte sein, dass sich das bald ändert. Die Größe der Truthähne ist seit 1929 um 150 % gestiegen. In 150 Jahren besitzen sie die Größe von Menschen und in 6000 Jahren werden sie größer als der ganze Planet sein. Das Größenwachstum wird von Wissenschaftlern auf Innovationen bei der Geflügelzucht wie künstliche Befruchtung und Selektion zurückgeführt. Allein in Amerika leben heute 250 Millionen Truthähne. Wir müssen so schnell wie möglich handeln, bevor es zu spät ist – esst die Truthähne, bevor sie euch essen![9]

Den bedenkenswertesten Punkt stellt jedoch die Tatsache dar, dass bei der Entwicklung künstlicher Intelligenz nicht die Hardware, sondern die Software entscheidend ist. Es kommt darauf an, die richtigen Algorithmen zu finden, um künstliche Intelligenz zu schaffen, die der menschlichen gleichgestellt ist oder sie übertrifft. Doch das steht bislang noch aus. Man muss sich also fragen, woher Chalmers das Vertrauen nimmt, dass es in absehbarer Zeit möglich sein wird, KI oder gar KI+ zu erreichen.

Chalmers sieht vier mögliche Wege, um zu diesem Ziel zu gelangen:

1. Direkte Programmierung,
2. maschinelles Lernen,
3. Hirnemulation und
4. künstliche Evolution.

Im ersten Fall müsste man ein Programm schreiben, das um eine Datenbank mit Weltwissen ergänzt wird. Das zweite Verfahren besteht darin, ein System zu schaffen, das mit einem Lernalgorithmus ausgestattet in der richtigen Umgebung künstliche Intelligenz entwickelt. Allerdings gibt es für beide Vorgehensweisen bislang keine Anhaltspunkte, wie sie zum Erfolg führen könnten. Bleiben die beiden anderen Möglichkeiten, die Chalmers für aussichtsreicher hält.

Hirnemulation

Der Begriff der Emulation entstammt der Informatik und bezeichnet vereinfacht die Simulation einer Hardware oder einer Software durch ein anderes Programm. Insbesondere kann der Church-Turing-Hypothese zufolge jede Turingmaschine durch jede andere Turingmaschine emuliert werden.[10] Ist die

Emulation erfolgreich, bringt das emulierte System dieselben Ergebnisse und Verhaltensweisen hervor wie das Ursprungssystem. Im Fall der Hirnemulation soll das menschliche Gehirn das Ursprungssystem darstellen. Dahinter steckt die Idee, dass auch das Gehirn letztlich eine Maschine ist und dass jede Maschine durch die Simulation mikrophysikalischer Prozesse emuliert werden kann. Wenn die Hirnemulation gelingt, dann zeigt das resultierende System dieselben Verhaltensmuster wie der Mensch.

Nicht recht klar wird, wie mit Hilfe von Hirnemulation nicht nur die menschliche Intelligenz reproduziert, sondern eine ihr überlegene Form der KI hervorgebracht werden soll. Chalmers zieht hierfür die Optimierung der Hardware, die Verknüpfung mit anderen Formen *smarter* Technologie oder mehrerer Gehirne zu einem Verbund in Erwägung.[11] Doch damit ist das Ende der Entwicklung noch nicht erreicht. Die Hirnemulation soll auch die Möglichkeit eröffnen, das individuelle Gehirn einer Person auf einem Computer hochzuladen – einschließlich ihres Bewusstseins – und derartig zu verbessern, dass es mit der Superintelligenz mithalten kann. Das ist Chalmers' Vision davon, wie menschliche Existenz nach der Singularität weitergeht.[12]

Doch ist Hirnemulation oder gar Hirnupload tatsächlich möglich, und wie weit ist die Wissenschaft bei der Umsetzung solcher Verfahren? Diese Frage hat eine empirische und eine philosophische Seite. Was den empirischen Fortschritt angeht, so gibt es auf europäischer Ebene das *Human Brain Project* mit einem gigantischen Fördervolumen von über 1 Billion Euro, das 2013 mit dem Ziel angetreten ist, das gesamte menschliche Gehirn innerhalb von 10 Jahren zu simulieren.[13] Allerdings stellt schon die Emulation des Gehirns eines sehr einfachen Organismus wie des Fadenwurms *C. Elegans* eine große Herausforderung dar.[14] Wie eine Emulation des gesamten menschlichen Gehirns vonstattengehen soll, weiß derzeitig trotz der vollmundigen Ankündigung des *Human Brain Project* noch niemand, gar nicht zu reden von einem Hirnupload. Hypothesen darüber, wann eine Hirnemulation oder gar ein Hirnupload möglich ist, erscheinen empirisch gesehen deshalb bislang als reine Spekulation.

Der philosophische Aspekt betrifft hingegen das Problem, ob die Hirnemulation überhaupt der geeignete Weg ist, um zu einer künstlichen Intelligenz auf menschlichem Niveau zu gelangen. Das ganze Vorhaben erinnert doch sehr an die Konzeption der starken künstlichen Intelligenz, die schon Searle mit seinem Chinesischen Zimmer kritisierte.[15] So ist umstritten, ob die Hirnemulation zu intentionalem Denken und Bewusstsein führt. Um über Intentionalität zu verfügen, fehlt es den Zuständen des emulierten Gehirns am Bezug zu den Gegenständen der externen Welt. Nehmen wir an, es könne die Zeichenfolge »Baum« äußern (beispielsweise über einen Bildschirm). Es hatte aber bislang noch gar keinen Kontakt zu Bäumen. Deshalb darf man nicht einfach davon ausgehen, das Wort bedeute dasselbe wie »Baum« in unserer Sprache.[16] Erstaunlich ist, dass ausgerechnet Chalmers, der das *schwierige Problem des Bewusstseins* in die Debatte eingeführt hat, davon ausgeht, dass sowohl eine Hirnemulation als auch ein -upload über Bewusstsein verfügen würde.[17] Das *schwierige Problem des Bewusstseins* bestand darin, eine physikalische Erklärung des Bewusstseins zu finden.[18] Chalmers hält dies letztlich für unmöglich und schließt daraus auf einen Eigenschaftsdualismus, demgemäß mentale Eigenschaften nicht auf physikalische Eigenschaften reduzierbar sind.

Doch die eigentliche Herausforderung besteht darin, zu umreißen, was noch zu erklären ist, wenn man es einmal geschafft hat, ein bewusstes System zu konstruieren. Denn das bringt doch die Kenntnis des Zusammenhangs zwischen Bewusstsein und seiner physikalischen Basis mit sich. Müsste Chalmers nicht zugestehen, dass damit das *schwierige Problem des Bewusstseins* gelöst und eine physikalische Erklärung des Bewusstseins doch möglich ist?[19]

Sein Hauptargument für die Erklärungslücke beruht auf der Vorstellung, dass »Zombies« logisch möglich sind. Mit Zombies sind hier Wesen gemeint, die sämtliche physikalischen Eigenschaften mit Menschen teilen, aber nicht über Bewusstsein verfügen.[20] Es ist jedoch fraglich, ob diese logische Möglichkeit als Begründung der Erklärungslücke und des Eigenschaftsdualismus ausreicht.[21] So mag es zwar logisch möglich erscheinen, dass Wasser eine andere Substanz ist als H_2O oder dass Cicero und Tullius nicht identisch sind, metaphysisch möglich ist dies jedoch nicht.[22] Darüber hinaus zieht Chalmers' Position die wenig einleuchtende Konsequenz nach sich, dass das Bewusstsein zwar nicht reduzierbar ist, aber zu einem Epiphänomen wird, also zu einer Begleiterscheinung physikalischer Prozesse, die für die Erklärung intelligenten Verhaltens keine Rolle spielt.

Chalmers meint jedoch, letztlich reiche auch eine schwächere These aus, um seine Argumentation zu stützen. Sein Argument sei schon dann erfolgreich, wenn es per Hirnemulation gelinge, intelligentes Verhalten auf menschlichem Niveau hervorzubringen. Dabei komme es nicht darauf an, ob einem solchen System auch wirklich Bewusstsein oder intentionales Denken zukommt. Man könnte ihm jedoch vorwerfen, dass er das entscheidende Problem einfach umgeht. Denn die Kritiker der Singularität heben gerade Bewusstsein und die Fähigkeit zum intentionalen Denken als wesentliche Kriterien einer dem Menschen gleichgestellten künstlichen Intelligenz hervor.

Außerdem kann man bezweifeln, dass Hirnemulation zu einem Verhalten führt, das vom intelligenten Handeln eines

Menschen ununterscheidbar ist. Warum sollte ein emuliertes Gehirn ohne jede Einbettung in die Umwelt und soziale Zusammenhänge sich überhaupt auf eine für uns intelligible Art verhalten? Selbst wenn man – anders als Chalmers – kein Dualist ist, kann man mit guten Gründen die These vertreten, dass zwar einzelne geistige und physikalische Zustände miteinander identisch sind. Daraus folgt aber nicht, dass es ein Naturgesetz der Form gibt, dass die Meinung »Der Zweite Weltkrieg begann 1939« immer dann entsteht, wenn ein bestimmter Neuronenverbund im Gehirn feuert, wenn also einem Gedanken stets eine ganz bestimmte Hirnkonstellation entspricht. Deshalb dürfen wir umgekehrt nicht einfach davon ausgehen, dass die Simulation des Feuerns dieses Verbunds die entsprechende Meinung hervorbringt.[23] Dasselbe gilt, wenn man die Perspektive auf das gesamte Gehirn erweitert. Doch genau eine solche Vorstellung liegt der Annahme zugrunde, Hirnemulation könne eine der menschlichen Intelligenz vergleichbare künstliche Intelligenz erzeugen.

Kritisch ist die Möglichkeit der Hirnemulation auch aus der Perspektive des *Enaktivismus* zu bewerten. Diese neuere kognitionswissenschaftliche Strömung geht davon aus, dass Intelligenz in der dynamischen körperlichen Interaktion eines lebenden, anpassungsfähigen Organismus mit seiner Umwelt besteht.[24] Lebende Systeme zeichnen sich durch ihre autopoietische Fähigkeit aus, d. h., sie können sich selbst als abgeschlossene Einheit hervorbringen und erhalten und besitzen intrinsische Zwecke, die ihnen nicht von außen vorgegeben sind. Ein Bakterium kommt aus dieser Sicht menschlicher Intelligenz näher als ein Computer.

Künstliche Evolution

Aussichtsreicher als die Hirnemulation erscheint vor diesem Hintergrund die von Chalmers ebenfalls ins Auge gefasste Methode der künstlichen Evolution. Hierbei wird die Entwicklung von Lebensprozessen durch computergestützte Simulationen nachgestellt. Allerdings hat die Evolution des Menschen Jahrmillionen gedauert, und es bestehen bislang keine konkreten Anhaltspunkte, auf welchem Weg man durch künstliche Evolution die Entstehung von menschenähnlicher Intelligenz als solcher erreichen kann. Nicht zuletzt ist die Evolution ein auf das Überleben und nicht auf die Hervorbringung und Optimierung von Intelligenz ausgerichteter Prozess.

Schließlich bleiben Computersimulationen für den Enaktivismus immer defizitär. Sie sind kein Mittel, um zu intelligenten Maschinen zu gelangen, sondern wissenschaftliche Instrumente zur Erforschung intelligenter Lebewesen. Will man an dem Traum festhalten, ein intelligentes System auf synthetischem Weg zu erzeugen, müsste dies einen künstlichen Organismus umfassen, der durch chemische, physikalische und energetische Prozesse konstituiert wird, die räumlich ausgedehnt, dynamisch in die Umwelt eingebettet und mit intrinsischen Zwecken ausgestattet sind.[25] Man müsste also einen künstlichen Menschen evolutionär hervorbringen, um zu einer künstlichen Intelligenz auf menschlichem Niveau zu gelangen. Die Durchführbarkeit eines dermaßen ambitionierten Programms ist jedoch auch für das Jahr 2100 nicht absehbar.

Erweist sich schon die Erschaffung einer der menschlichen Intelligenz gleichwertigen KI als schwierig, so verschärfen sich die Probleme, wenn es um das Erreichen von KI+ oder KI++ geht. Es ist nämlich keineswegs klar, ob die Fähigkeiten, die menschliche Intelligenz ausmachen, überhaupt ohne Weiteres potenziert werden können.[26] Wäre eine Person mit einem perfekten Gedächtnis zwangsläufig auch intelligenter als wir? Nicht unbedingt. Möglicherweise würde die Entscheidungsfindung dadurch verlangsamt und die Kreativität gehemmt. Würden bessere Lernalgorithmen zur Superintelligenz führen? Nicht automatisch. Denn Intelligenz erfordert auch die Fähigkeit, gelernte Informationen richtig anzuwenden. Wir wissen schon nicht, wie eine künstliche Evolution von Intelligenz als solcher vonstattengehen könnte. Noch weniger klar ist, wie ein Organismus und eine Umwelt beschaffen sein müssten, die zur Entwicklung immer höherer Stufen der Intelligenz führen würden.

Was bedeutet das für die Maschinenethik? Die Prognosen, dass es in absehbarer Zeit zur Singularität kommen wird, erwiesen sich als reine Spekulation. Bereits die Entwicklung einer der menschlichen Intelligenz gleichwertigen KI steht vor Hindernissen, deren Überwindung nicht abzusehen ist. Daran ändert auch die Entwicklung künstlicher Systeme nichts, die in dem hier explizierten funktionalen Sinn über die Fähigkeit zum moralischen Entscheiden und Handeln verfügen. Wir haben weder empirisch noch philosophisch Grund zu der Annahme, dass solche Systeme in absehbarer Zeit über moralisch relevante Eigenschaften wie Bewusstsein, Willensfreiheit oder Selbstreflexivität verfügen werden. Bis auf Weiteres müssen wir uns deshalb keine Sorgen darüber machen, dass Maschinen von sich aus die Weltherrschaft anstreben. Ebenso wenig können Maschinen mit Moral moralische Ansprüche uns gegenüber erheben. Die moralischen Bedenken gegen den Einsatz solcher Systeme beruhen, wie wir besonders in den Kapiteln über Kriegsroboter und autonomes Fahren gesehen haben, auf anderen Gründen. Die größte existentielle Bedrohung für die Menschheit liegt deshalb – anders als beispielsweise Elon Musk glaubt – derzeitig nicht in der Singularität, sondern eher im Klimawandel.

Auch wenn sich die Singularitätsthese als empirisch und philosophisch unbegründet erwies, kann die Auseinandersetzung mit der Thematik in der Science-Fiction gleichwohl einen ethischen Mehrwert haben. Denn wir werden dazu gebracht, uns vorzustellen, wie KI bzw. Roboter das Selbstverständnis der Menschen und ihren Umgang miteinander beeinflussen und welche Auswirkungen sich daraus für die Gesellschaft ergeben könnten. Dadurch verstehen wir besser, was den Menschen eigentlich ausmacht und in welcher Art von Gesellschaft wir leben wollen. Das erlaubt Rückschlüsse darauf, wie die technologische Entwicklung in moralisch positive Bahnen gelenkt werden kann. Schlaglichtartig möchte ich nun zum Abschluss auf einige solche Motive eingehen.

Real Humans

Im Zentrum meiner Überlegungen steht die TV-Serie *Real Humans* (Schweden, Staffel I 2012 / Staffel II 2013, Regie: Lars Lundström).[27] In der Serie wird eine Welt geschildert, die außer von Menschen von androiden Robotern bevölkert ist, deren Daseinszweck darin besteht, verschiedene Dienstleistungen zu erbringen. Sie werden als *Hubots* bezeichnet (ein aus den englischen Wörtern *human* und *robot* erzeugtes Kunstwort). Ein großer Vorteil des Serienformats besteht darin, einzelnen Fragen mehr Raum geben und mehrere Themenstränge parallel über längere Zeiträume verfolgen zu können. An dieser Serie ist besonders positiv, dass sie nicht in erster Linie den wohligen Schauer anstrebt oder Ängste mobilisieren will, sondern eine differenzierte Auseinandersetzung mit Licht- und Schattenseiten bietet.

Die weitgehende Übereinstimmung zwischen der Serienwelt und der aktuellen Welt ist für unsere Zwecke besser geeignet als andere Serien, die ebenfalls auf hohem Niveau moralische Fragen im Umfeld der Singularität thematisieren wie *Star Trek* (Originalserie USA 1966, Regie: Gene Roddenberry) oder *Battlestar Galactica* (USA 1978, Regie: Glen A. Larson / Remake USA 2004, Regie: Ronald D. Moore). Diese Serien spielen in einer fernen Zukunft, in der beispielsweise auch Außerirdische vorkommen. Die Existenz von Außerirdischen verändert aber mutmaßlich auch unsere Einstellung zu Androiden. Außerdem können diese Serien den Einfluss androider Roboter auf unseren Alltag nicht in den Blick bekommen, weil sie unter ganz anderen Bedingungen im Weltraum spielen. Bei *Real Humans* lassen sich die Auswirkungen der Hubots auf unser alltägliches Leben hingegen wie in einem Reagenzglas studieren, weil von anderen Veränderungen in der Zukunft abstrahiert wird. Dabei kommen eine ganze Reihe ethischer Gesichtspunkte zur Sprache, darunter die Veränderungen der Arbeitswelt durch die Roboter, ihre Auswirkungen auf Sex, Liebe und Familie und vor allem die Frage, ob Roboter moralische Ansprüche gegenüber Menschen haben und diesen womöglich sogar rechtlich gleichgestellt werden müssen.

Die Hubots sehen aus wie schöne Schaufensterpuppen, mit makellosem Teint und schimmernden Haaren. Sie bewegen sich etwas mechanisch und sind zwar intelligent genug, um als Maschinensklaven zu arbeiten, wirken aber geistig ein wenig beschränkt und sind stets freundlich-bemüht. Das gibt ihnen sowohl einen Hauch von Reinheit und Unschuld als auch von Dümmlichkeit. Die drei Asimov'schen Gesetze stellen sicher, dass ihr Verhalten gegenüber Menschen jederzeit moralisch einwandfrei ist, und der Mensch die Oberhand behält.

Die Serie setzt zu dem Zeitpunkt ein, als sich die Roboter im alltäglichen Leben der Menschen etablieren. Zwar zeichnen sich auch hier schon Konflikte ab: So soll ein Pflegeroboter für Lennart, den Großvater der Familie Engman, angeschafft werden. Eine häusliche Pflege im Kreis der Familie kommt nicht in

Frage. Seine Tochter Inger liebt ihn zwar, ist aber familiär als Mutter dreier Kinder und beruflich als Anwältin sehr eingespannt. Auch ihr Mann steht der Idee kritisch gegenüber, Opa ins Haus zu holen.

In modernen Hochglanzshops, die an Autohäuser erinnern, kann man verschiedene Hubot-Modelle in Augenschein nehmen und ausprobieren. Sie unterscheiden sich je nach Einsatzgebiet in ihrem Aussehen und ihren Fähigkeiten, etwa für den Haushalt, zur Altenpflege, im Büro oder als persönlicher Fitnesstrainer. Manche können aber auch mehrere Funktionen ausüben, beispielsweise als Haushaltshilfe mit einem einsteckbaren Zusatzmodul für Sexdienstleistungen.

Für den alten Herrn, der an einer leichten Form der Demenz leidet, wird schließlich Vera gekauft, die wie eine ältere, resolute Pflegekraft aussieht und agiert. Schnell kommt das Thema Paternalismus in der Altenpflege zum Tragen, denn Vera tyrannisiert Lennart mit ihren Vorgaben zu einem gesunden Lebenswandel und beeinträchtigt dadurch seine Lebensfreude. Doch die Probleme auf dieser Ebene sind im Wesentlichen die des Umgangs mit alten Menschen in unserer Gesellschaft, die sich auch ohne Hubots stellen. Der Paternalismus-Einwand ließe sich zudem durch ein Modell wie das hier vorgestellte Pflegesystem entschärfen, das sich an die Moralvorstellungen des Nutzers anpasst.[28] Ein solches System wäre unter Umständen sogar weniger paternalistisch als eine menschliche Pflegekraft.

Insgesamt scheinen die Vorteile der Hubots die Nachteile zunächst zu überwiegen. Nur wenige Kritiker und Verweigerer melden sich zu Wort, die den Hubots am liebsten den Garaus machen würden. Sie schließen sich zu der politischen Gruppen *Echte Menschen* zusammen, welche der Serie ihren Namen gibt. Im Wesentlichen handelt es sich um Außenseiter und Geringqualifizierte, die durch die technologische Entwicklung gesellschaftlich abgehängt wurden. Sie wirken dumpf und ähneln in ihrem Auftreten Menschen mit rassistischen oder sexistischen Vorurteilen. Im Lauf der Zeit entsteht dann noch eine Jugendgruppe, die an national gesinnte Jugendbewegungen in der ersten Hälfte des 20. Jahrhunderts erinnert. Sie verteidigen ihre Ideale eines reinen und natürlichen Lebens auf ziemlich pöbelhafte Weise.

Ein zentrales Motiv der Serie ist, dass im Umgang mit Geschöpfen, die dem Menschen so ähnlich sehen, aber kein Bewusstsein haben, moralisch keineswegs alles erlaubt ist. So wirkt die Verschrottung der ausgemusterten Hubots aufgrund ihrer Menschenähnlichkeit grausig. Das Unbehagen steigert sich im Lauf der Serie. Wir empfinden Mitleid, als Mimi, der Haushaltsroboter der Engmans, von einer Gruppe Halbwüchsiger vergewaltigt wird.

Die Einführung einer neuen Geschäftsidee in der zweiten Staffel verstärkt dieses Mitleid und führt zu regelrechter moralischer Abscheu gegenüber den Menschen. Diese dürfen nun auf einem abgezäunten Gelände gegen Hubots Krieg spielen.[29] Während die Waffen der Hubots den Menschen keinen Schaden zufügen, können die Menschen die Hubots abschießen, die im Nahkampf Todesangst zeigen und um ihr Leben betteln. Am Ende ist es egal, ob die Hubots nun Bewusstsein und echte Gefühle haben oder ob es nur so wirkt. Wir müssen sie moralisch so behandeln, als ob sie darüber verfügten.[30] In der Serie verkörpert Inger diese Einsicht, die von Anfang an bestimmt, dass Mimi als Familienmitglied und nicht als Haushaltssklavin zu behandeln ist.

Doch nicht nur das Verhältnis von Mensch und Maschine wird thematisiert, sondern auch die Veränderungen, die die Hubots für die zwischenmenschlichen Beziehungen mit sich bringen. Neben den Auswirkungen in der Arbeitswelt stehen insbesondere Liebe, Sex und Familie im Zentrum der Aufmerksamkeit. Die Maschinen sind nicht nur Sexobjekte, sondern sie werden zu Freunden, und die Menschen verlieben sich sogar in sie. Das führt zu einer neuen Form der sexuellen Ausrichtung, der transhumanen Sexualität. Das Verbot, mit Hubots auszugehen oder sie zu heiraten, erscheint angesichts dessen als eine neue Form der sexuellen Diskriminierung, derer sich Inger als Anwältin annimmt.

Ihr Präzedenzfall ist Therese, die nach der Trennung von ihrem Mann Roger einen Hubotfreund hat, gegen dessen Diskriminierung im Alltag Inger vorgeht. Dieser Schritt erscheint besonders in Schweden, einem Musterland in Gleichstellungsfragen, nur logisch zu sein. Thereses Sohn empfindet diese Liaison jedoch als Zumutung und schließt sich den Jugendlichen der Anti-Hubot-Bewegung an. Auch sein leicht asozialer Stiefvater Roger, der durch den Verlust seiner Arbeit als Lagerist an die Hubots traumatisiert ist, gehört zu dieser Bewegung. Gerade an dem ungeschlachten Roger wird der Unterschied zwischen dem nicht-perfekten Menschen und jener makellosen Maschine besonders deutlich, die Roger mit verbindlichen Worten feuert. Der Hubot erweist sich als Verkörperung all jener Ideale, denen auch der selbstoptimierte Mensch im Kontext der kapitalistischen Arbeitswelt entsprechen soll.

Als Roger Therese auflauert und gewalttätig wird, lässt sie ihren Hubotfreund illegal hacken, so dass die Asimov'schen Gesetze außer Kraft gesetzt werden (nebenbei erfolgt auch eine Erweiterung seiner Sexfunktionen). In der Folge mutiert die vormals harmlos-freundliche Maschine vom Typ *Fitnesstrainer* zum aggressiven Macho, der schließlich von Therese verkauft und zu einem der Kriegshubots wird. Da er nicht mehr den Asimov'schen Gesetzen unterliegt, kann er den Menschen jedoch wirklich gefährlich werden und wiegelt auch die anderen Hubots gegen die Menschen auf.

Therese legt sich danach einen neuen Hubot-Freund zu, der eine regelrechte Softie-Karikatur ist. Einerseits ist die Angst der deutlich über 40-Jährigen nachvollziehbar, auf dem Markt der Liebe keinen passenden Mann mehr zu finden, noch dazu einen jungen und attraktiven, der sich nicht um ihre Falten und erschlaffenden Körperpartien schert. Andererseits erscheint ihr Verhalten moralisch nicht unproblematisch, weil sie sich trotz des katastrophalen Endes ihrer Beziehung mit ihrem ersten Hubotfreund nicht weiterentwickelt hat. Sie erliegt der Versuchung, sich einfach einen neuen Partner nach ihren Vorstellungen zu kaufen, der keine eigenen Bedürfnisse hat und sich ihr nicht widersetzt. Die umstandslose Ersetzung des entgleisten Hubotfreunds durch einen neuen hinterlässt einen schalen Nachgeschmack. Die Roboter verschärfen die gesellschaftliche Tendenz, auch die Liebe zu einer austauschbaren Ware zu machen, ohne sich auf eine andere Person mit all ihren Ecken und Kanten einzulassen.

Doch auch Roger verliebt sich, ohne es zu wissen, in Bea, einen Hubot, der die Anti-Hubot-Bewegung infiltriert hat. Bea ist Teil einer Gruppe von freien Hubots, die durch einen besonderen Code über einen freien Willen verfügen und sich eigene Ziele setzen können. Sie sind hochintelligent und äußerlich nicht mehr von Menschen zu unterscheiden. Einst gehörte auch Mimi zu dieser Gruppe, wurde aber gefangen und umprogrammiert, bevor sie zu den Engmans kam. Die anderen Gruppenmitglieder entwickeln sich in der Folge sehr unterschiedlich. Das Schicksal dieser Hubots zeigt, dass es keine einfache Antwort auf die Frage gibt, wie Roboter, die Personen in den relevanten Hinsichten sehr ähnlich sind, moralisch einzuschätzen sind: Einige, darunter federführend Bea, verhalten sich strategisch versiert und morden skrupellos, weil sie selbst die Macht über die Menschheit übernehmen wollen. Andere versuchen Anschluss an die Menschen zu finden, machen dabei aber sehr unterschiedliche Erfahrungen. Ein Hubot aus der Gruppe entwickelt religiöse Gefühle, wird aber bei einem Gottesdienst von der Gemeinde verjagt und wendet sich daraufhin enttäuscht von den Menschen ab. Seine schwesterliche Gefährtin Florentine macht sich auf die Suche nach der Liebe und findet sie schließlich bei Ingers Chef, der zunächst nicht weiß, dass sie ein Hubot ist.

Als es den Eheleuten unter Umgehung des Rechtswegs gelingt, ein Kind zu adoptieren, scheint ihr Glück perfekt zu sein. Für den Betrachter ist die Adoption logisch und emotional eine Konsequenz aus der Anerkennung der Tatsache, dass Florentine über jene Eigenschaften verfügt, die moralische Personen ausmachen. Doch nachdem Florentines Mann durch einen Hubot aus der Gruppe ermordet wurde, kommt es zu einem Gerichtsprozess, bei dem enthüllt wird, dass sie ebenfalls ein Hubot ist. Florentine und Mimi, die mittlerweile durch den Code wieder frei geworden ist, werden rechtlich den Menschen gleichgestellt.

Das Dilemma des Turingtests wird dabei allerdings nur durch einen Kunstgriff umgangen. Es besteht darin, dass ein künstliches System sich noch so menschenähnlich verhalten kann, ohne dass wir mit Gewissheit sagen können, ob es auch wirklich über die für Personen auschlaggebenden Eigenschaften wie Bewusstsein oder Intentionalität verfügt. Das Gericht lässt sich letztlich nur davon überzeugen, dass Mimi eine Person ist, als sie sich als Hirnupload eines echten Menschen erweist. Obwohl sie in der Zwischenzeit mehrfach neu formatiert wurde, finden sich dauerhafte Spuren dieser Person in ihrem Denken und Handeln, die eine Art Unterbewusstsein bilden.

Zwar erhält in der Folge auch Florentine den rechtlichen Status eines Menschen. Dennoch verliert sie das Sorgerecht für das Adoptivkind, obwohl sie eine überaus zärtliche Mutter ist, weil die Adoption illegal war. Es ist dieser Moment des Scheiterns, in dem sie im vollen Sinn erkennt, wie es ist, ein Mensch zu sein.

Am Ende verwischen die Grenzen zwischen Mensch und Maschine. Im Umgang mit den Hubots erscheinen die Menschen teilweise unmenschlich und lassen gerade diejenigen Qualitäten missen, die den Menschen vor anderen Wesen besonders auszeichnen sollen: moralische Integrität und Empathie. Den Maschinen eröffnen sich hingegen mit zunehmender Intelligenz, Bewusstsein und Willensfreiheit sowohl die positiven als auch die negativen Entwicklungsmöglichkeiten des Menschen. Welche davon realisiert werden, hängt nicht nur von der eigenen Entscheidung ab, sondern auch von den gesellschaftlichen Rahmenbedingungen, auf die sie treffen.

Jenseits der Frage, ob Singularität möglich ist oder nicht, lehrt uns diese Serie, dass es nicht die Abgrenzung von Maschinen ist, die uns zu Menschen macht, sondern die Ausübung unserer moralischen Fähigkeiten, insbesondere auch gegenüber Wesen, die nicht zu unserer Spezies gehören.

Anmerkungen

Einleitung: Maschinenethik – eine neue Disziplin an der Schnittstelle von Philosophie, Informatik und Robotik

1 *Robota* bedeutet auf Tschechisch ›Arbeit, Frondienst, Zwangsarbeit‹.

2 Es handelt sich um das Theaterstück *R.U.R. (Rossumovi Univerzální Roboti)*. R.U.R. ist dabei der Name einer Firma, die Androiden herstellt (es gibt eine Übersetzung von Joachim Mols).

3 Im Zuge dieser Entwicklung entstanden die beiden maßgeblichen englischen Werke zur Maschinenethik, eine Monografie von Wallach/Allen (2009) sowie ein Sammelband von Anderson/Anderson (2011a); im deutschsprachigen Raum erscheint 2018 ein Handbuch Maschinenethik mit einführenden Artikeln verschiedener Autoren, siehe Bendel (2018), darin auch Misselhorn (2018a) und (2018b).

4 Vgl. Bendel (2017).

5 Während in diesem Fall das Kind nicht gerettet werden konnte, gelang dies im Jahr 2008 in einer ähnlich gelagerten Situation. Weltweit soll es nach Angaben aus dem Jahr 2009 weniger als 30 ähnliche Fälle geben, vgl. Focus Online (2009).

6 Vgl. Silver/Schrittwieser/Simonyan [u. a.] (2017).

7 Vgl. Silver/Hubert/Schrittwieser [u. a.] (2017).

8 Vgl. Future of Life Institute (2015a).

1. Theoretische Grundlagen

1 Im Unterschied zum alltäglichen Sprachgebrauch, in dem beide Begriffe zumeist gleichgesetzt werden, verwende ich den Begriff der Künstlichen Intelligenz im Folgenden, wenn ich von der Sache als solcher spreche, und KI, wenn es um die Disziplin geht.

2 Vgl. Gardner (1983 [dt. 1991]).

3 Bei verstorbenen Personen werden wie auch im Folgenden die jeweiligen Lebensdaten in Klammern angegeben, um nachvollziehbar zu machen, in welchem zeitlichen Diskussionskontext sie gesehen werden müssen.

4 Es handelt sich um einen Forschungsantrag für eine mehrwöchige Sommerkonferenz am Dartmouth College, die als Gründungsveranstaltung der KI in die Geschichte einging: Vgl. McCarthy/Minsky/Rochester [u. a.] (1955).

5 Vgl. Turing (1937).

6 Vgl. Copeland (2017).

7 Vgl. Turing (1937).

8 Dieses Problem wird gegen die Möglichkeit einer Maschinenethik vorgebracht von Englert/Siebert/Ziegler (2014). Es trifft jedoch nur auf Turingmaschinen mit unbegrenztem Speicher zu, während der Speicher aller real existierenden Computer begrenzt ist. Turingmaschinen lassen sich deshalb durch endliche Automaten simulieren, für die das Halteproblem grundsätzlich lösbar ist, vgl. James (2014).

9 In Frege (1879) arbeitete er zunächst seine Notation aus. Eine umfassende Weiterentwicklung erfolgte dann in Frege (1893) und (1903).

10 Die drei Bände erschienen 1910, 1912 und 1913. Im Jahr 1925 kam die zweite Auflage mit einer wichtigen neuen Einführung heraus, die auf grundlegende Veränderungen hinweist.

11 Umgangssprachlich lautet diese Aussage allerdings etwas anders als die ursprüngliche Prämisse 1: Für jedes x gilt, wenn x ein Mensch ist, dann ist x sterblich. Diese Formulierung hat den Vorteil, nicht vorauszusetzen, dass es tatsächlich Menschen gibt.

12 Vgl. Newell/Simon (1976). Es handelt sich um ihre Rede anlässlich der Verleihung des Turing Awards, dessen Stellenwert in der Informatik mit dem Nobelpreis vergleichbar ist.

13 Vgl. Clark (2001), S. 7.

14 Dieser Begriff geht zurück auf Haugeland (1985).

15 Vgl. Bechtel/Abrahamsen (2001); McLeod/Plunkett/Rolls (1998).

16 Vgl. McCulloch/Pitts (1943).

17 Vgl. Hebb (1949).

18 Vgl. Fodor/Pylyshyn (1988).

19 Vgl. Iida/Pfeifer/Steels [u. a.] (2004).

20 Vgl. Wilson/Foglia (2017).

21 Vgl. Brooks (1999).

22 Vgl. Dreyfus (1972) und (1992).
23 Vgl. dazu auch das Kap. »Ausblick: Maschinenethik und Singularität«.
24 Diese Unterscheidung geht auf Reichenbach (1938) zurück.
25 Vgl. Turing (1950 [dt. 1994]).
26 Vgl. Weizenbaum (1966).
27 Misselhorn (2009).
28 Vgl. Searle (1980a [dt. 1986]).
29 Zu dieser auf den Philosophen und Psychologen Franz Brentano (1838–1917) zurückgehenden These vgl. Crane (1998).
30 Vgl. Churchland/Churchland (1990).
31 Vgl. z. B. Harnad (1989) und (2002).
32 Vgl. z. B. Crane (2016), S. 89.
33 Vgl. Searle (1980b).
34 Vgl. Block (1995 [dt. 1996]).
35 Vgl. Chalmers (1995).
36 Vgl. Jackson (1982 [dt. 2001]) und (1986).
37 Allerdings sieht Jackson diese These mittlerweile etwas distanzierter, vgl. Jackson (1998).
38 Vgl. z. B. Dennett (1988).
39 Vgl. Dennett (1996).
40 Vgl. das Kap. »Maschinen als moralische Akteure«.
41 Vgl. das Kap. »Ausblick: Maschinenethik und Singularität«.
42 Zum letzten Punkt vgl. insb. Berninger (2017), die auf der Grundlage dieser Befunde eine adverbiale Emotionstheorie aufbaut.
43 Vgl. James (1884).
44 Wichtige Vertreter dieser Auffassung sind z. B. Solomon (1993) sowie Nussbaum (2004).
45 Vgl. Deonna/Teroni (2012), Kap. 5.
46 Vgl. Lazarus (1991).
47 Vgl. Scherer (2009).
48 Vgl. Roberts (2003), Kap. 1.
49 Vgl. Döring (2009), S. 31.
50 Vgl. Goldie (2000).
51 Vgl. Damasio (1994).
52 Vgl. Scheutz (2011).

53 Vgl. Lench [u. a.] (2013).
54 Vgl. Cãnamero (1997).
55 Vgl. Balkenius [u. a.] (2016).
56 Vgl. McCarthy/Hayes (1969).
57 Vgl. Shanahan (2009).
58 Vgl. Ketelaar/Todd (2001).
59 Vgl. de Sousa (1987).
60 Vgl. MacLennan (2014).
61 Vgl. MacLennan (1995).
62 Ich komme auf diese Fragen zurück im Kap. »Ausblick: Maschinenethik und Singularität«.
63 Vgl. Birnbacher (2003).
64 Der Begriff der *Roboterethik* geht zurück auf Veruggio (2005).
65 Vgl. bspw. Maner (1996), Bynum (1999) sowie Floridi (1999).
66 Eine immer noch gute Orientierung über die Debatte verschafft der Sammelband von Wallace/Walker (1970).
67 Vgl. Hare (1981 [dt. 1992]).
68 Vgl. Wimmer (1980) sowie Schroth (2001).
69 Vgl. Hare (1981[dt. 1992]).
70 Vgl. Dworkin (1984).
71 Vgl. Williams (1985) sowie Tugendhat (2003).
72 Vgl. Hume (2007 [dt. 2013]), Mackie (1990), Warnock (1971).
73 Gelegentlich wird zwar der moralische Egoismus als eigene ethische Position verstanden. Dieser besagt, dass jeder so handeln sollte, wie es in seinem eigenen Interesse ist. Diese Auffassung scheint allerdings von unserem alltäglichen Moralbegriff sehr weit entfernt zu sein.
74 Vgl. Gaut (2007), S. 45 f.
75 Vgl. Dancy (2004).
76 Vgl. Nussbaum (1990).
77 Vgl. Wittgenstein (1982).
78 Vgl. Burns (2005).
79 Vgl. Singer (1979 [dt. 1994]).
80 Vgl. Rawls (1971 [dt. 1975]).
81 Williams (1985), S. 68.
82 Vgl. Brink (2014).

83 Vgl. Kagan (1984).

84 Diese einflussreiche Formulierung geht auf John Rawls zurück, der seine Gerechtigkeitstheorie als eine Form des kantischen Konstruktivismus bezeichnet, vgl. Rawls (1980 [dt. 1994]).

85 Kant, GMS, S. 421.

86 Kant, GMS, S. 433. Kant scheint davon auszugehen, dass die verschiedenen Formulierungen des kategorischen Imperativs letztlich äquivalent sind. Dies ist in der Forschung jedoch umstritten.

87 Diese Thematik wird im Zusammenhang mit der formalen Aufbereitung von Maximen für künstliche Systeme im Kap. »Moralimplementation« noch einmal ausführlicher diskutiert.

88 Kant, GMS, S. 393.

89 Vgl. Ross (1930).

90 Vgl. bspw. Stemmer (2004).

91 Kant, GMS, S. 439.

92 Vgl. McDowell (1979 [dt. 2009]).

93 Vgl. Hursthouse (1999).

94 Vgl. Becker (1986).

95 Vgl. Hoppe (1992).

96 Vgl. Hursthouse (1999).

97 Vgl. MacIntyre (1985).

98 Vgl. Nussbaum (1993 [dt. 1998]).

99 Vgl. MacIntyre (1985).

100 Vgl. Rawls (1993), S. 56 f. [dt. 2003].

101 Wie wir später sehen werden, sind diese Bürden moralischen Urteilens auch für die Maschinenethik im Anwendungskontext von Bedeutung, und zwar insbesondere in der Pflege (vgl. das Kap. »Pflegesysteme«).

II. Maschinenethik

1 Vgl. Moor (2006).

2 Im Sinn der im Kapitel »Ethik und Moral« eingeführten Unterscheidung ziehe ich es vor, von moralischen im Unterschied zu ethischen Akteuren zu sprechen und modifiziere Moors Begrifflichkeit dementsprechend.

3 Aus diesem Grund kann man in diesem Fall nicht wirklich von Akteuren sprechen, wie ich weiter unten darlegen werde.
4 Vgl. Wallach/Allen (2009), S. 26.
5 Ich gehe darauf im Kap. »Mensch und Maschine« näher ein.
6 Vgl. das Kap. »Denken, Bewusstsein und Emotionen«.
7 Letztere Strategie verfolgt bspw. McLaren (2003).
8 Vgl. Anderson (2011), S. 23.
9 Vgl. Anderson/Anderson/Armen (2005a). Im Kap. »Pflegesysteme« werden diese Systeme ausführlicher behandelt.
10 Vgl. das Kap. »Ethik und Moral«.
11 Im Kap. »Mensch und Maschine« komme ich auf diese Thematik zurück.
12 Vgl. Jonas (1968). Ich komme im »Ausblick: Maschinenethik und Singularität« auf dieses Thema zurück.
13 Vgl. Misselhorn (2015), S. 3–25.
14 Vgl. Darwall (2007).
15 Vgl. Misselhorn (2013).
16 Vgl. zur Akteurskausalität Chisholm (1964).
17 Ich komme im Abschnitt über Willensfreiheit (s. Kap. »Mensch und Maschine«) noch einmal auf diese Thematik zurück.
18 Vgl. Floridi/Sanders (2004).
19 Floridi und Sanders bezeichnen allerdings nur die zweite Bedingung als basale Autonomie, vgl. Floridi/Sanders (2004), S. 15. Aus meiner Sicht erfassen jedoch alle drei Bedingungen einen Aspekt unseres intuitiven Begriffs der Selbstursprünglichkeit. Alternativ könnte man die beiden anderen Bedingungen als Formen der Intelligenz bezeichnen, die weniger anspruchsvoll sind als das Handeln aus Gründen. Für eine nuanciertere Darstellung des Zusammenhangs zwischen Selbstursprünglichkeit und intelligentem Verhalten vgl. Misselhorn (2015).
20 Ausführlicher wird diese Frage im Abschnitt Willensfreiheit im Kap. »Mensch und Maschine« thematisiert.
21 Vgl. zum Konnektionismus das Kap. »Künstliche Intelligenz«.
22 Zur Unterscheidung von überwachtem und nicht überwachtem Lernen vgl. das Kap. »Künstliche Intelligenz«.
23 Anders als bei Microsofts Chatbot *Tay*, der von seinen Gesprächs-

partnern systematisch mit rassistischen und sexistischen Daten gefüttert wurde, vgl. Wakefield (2016), können Vorurteile auch implizit im Datensatz enthalten sein.

24 Vgl. Bostrom/Yudkowsky (2014).

25 Vgl. Bratman (1987).

26 Vgl. zu dieser unter der Rubrik »Motivationaler Internalismus vs. Externalismus« geführten Diskussion z. B. Brink (1989) sowie Smith (1994).

27 Vgl. Davidson (1980 [dt. 1990]).

28 Vgl. Allen/Bekoff (1997).

29 Vgl. Dennett (1987).

30 Ich werde im folgenden Kapitel im Zusammenhang mit Maschinenethik als Forschungsprogramm noch eingehender auf Dennetts Auffassung eingehen (siehe S. 91–93).

31 Vgl. Lewis (1980).

32 Vgl. Shagrir (2005).

33 Vgl. Loar (1981).

34 Vgl. Putnam (1975a), Putnam (1975b).

35 Vgl. Churchland/Sejnowski (1992 [dt. 1997]).

36 Vgl. Fodor (1975).

37 Vgl. das Kap. »Denken, Bewusstsein und Emotionen«.

38 Searle selbst spricht von »als-ob-Intentionalität« (vgl. Searle (1992 [dt. 1996]). Diese stellt für ihn jedoch lediglich eine interpretatorische Fiktion dar. Quasi-Intentionalität geht darüber hinaus, weil sie bestimmte strukturelle Eigenschaften der fraglichen internen Zustände miteinbezieht. Sie stellt also ein Mittleres dar zwischen Zuständen, die gar nicht intentional sind, und solchen, die intrinsisch intentional sind.

39 Vgl. Walton (1978).

40 Vgl. auch das Kap. »Denken, Bewusstsein und Emotionen«.

41 Vgl. das Kap. »Ausblick: Maschinenethik und Singularität«.

42 Vgl. Rao/Georgeff (1991, 1995).

43 Dieser Begriff ist enger gefasst als derjenige der *funktionalen Moral*, den Wallach und Allen vorschlagen: Sie fassen unter diesem Begriff auch solche Systeme, die nach Moor nur implizite moralische Akteure sind, vgl. Wallach/Allen (2009), S. 26.

44 Vgl. Allen/Varner/Zinser (2000).
45 Vgl. Arnold/Scheutz (2016).
46 Vgl. Dennett (1987).
47 Vgl. das Kap. »Maschinen als moralische Akteure«.
48 Vgl. Bermúdez (2005), S. 17.
49 Zur Unterscheidung zwischen personalen und subpersonalen Erklärungen vgl. Bermúdez (2005), S. 28.
50 Vgl. Marr (1982).
51 Vgl. ebd., S. 22 f.
52 Vgl. Wallach/Allen (2009), S. 79 f. Ich übernehme diese Terminologie, weiche aber in der inhaltlichen Bestimmung von Wallach und Allen etwas ab, da diese meines Erachtens nicht völlig kohärent ist.
53 Auf diese Alternative wird anhand eines Beispiels im Kap. »Pflegesysteme« näher eingegangen.
54 Vgl. Kap. »Ethik und Moral«.
55 Diese werden im Abschnitt »Top-Down-Ansatz III: Asimov'sche Gesetze« auf S. 108–114 näher erläutert.
56 Vgl. Anderson/Anderson/Armen (2005b).
57 Vgl. Gips (2011).
58 Dieser Ansatz geht wesentlich zurück auf Herbert Simon, einen der Gründerväter der KI und Nobelpreisträger, vgl. Simon (1959).
59 Vgl. Gigerenzer/Todd (1999).
60 Vgl. ebd., S. 43 f.
61 Einen entsprechenden Ansatz vertritt beispielsweise der Nobelpreisträger in den Wirtschaftswissenschaften, Harsanyi (1979).
62 Vgl. Powers (2011).
63 Vgl. Herman (1993), S. 142, die diese Auffassung allerdings in kritischer Absicht zitiert.
64 Kant, GMS, S. 421.
65 Vgl. das Kap. »Künstliche Intelligenz«.
66 Vgl. Powers (2011), S. 468.
67 Vgl. Hübner (2014), S. 154.
68 Vgl. Kant, GMS, S. 424.
69 Vgl. Korsgaard (1996), S. 80.
70 Vgl. Powers (2011), S. 469.
71 Kant, GMS, S. 422.

72 Ebd.
73 Vgl. ebd., S. 421 f. sowie den Abschnitt zu Kant im Kap. »Ethik und Moral«.
74 Vgl. Powers (2011), S. 473.
75 Vgl. das Kap. »Künstliche Intelligenz«.
76 Vgl. Powers (2011), S. 474.
77 Vgl. Tonkens (2009).
78 Vgl. Asimov (2011), S. 229–250, S. 229.
79 Vgl. Asimov (1985), S. 525.
80 Zu einer einfachen Implementation der Asimov'schen Gesetze mit einem Modul, das mögliche Handlungsfolgen simuliert, vgl. Vanderelst/Alan (2018).
81 Asimov (2011), S. 276–295, S. 286. Ein positronisches Gehirn gibt es natürlich nicht wirklich. Es handelt sich um eine fiktionale Technologie, die in Asimovs Geschichten als zentrale Verarbeitungseinheit (CPU) für androide Roboter fungiert und irgendwie dem menschlichen Gehirn nachempfunden ist.
82 Vgl. Brooks (2002), S. 72.
83 Vgl. Asimov (2011), S. 520.
84 Vgl. das sogenannte Trolley-Problem, auf das ich ausführlicher im Kap. »Autonomes Fahren« eingehe.
85 Vgl. Asimov (2011), S. 642–674, S. 673.
86 Vgl. Asimov (2011), S. 675–727. Es bietet sich an, eine Parallele zum antiken Paradoxon des Schiffs des Theseus zu ziehen, bei dem im Lauf der Zeit jede einzelne Planke ersetzt wird.
87 Ausführlicher wird auf dieses Thema im Kap. »Ausblick: Maschinenethik und Singularität« eingegangen.
88 Vgl. Asimov (2011), S. 180–202.
89 Vgl. Weizenbaum (1976 [dt. 1978]).
90 Vgl. Asimov (2011), S. 346–368.
91 Vgl. ebd., S. 367.
92 Vgl. ebd., S. 276–295.
93 Vgl. ebd., S. 293.
94 Zit. nach Grau (2011).
95 Zu möglichen Ergänzungen vgl. Clarke (2011), S. 275.
96 Vgl. Churchland (1995 [dt. 1997]), Casebeer (2003), Dancy (2004).

97 Vgl. Gips (2011).
98 Vgl. Guarini (2011).
99 Vgl. ebd., S. 322.
100 Vgl. Guarini (2006), S. 26.
101 Zur Erläuterung des BDI-Modells vgl. das Kap. »Maschinen als moralische Akteure«.
102 Vgl. Honarvar/Ghasem-Aghaee (2009).
103 Vgl. das Kap. »Maschinen als moralische Akteure«, S. 80.
104 Vgl. Matthias (2004).
105 Für die Entstehung von kooperativem Verhalten vgl. Axelrod (1984), in Richtung Moral weitergeführt wird dieser Ansatz von Danielson (1992).
106 Sollte man auch Tiere als Personen begreifen, dann wären sie passive moralische Personen. Wenn man darüber hinaus Tieren die Fähigkeit zum moralischen Handeln zuschreibt, was bspw. Bekoff/Pierce (2010) vorschlagen, so wären sie auch moralische Akteure, allerdings nicht im vollumfänglichen Sinn. Daher würde ich sie nicht als moralisch aktive Personen bezeichnen.
107 Vgl. Dennett (1976).
108 Vgl. Henrich (1966).
109 Vgl. Frank (2001) und (2016).
110 Vgl. im Anschluss an die Frühromantik Frank (2002), stärker im Kontext der gegenwärtigen Debatten in der Philosophie des Geistes argumentiert Bermúdez (1998).
111 Vgl. Eshleman (2016).
112 Vgl. Asaro (2014).
113 In diese Richtung geht bspw. Cahn (1977).
114 Vgl. Kapitel »Maschinen als moralische Akteure«, S. 77.
115 Vgl. Keil (2007), S. 151.
116 Vgl. Keil (1993).
117 Vgl. Frankfurt (1969 [dt. 2001]).
118 Vgl. Frankfurt (1971 [dt. 2001]).
119 Zum Begriff der Reflexion in der Informatik vgl. Maes (1988). Zum Zusammenhang mit (menschlicher) Metakognition vgl. Cox (2005).
120 Auch dieser Punkt erlangte im Kontext der klassischen deutschen Philosophie große Bedeutung, angefangen bei Kants transzenden-

taler Apperzeption, über Fichtes Reflexionsbegriff bis zu Hegels Rekonstruktion der Begriffsstruktur von Subjektivität, vgl. Wandschneider (1990).

121 Vgl. Lucas (1961), Penrose (1989) und (1994).

122 Gödel selbst hatte auch schon ähnliche Überlegungen angestellt.

123 Vgl. das Kap. »Künstliche Intelligenz«.

124 Vgl. bspw. Arkoudas/Bringsjord (2003).

125 Vgl. Strawson (1962 [dt. 1978]).

126 Vgl. Misselhorn (2009).

127 Doch gibt es Ausnahmen, vgl. Misselhorn (2013).

128 Vgl. Latour (2006).

129 Vgl. ausführlicher das Kap. »Militärroboter, Drohnen & Co«.

130 Vgl. Heidbrink (2017), S. 19.

131 Vgl. ebd., S. 13.

132 Vgl. ebd., S. 23 f.

133 Wie wir sowohl im nächsten Abschnitt als auch im folgenden Teil sehen werden, stellt sich das Problem der Kontrolle moralischer Maschinen jedoch weitgehend unabhängig von den unterschiedlichen Interpretationen der Kontrollbedingung.

134 Vgl. Nida-Rümelin (2011), S. 31.

135 Heidbrink (2013), S. 126 f.

136 Vgl. Ropohl (2009), S. 58 f.

137 Vgl. Latour (1996).

138 Vgl. Verbeek (2006), S. 364.

139 Vgl. Clark/Chalmers (1998).

140 Vgl. Adams/Aizawa (2008).

141 Vgl. Matthias (2004).

142 Vgl. Matthias (2004).

143 Vgl. schon Jonas (1979).

144 Vgl. Jonas (1979), Friedman (1990), Nissenbaum (1994).

145 Ein solcher Fall wird unter dem Begriff der ›Verantwortungslücke‹ im Kap. »Militärroboter, Drohnen & Co« am Beispiel autonomer Waffensysteme ausführlicher diskutiert.

146 Vgl. Misselhorn (2015), S. 4.

147 Vgl. Zuboff (1985).

148 Vgl. Rohrbeck (2018).

149 Matthias (2004).
150 Vgl. Parnas/van Schouwen (1990).
151 Vgl. Nissenbaum (1997).
152 Zur Thematik kollektiver Verantwortung vgl. Gerber (2010) und Isaacs (2011).

III. Anwendungsbereiche

1 Vgl. Rothgang/Müller/Unger (2012).
2 Vgl. Veruggio/Operto (2008).
3 Vgl. Sorell/Draper (2014).
4 Vgl. Dautenhahn/Woods/Kaouri [u. a.] (2005).
5 Vgl. Ackerman (2015), Ott (2015).
6 Vgl. Anderson/Anderson/Armen (2006a).
7 Vgl. Cloos (2005).
8 Vgl. Anderson/Anderson/Armen (2006a).
9 Vgl. Ross (1930).
10 Vgl. Rawls (1951 [dt. 1976]).
11 Vgl. Beauchamp/Childress (1979).
12 Auf den ersten Blick erscheinen die Pflicht, dem Patienten keinen Schaden zuzufügen, und die Pflicht, zu seinem Nutzen zu handeln, in diesem Fall nicht als kategorial unterschiedlich, sondern im Sinn des Utilitarismus als ein Kontinuum derselben Pflicht. Es gibt jedoch Fälle, in denen dieser Unterschied deutlicher zutage tritt, beispielsweise wenn Handlung α darin besteht, dem Patienten ein Bein zu amputieren (Schaden), der Patient aber dadurch überlebt (Nutzen). Die Handlung würde dann die Pflicht zur Vermeidung von Schaden leicht verletzen, aber die Pflicht zur Beförderung des Patientennutzens stark befördern.
13 Diese Anzahl kommt zustande, weil für Autonomie aus Gründen, die sich mir nicht erschlossen haben, nur die Werte +2, +1 und −1 vergeben werden.
14 Vgl. Anderson/Anderson/Armen (2006b).
15 Vgl. Anderson/Anderson (2008).
16 Vgl. Anderson/Anderson (2010).

17 Vgl. Anderson/Anderson (2011b).
18 Vgl. Misselhorn (2018c).
19 Vgl. Misselhorn/Pompe/Stapleton (2013).
20 Vgl. das Kap. »Ethik und Moral«.
21 Vgl. Misselhorn (2018c).
22 Vgl. das Kap. »Moralimplementation«.
23 Vgl. Sparrow/Sparrow (2006), S. 152.
24 Vgl. Coeckelbergh (2013).
25 Vgl. ebd., S. 811.
26 Vgl. Coeckelbergh (2015), S. 276.
27 Vgl. Santoni de Sio/van Wynsberghe (2016).
28 Vgl. Decker (2008).
29 Wie auch kognitiv eingeschränkte Menschen mit einem Assistenzsystem länger selbstbestimmt zu Hause leben können, ohne in ihrer Autonomie eingeschränkt zu werden, wird gezeigt in: Behrendt/Misselhorn (2018).
30 Vgl. Parks (2010).
31 Vgl. Future of Life Institute (2017).
32 Vgl. Future of Life Institute (2015b).
33 Vgl. Ban Lethal Autonomous Weapons (2018). Seit 2021 gibt es dort noch noch einen zweiten Slaughterbots-Film mit dem Titel: *If human: kill()*.
34 Vgl. Leveringhaus (2016), S. 35.
35 Vgl. United States Department of Defense (2011).
36 Inwiefern programmierte Maschinen autonom und moralisch handeln können, wurde im Kap. »Maschinen als moralische Akteure« genauer diskutiert.
37 Wir werden auf die Frage der Autonomie noch einmal anhand unseres konkreten Beispiels zurückkommen.
38 Vgl. Arkin (2009).
39 Vgl. Wissenschaftlicher Dienst des Bundestages (2009).
40 Ob der Pazifismus richtig ist oder nicht, stellt eine weitreichende Frage dar. Da die Debatte um autonome Waffensysteme jedoch nicht einem generellen Pazifismus entspringt, sondern sich spezifisch auf diese Waffenform bezieht, wird auf eine ausführliche Diskussion des Pazifismus verzichtet.

41 Vgl. zur Einführung in die Theorie des gerechten Kriegs Walzer (1977).
42 Vgl. Arkin (2009), S. 72. Den Begriff des Kollateralschadens verwende ich im Folgenden nur für Schäden an geschütztem zivilem Eigentum, nicht an Personen.
43 Vgl. Arkin (2009), S. 46 f.
44 Vgl. Walzer (1977), S. 155.
45 Vgl. das Kap. »Maschinen als moralische Akteure«.
46 Vgl. Arkin (2009), Kap. 10.3.2.
47 Arkin bringt einerseits den ethischen Regler ins Spiel, vgl. Arkin (2009), S. 141. An anderer Stelle erwägt er andererseits den ethischen Adapter, vgl. ebd., S. 143.
48 Vgl. ebd., S. 190 ff.
49 Vgl. ebd., S. 192 ff.
50 Vgl. ebd., S. 186.
51 Vgl. ebd., S. 188.
52 Vgl. Leveringhaus (2016), S. 62.
53 Vgl. Sparrow (2007), S. 67.
54 Vgl. Leveringhaus (2016), S. 79. Leveringhaus bezieht diese Bedingungen vor allem auf das Bedienpersonal, ich denke jedoch, sie treffen grundsätzlich auch auf die anderen Beteiligten wie die Programmierer und Befehlshaber zu.
55 Eine interessante Frage lautet, ob immer alle drei Bedingungen vorliegen müssen, oder ob es ausreicht, wenn wenigstens zwei davon gegeben sind. Von besonderer Bedeutung ist die erste Bedingung, die wohl in jedem Fall erfüllt sein muss. Ansonsten ist die folgende Argumentation davon unabhängig, ob zwei oder drei der Bedingungen erfüllt sein müssen.
56 Vgl. das Kap. »Maschinen als moralische Akteure«.
57 Vgl. Leveringhaus (2016), S. 74 f.
58 Koch/Schörnig (2017), S. 49. Wie wir später sehen, sprechen allerdings prinzipielle Gründe gegen eine solche Aufrechnung.
59 Vgl. Leveringhaus (2016), S. 80.
60 Vgl. ebd., S. 84.
61 Zur Diskussion vgl. Birnbacher (1995).
62 Vgl. Nida-Rümelin (2012).

63 Vgl. Arkin (2009), S. 205.
64 Vgl. Matthias (2004), S. 28 f.
65 Vgl. Leveringhaus (2016), Kap. 4.
66 Vgl. Walzer (1977), S. 138 f.
67 Vgl. Leveringhaus (2016), S. 96 f.
68 Vgl. ebd.
69 Vgl. ebd., S. 103 f.
70 Vgl. Bundeswehr (2017).
71 Vgl. ausführlicher Leveringhaus (2016), S. 103 f., sowie das Kap. »Mensch und Maschine«.
72 Vgl. Leveringhaus (2016), S. 107 ff.
73 Vgl. ebd., S. 112 f.
74 Auf S. 181–184 komme ich noch einmal auf das Problem der Menschenwürde im Zusammenhang mit autonomen Waffensystemen zurück.
75 Vgl. Leveringhaus (2016), S. 114.
76 Vgl. Hoffmann (2004), z. B. S. 389 und S. 395.
77 Vgl. Arkin (2009), S. 96.
78 Vgl. ebd., S. 193.
79 Vgl. Childress (1979), S. 216 f. Zu den Schwierigkeiten, die schon bei der Begründung einer Erlaubnis zu töten entstehen, vgl. Eser (2011).
80 Kant, GMS, S. 429.
81 Vgl. Hill (1992), S. 220.
82 Vgl. Human Rights Watch / Harvard Law School's International Human Rights Clinic (2014).
83 Hegel (1986), S. 436.
84 Vgl. Roff/Moyes (2016).
85 Vgl. Kröger (2015).
86 Vgl. Verband der Automobilindustrie (2015).
87 Vgl. Dahlmann (2016).
88 Vgl. Sokolov (2018).
89 Vgl. Bruckner [u. a.] (2018).
90 Vgl. Cacilo [u. a.] (2015), S. 47.
91 Vgl. Johanning/Mildner (2015).
92 Vgl. Goodall (2014).
93 Vgl. ebd.

94 Zu den Asimov'schen Gesetzen vgl. Kap. »Ansätze der Moralimplementation«.
95 Vgl. Gerdes/Thornton (2016), S. 96.
96 Vgl. ebd.
97 Vgl. Bendel (2014).
98 Wichtige Unterschiede benennen jedoch Nyholm/Smids (2016).
99 Vgl. Foot (2002), S. 19–32. Ausführlich zum gesamten Komplex vgl. Redfern (2015).
100 Vgl. Scalable Cooperation (2018).
101 Vgl. das Kap. »Kriegsroboter, Drohnen & Co«.
102 Vgl. Hevelke/Nida-Rümelin (2015).
103 Vgl. Lin (2016), S. 72.
104 Vgl. BVerfGE 115, 118, (160).
105 Vgl. Hilgendorf (2017), S. 155.
106 Vgl. ebd., S. 159.
107 Vgl. ebd., S. 155.
108 Zur Unterscheidung von vollkommenen und unvollkommenen Pflichten in Kants Ethik vgl. die Kap. »Ethik und Moral« sowie »Moralimplementation«.
109 Vgl. Williams (1981).
110 Vgl. Wolf (2012), S. 76.
111 Zitiert nach Grau (2011).
112 Vgl. Wolf (2012), S. 88.
113 Vgl. Williams (1981), S. 18.
114 Vgl. Kolmar/Booms (2016) sowie Loh/Loh (2017).
115 Diese »Vision Zero«, die das Ziel formuliert, bis spätestens 2050 mit Hilfe des autonomen Fahrens sämtliche Verkehrsunfälle zu eliminieren, ist das wichtigste Verkaufsargument des autonomen Fahrens sowohl seitens der Autoindustrie also auch seitens der Politik, vgl. Schreurs/Steuwer (2016), S. 155.
116 Vgl. Winkle (2016), S. 350.
117 Vgl. Sander/Hollering (2017).
118 Vgl. Dietmayer (2016).
119 Vgl. Winkle (2016), S. 354.
120 Vgl. ebd., S. 360.
121 Vgl. ebd., S. 357.

122 Vgl. Verkehrsclub Deutschland (2008).

123 Eine ausführlichere Auseinandersetzung mit diesem Gesetz erfolgt auf S. 202–204.

124 Vgl. Rannenberg (2016).

125 Bernard (2017) sieht einen interessanten Zusammenhang zwischen dem Umgang mit Daten im Kontext der Digitalisierung und Überwachungstechniken, die ursprünglich der Verhaltenssteuerung und Kontrolle anderer dienten, bspw. im Strafvollzug und in der Psychiatrie.

126 Vgl. Rannenberg (2016), S. 498.

127 Vgl. Glancy (2012).

128 Vgl. Di Fabio / Broy / Jungo Brüngger [u. a.] (2017).

129 Wegweisend war diesbezüglich das sog. »Volkszählungsurteil« des Bundesverfassungsgerichts (BVerfG, Urteil vom 15. Dezember 1983 – Az. 1 BvR 209, 269, 362, 420, 440, 484/83).

130 Vgl. Di Fabio / Broy / Jungo Brüngger [u. a.] (2017), S. 24.

131 Vgl. § 63 a Abs. 1 und 2 des Straßenverkehrsgesetzes (in der Fassung des Art. 1 Nr. 5 des Achten Gesetzes zur Änderung des Straßenverkehrsgesetzes vom 16. 6. 2017, BGBl. I, 2017, 1648).

132 Vgl. Bundesrats-Drucksache 69/17, S. 17 f.; Bundestags-Drucksache 18/11776, S. 11.

133 Vgl. Bundesrats-Drucksache 69/17, S. 17.

134 Vgl. Prantl (2018).

135 Vgl. Bundesrats-Drucksache 69/17, S. 17; Begründung zu § 6 Abs. 4 a des Straßenverkehrsgesetzes (in der Fassung des Art. 1 Nr. 2 b des Achten Gesetzes zur Änderung des Straßenverkehrsgesetzes vom 16. 6. 2017, BGBl. I, 2017, 1648).

136 Vgl. zu dieser sog. »Wesentlichkeitstheorie« etwa BVerfG, Urteil vom 8. 8. 1978 – 2 BvL 8/77, BVerfGE 49, 89 (126 f.) = NJW 1979, 359 mit weiteren Nachweisen zur Rechtsprechung des Bundesverfassungsgerichts; zum Grundrecht auf informationelle Selbstbestimmung vgl. BVerfG, Urteil vom 15. 12. 1983 – 1 BvR 209/83 [u. a.], BVerfGE 65, 1 = NJW 1984, 419.

Ausblick: Maschinenethik und Singularität

1 Vgl. das Kap. »Mensch und Maschine«.
2 Der Begriff geht zurück auf Vernor Vinge, der damit an einen ursprünglich aus der Mathematik stammenden Terminus für eine bestimmte Art von Umschlagspunkt anknüpft, an dem sich mathematische Objekte unvorhersehbar verhalten, vgl. Vinge (1983) und (1993); einen analogen Umschlagpunkt soll auch die Singularität im technischen Sinn bezeichnen.
3 Vgl. Good (1966).
4 Vgl. Chalmers (2010), S. 11.
5 Vgl. Vinge (1993), Yudkowsky (1996), Kurzweil (2005 [dt. 2013]).
6 Vgl. Chalmers (2010), S. 13.
7 Vgl. Moore (1965).
8 Vgl. Yudkowsky (1996).
9 Vgl. Floridi (2016).
10 Zur Church-Turing-Hypothese vgl. das Kap. »Künstliche Intelligenz«.
11 Vgl. Chalmers 2010, S. 18.
12 Vgl. ebd., S. 41.
13 Vgl. Human Brain Project (2017).
14 Vgl. Artificial Brains (2012).
15 Vgl. das Kap. »Denken, Bewusstsein und Emotionen«.
16 Putnam (1981 [dt. 1990]).
17 Vgl. Chalmers 2010, S. 15.
18 Vgl. das Kap. »Denken, Bewusstsein und Emotionen«.
19 Vgl. Dennett (2012).
20 Vgl. Chalmers (1996).
21 Vgl. Levine (2001).
22 Zur Unterscheidung der verschiedenen Möglichkeitstypen vgl. Misselhorn (2005).
23 Vgl. Davidson (1980 [dt. 1990]), Hornsby (1997), McDowell (1998).
24 Vgl. Kyselo (2013), S. 197 sowie das Kap. »Maschinen als moralische Akteure«.
25 Vgl. Rohde (2010), S. 227.
26 Vgl. Prinz (2012), S. 82.

27 Es gibt mittlerweile ein amerikanisches Remake mit dem Titel *Humans* (England/USA, Staffel I: 2015 / Staffel II: 2016). Ich konzentriere mich jedoch auf die ursprüngliche schwedische Serie, der im Hinblick auf die für uns wesentlichen Fragen nichts hinzugefügt wird.

28 Vgl. das Kap. »Pflegesysteme«.

29 In eine ähnliche Richtung weist die amerikanische Serie *Westworld*, die auf dem Roman bzw. dem gleichnamigen Film *Westworld* von Michael Crichton (1942–2008) aus dem Jahr 1973 basiert (USA, Staffel I: 2016 / Staffel II: 2016). Menschen besuchen darin einen Vergnügungspark, in dem sie Androiden zu ihrem Vergnügen benutzen können (besonders beliebt ist der Wilde Westen mit für den Besucher ungefährlichen Duellsituationen, in dem sich jedoch die Androiden, sog. *Hosts*, zu wehren beginnen). Verletzte und tote *Hosts* werden eigentlich über Nacht repariert und die Erinnerungsspeicher gelöscht. Doch können sich bald einige *Hosts* erinnern und ziehen aus ihren Erfahrungen Konsequenzen.

30 Eine theoretische Begründung dieses Sachverhalts entwickelt Misselhorn (2019).

Literaturhinweise

Ackerman, Evan: Care-O-bot 4 is the Robot Servant We All Want But Probably Can't Afford – After Nearly Two Decades of Refinement, Fraunhofer Announces the Latest Generation of its Personal Robot. In: IEEE Spectrum (29.1.2015). Online: https://spectrum.ieee.org/automaton/robotics/home-robots/care-o-bot-4-mobile-manipulator [Abruf: 6.3.2018.]

Adams, Frederick / Aizawa, Kenneth: The Bounds of Cognition. Chichester 2008.

Allen, Colin / Bekoff, Marc: Species of Mind: the Philosophy and Biology of Cognitive Ethology. Cambridge 1997.

– / Varner, Gary / Zinser, Jason: Prolegomena to Any Future Artificial Moral Agent. In: Journal of Experimental and Theoretical Artificial Intelligence 12 (2000) Nr. 3. S. 251–261.

Anderson, Michael / Anderson, Susan L.: EthEl – Toward a Principled Ethical Eldercare Robot. In: AI in Eldercare – New Solutions to Old Problems – Papers From the AAAI Fall Symposium. Arlington 2008.

– / – Robot be Good – A Call For Ethical Autonomous Machines. In: Scientific American 303 (2010) Nr. 4. S. 72–77.

– / – / Armen, Chris: MedEthEx – Towards a Medical Ethics Advisor. In: Proceedings of the AAAI Fall Symposium on Caring Machines – AI and Eldercare. Menlo Park 2005a. S. 9–16.

– / – / – Toward Machine Ethics – Implementing Two Action-based Ethical Theories. In: Proceedings of the AAAI 2005 Fall Symposium on Machine Ethics. Menlo Park 2005b. S. 1–7.

– / – / – MedEthEx – A Prototype Medical Ethics Advisor. In: Proceedings of the Eighteenth Innovative Applications of Artificial Intelligence Conference. Boston 2006a.

– / – / – An Approach to Computing Ethics. In: IEEE Intelligent Systems 21 (2006b) Nr. 4. S. 56–63.

Anderson, Susan L.: Machine Metaethics. In: Michael Anderson / S. L. A. (Hrsg.): Machine Ethics. Cambridge 2011. S. 21–27.

– / Anderson, Michael: Machine Ethics. New York 2011a.

– / – A Prima Facie Duty Approach to Machine Ethics – Machine Learning of Features of Ethical Dilemmas, Prima Facie Duties and Decision

Principles Through a Dialogue With Ethicists. In: M.A. /S.L.A. (Hrsg.): Machine Ethics. New York 2011b. S. 476–492.
Arkin, Ronald: Governing Lethal Behavior in Autonomous Robots. Boca Raton 2009.
Arkoudas, Konstantine / Bringsjord, Selmer: The Modal Argument for Hypercomputing Minds. In: Theoretical Computer Science 317 (2004) Nr. 1–3. S. 167–190.
Arnold, Thomas / Scheutz, Matthias: Against the Moral Turing Test – Accountable Design and the Moral Reasoning of Autonomous Systems. In: Ethics and Information Technology 18 (2016) Nr. 2. S. 103–115.
Artificial Brains: OpenWorm (2012). Online: http://www.artificialbrains.com/openworm [Abruf: 12. 3. 2018.]
Asaro, Peter M.: Determinism, Machine Agency, and Responsibility. In: Politica & Società (2014) Nr. 2. S. 265–292.
Asimov, Isaac: Das galaktische Imperium. München 1985.
– Alle Robotergeschichten. Köln 2011.
Axelrod, Robert: The Evolution of Cooperation. New York 1984.
Balkenius, Christian / Cañamero, Lola / Pärnamets, Philip [u. a.]: Outline of a Sensory-Motor Perspective on Intrinsically Moral Agents. In: Adaptive Behavior 24 (2016) Nr. 5. S. 306–319.
Ban Lethal Autonomous Weapons: Slaughterbots (2018). Online: https://autonomousweapons.org/slaughterbots/ [Abruf: 6. 3. 2018.]
Beauchamp, Tom L. / Childress, James F.: Principles of Biomedical Ethics. Oxford 1979.
Bechtel, William / Abrahamsen, Adele: Connectionism and the Mind – An Introduction to Parallel Processing in Networks. Oxford 2001.
Becker, Lawrence C.: Reciprocity. London / New York 1986.
Behrendt, Hauke / Misselhorn, Catrin: Smart Technology in der Pflege als Bedrohung von Autonomie? Grundzüge eines technikgestützten Modells rationaler Selbstbestimmung. In: Jahrbuch Praktische Philosophie in globaler Perspektive 2 (2018). [Erscheint 2018.]
Bekoff, Marc / Pierce, Jessica: Wild Justice – The Moral Lives of Animals. Chicago/London 2010.
Bendel, Oliver: Robocar – Das menschen- und tierfreundliche Auto. Designstudie (2014). Online: http://maschinenethik.swissbooks.net/wp-content/uploads/2014/11/Robo_Car1.png [Abruf: 7. 3. 2018.]

– Ladybird – The Animal-Friendly Robot Vacuum Cleaner. In: The AAAI 2017 Spring Symposium on Artificial Intelligence for the Social Good Technical Report SS-17-01. Palo Alto 2017. S. 2–6.
– (Hrsg.): Handbuch Maschinenethik. Wiesbaden 2018. [Erscheint Dez. 2018.]
Bermúdez, José L.: The Paradox of Self-Consciousness. Cambridge 1998.
– Philosophy of Psychology – A Contemporary Introduction. New York 2005.
Bernard, Andreas: Komplizen des Erkennungsdienstes – Das Selbst in der digitalen Kultur. Frankfurt a. M. 2017.
Berninger, Anja: Gefühle und Gedanken – Entwurf einer adverbialen Emotionstheorie. Paderborn 2017.
Birnbacher, Dieter: Tun und Unterlassen. Stuttgart 1995.
– Analytische Einführung in die Ethik. Berlin 2003.
Block, Ned: On a Confusion About a Function of Consciousness. In: Behavioral and Brain Sciences 18 (1995) Nr. 2. S. 227–287. [Dt.: Eine Verwirrung über eine Funktion des Bewußtseins. In: Thomas Metzinger (Hrsg.): Bewußtsein – Beiträge aus der Gegenwartsphilosophie. Paderborn 1996. S. 523–575.]
Bostrom, Nick / Eliezer, Yudkowsky: The Ethics of Artificial Intelligence. In: Keith Frankish / William M. Ramsey (Hrsg.): The Cambridge Handbook of Artificial Intelligence. Cambridge 2014. S. 316–334.
Bratman, Michael E.: Intention, Plans, and Practical Reason. Cambridge 1987.
Brink, David: Moral Realism and the Foundations of Ethics. Cambridge 1989.
– Mill's Moral and Political Philosophy (2014). In: Edward N. Zalta (Hrsg.): The Stanford Encyclopedia of Philosophy. Online: https://plato.stanford.edu/entries/mill-moral-political/ [Abruf: 15. 5. 2018.]
Brooks, Rodney: Cambrian Intelligence – The Early History of the New AI. Cambridge 1999.
– Flesh and Machines – How Robots Will Change Us. New York 2002.
Bundesrat: Bundesrats-Drucksache 69/17 (2017). Gesetzentwurf der Bundesregierung. Entwurf eines Gesetzes zur Änderung des Straßenverkehrsgesetzes.

Bundestag: Bundestags-Drucksache 18/11776 (2017). Beschlussempfehlung und Bericht des Ausschusses für Verkehr und digitale Infrastruktur. Zu dem Gesetzentwurf der Bundesregierung – Drucksachen 18/11300, 18/11534, 18/11683 Nr. 10.
Bundeswehr: Die innere Führung – Das »Markenzeichen« der Bundeswehr (2017). Online: https://www.bundeswehr.de/portal/a/bwde/start/streitkraefte/grundlagen/innere_fuehrung [Abruf: 11. 4. 2018.]
Burns, James H.: Happiness and Utility – Jeremy Bentham's Equation. In: Utilitas 17 (2005) Nr. 1. S. 46–61.
Bynum, Terrell W.: The Development of Computer Ethics as a Philosophical Field of Study. In: The Australian Journal of Professional and Applied Ethics 1 (1999) Nr. 1. S. 1–29.
Cacilo, Andrej / Schmidt, Sarah / Wittlinger, Philipp [u. a.]: Hochautomatisiertes Fahren auf Autobahnen – Industriepolitische Schlussfolgerungen. Dienstleistungsprojekt 15/14. Studie im Auftrag des Bundesministeriums für Wirtschaft und Energie (2015). Online: https://www.bmwi.de/Redaktion/DE/Downloads/H/hochautomatisiertes-fahren-auf-autobahnen.pdf?__blob=publicationFile&v=1 [Abruf: 7. 3. 2018.]
Cahn, Steven M.: Random Choices. In: Philosophy and Phenomenological Research 37 (1977) Nr. 4. S. 549–551.
Cãnamero, Dolores: Modeling Motivations and Emotions as a Basis for Intelligent Behavior. In: Proceedings of the First International Symposium on Autonomous Agents. New York 1997. S. 148–155.
Čapek, Karel: RUR. Prag 1921. [Engl.: R. U. R. – Rossum's Universal Robots (2014). Online: https://ebooks.adelaide.edu.au/c/capek/karel/rur/index.html [Abruf: 14. 3. 2018.]
Casebeer, William: Natural Ethical Facts – Evolution, Connectionism, and Moral Cognition. Cambridge 2003.
Chalmers, David: Facing Up to the Problem of Consciousness. In: Journal of Consciousness Studies 2 (1995) Nr. 3. S. 200–219.
– The Conscious Mind – In Search of a Fundamental Theory. New York 1996.
– The Singularity – A Philosophical Analysis. In: Journal of Consciousness Studies 17 (2010) Nr. 9–10. S. 7–65.
Childress, James F.: Nonviolent Resistance – Trust and Risk-Taking.

Twenty-Five Years Later. In: Journal of Religious Ethics 25 (1997) Nr. 2. S. 213–220.

Chisholm, Roderick: Human Freedom and the Self. In: Robert Kane (Hrsg.): Free will. Malden/Oxford 1964. S. 47–58.

Churchland, Patricia S. / Sejnowski, Terrence J.: The Computational Brain. Cambridge 1992. [Dt.: Grundlagen zur Neuroinformatik und Neurobiologie: The Computational Brain in deutscher Sprache. Braunschweig 1997.]

Churchland, Paul: The Engine of Reason, the Seat of the Soul – A Philosophical Journey Into the Brain. Cambridge 1995. [Dt.: Die Seelenmaschine – Eine philosophische Reise ins Gehirn. Heidelberg 1997.]

– / Churchland, Patricia S.: Could a Machine Think? In: Scientific American 262 (1990) S. 32–39.

Clark, Andy: Mindware – An Introduction to the Philosophy of Cognitive Science. New York 2001.

– / Chalmers, David: The Extended Mind. In: Analysis 58 (1998) Nr. 1. S. 7–19.

Clarke, Roger: Asimov's Laws of Robotics. In: Michael Anderson / Susan L. Anderson (Hrsg.): Machine Ethics. Cambridge 2011. S. 254–284.

Cloos, Christopher: The Utilibot Project – An Autonomous Mobile Robot Based On Utilitarianism. In: Papers from the AAAI Fall Symposium. Menlo Park 2005. S. 38–45.

Coeckelbergh, Mark: E-Care As Craftsmanship – Virtuous Work, Skilled Engagement, and Information Technology in Health Care. In: Medicine, Health Care and Philosophy 16 (2013) Nr. 4. S. 807–816.

– Artificial Agents, Good Care, and Modernity. In: Theoretical Medicine and Bioethics 36 (2015) Nr. 4. S. 265–277.

Copeland, Jack B.: The Church-Turing Thesis (2017). In: Edward N. Zalta (Hrsg.): The Stanford Encyclopedia of Philosophy. Online: https://plato.stanford.edu/archives/win2017/entries/church-turing/ [Abruf: 15. 5. 2018.]

Cox, Michael T.: Metacognition in Computation – A Selected Research Review. In: Artificial Intelligence 169 (2005) Nr. 2. S. 104–141.

Crane, Tim: Intentionality as the Mark of the Mental. In: Anthony O'Hear (Hrsg.): Contemporary Issues in the Philosophy of Mind. Cambridge 1998. S. 229–251.

– The Mechanical Mind – A Philosophical Introduction to Minds, Machines and Mental Representation. London 2016.
Dahlmann, Don: Die fünf Level des Autonomen Fahrens (2016). Online: http://www.dondahlmann.de/?p=24974 [Abruf: 7. 3. 2018.]
Damasio, Antonio: Descartes' Error – Emotion, Reason, and the Human Brain. New York 1994.
Dancy, Jonathan: Ethics Without Principles. Oxford 2004.
Danielson, Peter: Artificial Morality – Virtuous Games for Virtuous Robots. New York 1992.
Darwall, Stephen: The Value of Autonomy and Autonomy of the Will. In: Ethics 116 (2007) Nr. 2. S. 263–284.
Dautenhahn, Kerstin / Woods, Sarah / Kaouri, Christina [u. a.]: What is a Robot Companion – Friend, Assistant or Butler. In: Proceedings of the IEEE/RSJ International Conference on Intelligent Robots and Systems. Edmonton 2005. S. 1192–1197.
Davidson, Donald: Essays on Actions and Events. Oxford 1980. [Dt.: Handlung und Ereignis. Frankfurt a. M. 1990.]
De Sousa, Ronald: The Rationality of Emotion. Cambridge 1987.
Decker, Michael: Caregiving Robots and Ethical Reflection – The Perspective of Interdisciplinary Technology Assessment. In: AI & Society 22 (2008) Nr. 3. S. 315–330.
Dennett, Daniel C.: Conditions of Personhood. In: Amélie O. Rorty (Hrsg.): The Identities of Persons. Berkeley/London 1976. S. 175–196.
– The Intentional Stance. Cambridge 1987.
– Quining Qualia. In: Anthony J. Marcel / Edoardo Bisiach (Hrsg.): Consciousness in Contemporary Science. Oxford 1988. S. 43–77.
– Facing Backwards on the Problem of Consciousness. In: Journal of Consciousness Studies 3 (1996) Nr. 1. S. 4–6.
– The Mystery of David Chalmers. In: Journal of Consciousness Studies 19 (2012) Nr. 1–2. S. 86–95.
Deonna, Julien A. / Teroni, Fabrice: The Emotions – A Philosophical Introduction. Abingdon / New York 2012.
Dietmayer, Klaus: Predicting of Machine Perception for Automated Driving. In: Markus Maurer / J. Christian Gerdes / Barbara Lenz [u. a.] (Hrsg.): Autonomous driving – Technical, Legal and Social Aspects. Berlin/Heidelberg 2016. S. 407–424.

Di Fabio, Udo / Broy, Manfred / Jungo Brüngger, Renata [u. a.]: Ethik-Kommission. Automatisiertes und vernetztes Fahren (2017). Online: https://www.bmvi.de/SharedDocs/DE/Publikationen/DG/bericht-der-ethik-kommission.pdf?__blob=publicationFile [Abruf: 6. 3. 2018.]

Döring, Sabine A.: Allgemeine Einleitung Philosophie der Gefühle heute. In: S. A. D. (Hrsg.): Philosophie der Gefühle. Berlin 2009.

Dreyfus, Hubert L.: What Computers Can't Do – A Critique of Artificial Reason. New York 1972.

– What Computers Still Can't Do – A Critique of Artificial Reason. Cambridge 1992.

Dworkin, Ronald: Rights as Trumps. In: Jeremy Waldron (Hrsg.): Theories of Rights. Oxford 1984. S. 153–167.

Edmonds, David: Würden SIE den dicken Mann töten? Das Trolley-Problem und was uns Ihre Antwort über Richtig und Falsch verrät. Stuttgart 2015.

Englert, Matthias / Siebert, Sandra / Ziegler, Martin: Logical Limitations to Machine Ethics With Consequences to Lethal Autonomous Weapons (2014). Online: https://arxiv.org/pdf/1411.2842.pdf [Abruf: 21. 2. 2018.]

Eser, Albin: Tötung im Krieg – Rückfragen an das Staats- und Völkerrecht. In: Ivo Appel / Georg Hermes / Christoph Schönberger (Hrsg.): Öffentliches Recht im offenen Staat – Festschrift für Rainer Wahl zum 70. Geburtstag. Berlin 2011. S. 665–687.

Eshleman, Andrew: Moral Responsibility (2016). In: Edward N. Zalta (Hrsg.): The Stanford Encyclopedia of Philosophy. Online: https://plato.stanford.edu/archives/win2016/entries/moral-responsibility/ [Abruf: 15. 5. 2018.]

Floridi, Luciano: Information Ethics: On the Theoretical Foundations of Computer Ethics. In: Ethics and Information Technology 1 (1999) Nr. 1. S. 37–56.

– Should We Be Afraid of AI? (2016) Online: https://aeon.co/essays/true-ai-is-both-logically-possible-and-utterly-implausible [Abruf: 9. 3. 2018.]

– / Sanders, Jeff W.: On the Morality of Artificial Agents. In: Minds and Machines 14 (2004) Nr. 3. S. 349–379.

Focus Online: Wachkoma-Baby – 18 Monate alter Junge entwickelt sich gut (2009). Online: https://www.focus.de/panorama/vermischtes/wachkoma-baby-18-monate-alter-junge-entwickelt-sich-gut_aid_444810.html [Abruf: 15. 3. 2018.]

Fodor, Jerry A.: The Language of Thought. Cambridge 1975.

– / Pylyshyn, Zenon W.: Connectionism and Cognitive Architecture. In: Cognition 28 (1988) Nr. 1–2. S. 3–71.

Foot, Philippa: The Problem of Abortion and the Doctrine of Double Effect. In: Ph. F.: Virtues and Vices and Other Essays in Moral Philosophy. Oxford 2002.

Frank, Manfred: Selbstbewußtsein und Selbsterkenntnis oder über einige Schwierigkeiten bei der Reduktion von Subjektivität. In: Klaus Günther / Lutz Wingert (Hrsg.): Die Öffentlichkeit der Vernunft und die Vernunft der Öffentlichkeit – Festschrift für Habermas. Frankfurt a. M. 2001. S. 217–242.

– Selbstgefühl. Frankfurt a. M. 2002.

– Präreflexives Selbstbewusstsein. Vier Vorlesungen. Stuttgart 2015.

Frankfurt, Harry G.: Alternate Possibilities and Moral Responsibility. In: The Journal of Philosophy 66 (1969) Nr. 23. S. 829–839. [Dt.: Alternative Handlungsmöglichkeiten und moralische Verantwortung. In: Monika Betzler / Barbara Guckes (Hrsg.): Harry G. Frankfurt, Freiheit und Selbstbestimmung. Berlin 2001. S. 53–64.]

– Freedom of the Will and the Concept of a Person. In: The Journal of Philosophy 68 (1971) Nr. 1. S. 5–20. [Dt.: Willensfreiheit und der Begriff der Person. In: Monika Betzler / Barbara Guckes (Hrsg.): Harry G. Frankfurt, Freiheit und Selbstbestimmung. Berlin 2001. S. 65–83.]

Frege, Gottlob: Begriffsschrift, eine der arithmetischen nachgebildete Formelsprache des reinen Denkens. Halle a. S. 1879.

– Grundgesetze der Arithmetik. Jena 1893 (Bd. I). 1903 (Bd. II).

Friedman, Batya: Moral Responsibility and Computer Technology – Paper Presented at the Annual Meeting of the American Educational Research Association. Boston 1990.

Future of Life Institute: An Open Letter. Research Priorities for Robust and Beneficial Artificial Intelligence (2015a). Online: https://futureoflife.org/ai-open-letter [Abruf: 14. 3. 2018.]

– Autonomous Weapons: An Open Letter from AI and Robotics Re-

searchers (2015b). Online: https://futureoflife.org/open-letter-autonomous-weapons/ [Abruf: 6. 3. 2018.]
– An Open Letter to the United Nations Convention on Certain Conventional Weapons (2017). Online: https://futureoflife.org/autonomous-weapons-open-letter-2017/ [Abruf: 6. 3. 2018.]

Gardner, Howard: Frames of Mind – The Theory of Multiple Intelligences. New York 1983. [Dt.: Abschied vom IQ – Die Rahmentheorie der vielfachen Intelligenzen. Übers. von Malte Heim. Stuttgart 1991.]

Gaut, Berys: Art, Emotion and Ethics. Oxford / New York 2007.

Gerber, Doris: Der Begriff der kollektiven Verantwortung – Ist individuelle Verantwortung das richtige Modell für kollektive Verantwortung? In: D. G. / Véronique Zanetti (Hrsg.): Kollektive Verantwortung und internationale Beziehungen. Berlin 2010. S. 66–93.

Gerdes, Christian / Thornton, Sarah M.: Implementable Ethics for Autonomous Vehicles. In: Markus Maurer und Chris Gerdes [u. a.] (Hrsg.): Autonomous Driving – Technical, Legal and Social Aspects. Berlin/Heidelberg 2016. S. 87–102.

Gigerenzer, Gerd / Todd, Peter M. / ABC Research Group: Simple Heuristics That Make Us Smart. New York 1999.

Gips, James: Towards the Ethical Robot. In: Michael Anderson / Susan L. Anderson (Hrsg.): Machine Ethics. New York 2011. S. 244–253.

Glancy, Dorothy J.: Privacy in Autonomous Vehicles. In: Santa Clara Law Review 52 (2012) Nr. 4. S. 1171–1239.

Goldie, Peter: The Emotions – A Philosophical Exploration. Oxford 2000.

Good, Irving J.: Speculations Concerning the First Ultraintelligent Machine. In: Advances in Computers 6 (1966) S. 31–88.

Goodall, Noah J.: Machine Ethics and Automated Vehicles. In: Gereon Meyer / Sven Beiker (Hrsg.): Road Vehicle Automation. Wiesbaden 2014. S. 93–102.

Grau, Christopher: There is no »I« in »Robot« – Robots and Utilitarianism. In: Michael Anderson / Susan L. Anderson (Hrsg.): Machine Ethics. New York 2011. S. 451–463.

Guarini, Marcello: Particularism and Classification and Reclassification of Moral Cases. In: IEEE Intelligent Systems (2006) Nr. 21. S. 22–28.

– Computational Neural Modelling and the Philosophy of Ethics – Reflections on the Particularism-Generalism Debate. In: Michael Anderson / Susan L. Anderson (Hrsg.): Machine Ethics. New York 2011, S. 316–334.
Hare, Richard M.: Moral Thinking – Its Levels, Method, and Point. Oxford 1981. [Dt.: Moralisches Denken. Berlin 1992.]
Harnad, Stevan: Minds, Machines and Searle. In: Journal of Experimental and Theoretical Artificial Intelligence 1 (1989) Nr. 1. S. 5–25.
– Minds, Machines, and Searle 2 – What's Right and Wrong About the Chinese Room Argument. In: John Preston / Mark Bishop (Hrsg.): Views Into the Chinese Room – New Essays on Searle and Artificial Intelligence. Oxford 2002. S. 294–307.
Harsanyi, John C.: Bayesian Decision Theory, Rule Utilitarianism, and Nr. 11. S. 289–317.
Haugeland, John: Artificial Intelligence – The Very Idea. Cambridge 1985.
Hebb, Donald O.: The Organization of Behavior. New York 1949.
Hegel, Georg W. F.: Phänomenologie des Geistes. Frankfurt a. M. 1986.
Heidbrink, Ludger: Nichtwissen und Verantwortung – Zum Umgang mit nichtintendierten Handlungsfolgen. In: Claudia Peter / Dorett Funcke (Hrsg.): Wissen an der Grenze – Zum Umgang mit Ungewissheit und Unsicherheit in der modernen Medizin. Frankfurt a. M. 2013. S. 111–140.
– Definitionen und Voraussetzungen der Verantwortung. In: L. H. / Claus Langbehn / Janina Loh (Hrsg.): Handbuch Verantwortung. Wiesbaden 2017. S. 3–34.
Henrich, Dieter: Fichtes ursprüngliche Einsicht. In: D. H. / Hans Wagner (Hrsg.): Subjektivität und Metaphysik – Festschrift für Wolfgang Cramer. Frankfurt a. M. 1966. S. 188–233.
Herman, Barbara: The Practice of Moral Judgement. Cambridge/London 1993.
Hevelke, Alexander / Nida-Rümelin, Julian: Selbstfahrende Autos und Trolley-Probleme – Zum Aufrechnen von Menschenleben im Falle unausweichlicher Unfälle. In: Jahrbuch für Wissenschaft und Ethik 19 (2015) Nr. 1. S. 5–24.
Hilgendorf, Eric: Autonomes Fahren im Dilemma – Überlegungen zur

moralischen und rechtlichen Behandlung von selbsttätigen Kollisionsvermeidesystemen. In: Eric Hilgendorf: Autonome Systeme und neue Mobilität – Ausgewählte Beiträge zur 3. und 4. Würzburger Tagung zum Technikrecht. Baden-Baden 2017. S. 143–176.

Hill, Thomas E. Jr.: Making Exceptions Without Abandoning the Principle – Or How a Kantian Might Think About Terrorism. In: Th. E. H. Jr.: Dignity and Practical Reason in Kant's Moral Theory. Ithaca/London 1992. S. 196–229.

Hoffmann, Peter: Claus Schenk von Stauffenberg und seine Brüder. Stuttgart 2004.

Honarvar, Ali Reza / Ghasem-Aghaee, Nasser: An Artificial Neural Network Approach for Creating an Ethical Artificial Agent. In: Proceedings of the 2009 IEEE International Symposium on Computational Intelligence in Robotics and Automation (CIRA). 2009. S. 290–295.

Hoppe, Hansgeorg: Ethische Positionen im Vergleich – Utilitarismus (Hare) – Vertragstheorie (Rawls) Diskursethik (Apel/Habermas). In: Deutsche Zeitschrift für Philosophie 40 (1992) Nr. 5. S. 503–512.

Hornsby, Jennifer: Simple Mindedness – In Defense of Naive Naturalism in the Philosophy of Mind. Cambridge 1997.

Hübner, Dietmar: Einführung in die philosophische Ethik. Göttingen 2014.

Human Brain Project (2017). Online: https://www.humanbrainproject.eu/en/ [Abruf: 12. 3. 2018.]

Human Rights Watch / Harvard Law School's International Human Rights Clinic (IHRC): Shaking the Foundations – The Human Rights Implications of Killer Robots (2014). Online: https://www.hrw.org/report/2014/05/12/shaking-foundations/human-rights-implications-killer-robots [Abruf: 21. 2. 2018.]

Hume, David: A Treatise of Human Nature. Oxford 2007. [Dt.: Ein Traktat über die menschliche Natur. 2 Bde. Hamburg 2013.]

Hursthouse, Rosalind: On Virtue Ethics. Oxford 1999.

Iida, Fumiya / Pfeifer, Rolf / Steels, Luc [u. a.]: Embodied Artificial Intelligence. International Seminar, Dagstuhl Castle, Germany, July 7–11, 2003, Revised Selected Papers. Heidelberg 2004.

Isaacs, Tracy: Moral Responsibility in Collective Contexts. Oxford 2011.

Jackson, Frank: Epiphenomenal Qualia. In: The Philosophical Quarterly 32 (1982) Nr. 127. S. 127–136. [Dt.: Epiphänomenale Qualia. In: Heinz-Dieter Heckmann / Sven Walter (Hrsg.): Qualia – Ausgewählte Beiträge. Paderborn 2001. S. 123–137.]
– What Mary Didn't Know. In: Journal of Philosophy 83 (1986) Nr. 5. S. 291–295.
– From Ethics to Metaphysics. Oxford 1998.
James, Michael: Halting Problem Used to Prove a Robot Cannot Computably Kill a Human (2014). Online: http://www.i-programmer.info/news/112-theory/8000-halting-problem-used-to-prove-a-robot-cannot-computably-kill-a-human.html [Abruf: 28. 3. 2018.]
James, William: What is an Emotion? In: Mind 9 (1884) Nr. 34. S. 188–205.
Johanning, Volker / Mildner, Roman: Car IT kompakt – Das Auto der Zukunft – Vernetzt und autonom fahren. Wiesbaden 2015.
Jonas, Hans: Biological Foundations of Individuality. In: International Philosophical Quarterly 8 (1968) Nr. 2. S. 231–251.
– Das Prinzip Verantwortung – Versuch einer Ethik für die technologische Zivilisation. Frankfurt a. M. 1979.
Kagan, Shelly: Does Consequentialism Demand Too Much? In: Philosophy and Public Affairs 13 (1984) Nr. 3. 239–254.
Kant, Immanuel: Grundlegung zur Metaphysik der Sitten [1785]. Komm. von Christoph Horn / Corinna Mieth / Nico Scarano. Frankfurt a. M. 2015. [=GMS]
Keil, Geert: Kritik des Naturalismus. Berlin / New York 1993.
– Willensfreiheit. Berlin 2007.
Ketelaar, Timothy / Todd, Peter M.: Framing Our Thoughts – Ecological Rationality as Evolutionary Psychology's Answer to the Frame Problem. In: Harmon R. Holcomb III (Hrsg.): Conceptual Challenges in Evolutionary Psychology – Innovative research Strategies. Dordrecht 2001. S. 179–211.
Koch, Bernhard / Schörnig, Niklas: Kampfdrohnen und autonome Waffensysteme aus Sicht der Theorie(n) des gerechten Krieges. In: Vorgänge 218 (2017) Nr. 2. S. 43–53.
Kolmar, Martin / Booms, Martin: Keine Algorithmen für ethische Fragen – Technologische Innovationen wie etwa autonome Autos

führen zu komplexen ethischen Konflikten, die bisher implizit, situativ gelöst wurden (2016). Online: https://www.nzz.ch/meinung/kommentare/keine-algorithmen-fuer-ethische-fragen-ld.4483 [Abruf: 6. 3. 2018.]

Korsgaard, Christine: Kant's Formula of Universal Law. In: Creating the Kingdom of Ends. New York 1996. S. 77–105.

Kröger, Fabian: Automated Driving in its Social, Historical and Cultural Contexts. In: Markus Maurer (Hrsg.): Autonomous Driving – Technical, Legal and Social Aspects. Berlin/Heidelberg 2016. S. 41–68.

Kurzweil, Ray: The Singularity is Near. London 2005. [Dt.: Menschheit 2.0 – Die Singularität naht. Berlin 2013.]

Kyselo, Miriam: Enaktivismus. In: Achim Stephan / Sven Walter (Hrsg.): Handbuch Kognitionswissenschaft. Stuttgart/Weimar 2013. S. 197–201.

Latour, Bruno: On Actor-Network Theory – A Few Clarifications. In: Soziale Welt 47 (1996) S. 269–381.

– Where are the Missing Masses? The Sociology of a Few Mundane Artefacts. In: Wiebe E. Bijker / John Law (Hrsg.): Shaping Technology / Building Society – Studies in Socio-Technical Change. Cambridge 2006. S. 225–258.

Lazarus, Richard S.: Emotion and Adaptation. New York 1991.

Lench, Heather C. / Darbor, Kathleen E. / Berg, Logan A.: Functional Perspectives on Emotion, Behavior, and Cognition. In: Behavioral Sciences 3 (2013) Nr. 4. S. 536–540.

Leveringhaus, Alex: Ethics and Autonomous Weapons. Oxford 2016.

Levine, Joseph: Purple Haze – The Puzzle of Consciousness. New York 2001.

Lewis, Davis: Maid Pain and Martian Pain. In: Ned Block (Hrsg.): Readings in the Philosophy of Psychology. Cambridge 1980. S. 216–222.

Lin, Patrick: Why Ethics Matters for Autonomous Cars. In: Markus Maurer / J. Christian Gerdes / Barbara Lenz [u. a.] (Hrsg.): Autonomous Driving – Technical, Legal and Social Aspects. Berlin/Heidelberg 2016. S. 69–85.

Loar, Brian: Mind and Meaning. Cambridge 1981.

Loh, Janina / Loh, Wulf: Autonomy and Responsibility in Hybrid Systems – The Example of Autonomous Cars. In: Patrick Lin / Keith Abney / Ryan Jenkins (Hrsg.): Robot Ethics 2.0 – From Autonomous Cars to Artificial Intelligence. New York 2017. S. 35–50.

Lucas, John R.: Minds, Machines and Gödel. In: Philosophy 36 (1961) Nr. 137. S. 112–127.

Mackie, John: Ethics – Inventing Right and Wrong. Harmondsworth / New York 1990.

MacLennan, Bruce J.: The Investigation of Consciousness Through Phenomenology and Neuroscience. In: Joseph King / Karl H. Pribram (Hrsg.): Scale in Conscious Experience – Is the Brain Too Important to be Left to Specialists to Study? Mawah 1995. S. 25–43.

– Ethical Treatment of Robots and the Hard Problem of Robot Emotions. In: International Journal of Synthetic Emotions 5 (2014) Nr. 1. S. 9–16.

Maes, Pattie: Computational Reflection. In: The Knowledge Engineering Review 3 (1988) Nr. 1. S. 1–19.

Maner, Walter: Unique Ethical Problems in Information Technology. In: Science and Engineering Ethics 2 (1996) Nr. 2. S. 137–154.

Marr, David: Vision – A Computational Investigation Into the Human Representation and Processing of Visual Information. Cambridge 1982.

Matthias, Andreas: The Responsibility Gap – Ascribing Responsibility for the Actions of Learning Automata. In: Ethics and Information Technology 6 (2004) Nr. 3. S. 175–183.

McCarthy, John / Hayes, Patrick J.: Some Philosophical Problems From the Standpoint of Artificial Intelligence. In: Bernard Meltzer / Donald Michie (Hrsg.): Machine Intelligence. Edinburgh 1969. S. 463–502.

– / Minsky, Marvin / Rochester, Nathaniel [u. a.]: A Proposal for the Dartmouth Summer Research Project on Artificial Intelligence (1955). Online: https://www.aaai.org/ojs/index.php/aimagazine/article/download/1904/1802 [Abruf: 6. 3. 2018.]

McCulloch, Warren / Pitts, Walter: A Logical Calculus of Ideas Immanent in Nervous Activity. In: Bulletin of Mathematical Biophysics 5 (1943) Nr. 4. S. 115–133.

McDowell, John: Virtue and Reason. In: The Monist 62 (1979) Nr. 3. S. 331–350. [Dt.: Tugend und Vernunft. In: John McDowell (Hrsg.): Wert und Wirklichkeit – Aufsätze zur Moralphilosophie. Frankfurt a. M. 2009. S. 74–106.]
– Functionalism and Anomalous Monism. In: J. McD.: Mind, Value, and Reality. Cambridge 1998. S. 325–340. [Dt.: Wert und Wirklichkeit – Aufsätze zur Moralphilosophie. Frankfurt a. M. 2002.]
MacIntyre, Alasdair: After Virtue. London 1985.
McLaren, Bruce M.: Extensionally Defining Principles and Cases in Ethics: An AI Model. In: Artificial Intelligence 150 (2003) Nr. 1–2. S. 145–181.
McLeod, Peter / Plunkett, Kim / Rolls, Edmund T.: Introduction to Connectionist Modeling of Cognitive Processes. Oxford 1998.
Misselhorn, Catrin: Wirkliche Möglichkeiten – Mögliche Wirklichkeiten – Grundriss einer Theorie modaler Rechtfertigung. Paderborn 2005.
– Empathy With Inanimate Objects and the Uncanny Valley. In: Minds and Machines 19 (2009) Nr. 3. S. 345–359.
– Robots as Moral Agents. In: Frank Rövekamp / Friederike Bosse (Hrsg.): Ethics in Science and Society – German and Japanese Views. München 2013. S. 30–42.
– (Hrsg.): Collective Agency and Cooperation in Natural and Artificial Systems – Explanation, Implementation and Simulation. In: Philosophical Studies Series 122 (2015).
– Maschinenethik und Philosophie. In: Oliver Bendel (Hrsg.): Handbuch Maschinenethik. Wiesbaden 2018a. [Erscheint Dezember 2018.]
– Kriegsroboter. In: Oliver Bendel (Hrsg.): Handbuch Maschinenethik. Wiesbaden 2018b. [Erscheint Dez. 2018.]
– Moralische Maschinen in der Pflege? Grundlagen und eine Roadmap für ein moralisch lernfähiges Altenpflegesystem. In: Christiane Woopen / Marc Jannes (Hrsg.): Roboter in der Gesellschaft – Technische Möglichkeiten und menschliche Verantwortung. Wiesbaden 2018c. [Erscheint 2018.]
– Is Empathy With Robots Morally Relevant? In: Catrin Misselhorn / Tom Poljansek / Tobias Störzinger / Maike Klein (Hrsg.): Emotional

Machines – Perspectives From Affective Computing and Emotional Human-Machine Interaction. Wiesbaden 2022.
– / Pompe, Ulrike / Stapleton, Mog: Ethical Considerations Regarding the Use of Social Robots in the Fourth Age. In: GeroPsych – The Journal of Gerontopsychology and Geriatric Psychiatry 26 (2013) Nr. 2. S. 121–133.
Moor, James H.: The Nature, Importance, and Difficulty of Machine Ethics. In: IEEE Intelligent Systems 21 (2006) Nr. 4. S. 18–21.
Moore, Gordon E.: Cramming More Components Onto Integrated Circuits. In: Electronics 38 (1965) Nr. 8. S. 114–117.
Newell, Allen / Simon, Herbert: Computer Science as Empirical Inquiry – Symbols and Search. In: Communications of the ACM 19 (1976) S. 113–126.
Nida-Rümelin, Julian: Verantwortung. Stuttgart 2011.
– Risikoethik. Berlin/Boston 2012.
Nissenbaum, Helen: Computing and Accountability. In: Communications of the ACM 37 (1994) Nr. 1. S. 72–80.
– Accountability in a Computerized Society. In: Batya Friedman (Hrsg.): Human Values and the Design of Computer Technology. Cambridge 1997. S. 41–64.
Nussbaum, Martha, C.: Love's Knowledge. New York 1990.
– Non-relative Virtues – An Aristotelian Approach. In: M. C. N. / Amartya Sen (Hrsg.): The Quality of Life. Oxford 1993. S. 242–270. [Dt.: Nicht-relative Tugenden. In: Klaus Peter Rippe / Peter Schaber (Hrsg.): Tugendethik. Stuttgart 1998. S. 114–165.]
– Emotions as Judgements of Value and Importance. In: Robert C. Solomon (Hrsg.): Thinking About Feeling – Contemporary Philosophers on Emotions. New York 2004. S. 183–199.
Nyholm, Sven / Smids, Jilles: The Ethics of Accident Algorithms for Self-Driving Cars – An Applied Trolley Problem? In: Ethical Theory and Moral Practice 19 (2016) Nr. 5. S. 1275–1289.
Ott, Rüdiger: Ein ausgezeichneter Serviceroboter (2015). Online: https://www.stuttgarter-nachrichten.de/inhalt.fraunhofer-institut-in-vaihingen-ein-ausgezeichneter-serviceroboter.a644d268-80a3-4d69-ab02-231a385faea4.html [Abruf: 6. 3. 2018.]
Parks, Jennifer A.: Lifting the Burden of Women's Care Work – Should

Robots Replace the »Human Touch«? In: Hypatia 25 (2010) Nr. 1. S. 100–120.

Parnas, David L. / van Schouwen, A. John / Kwan, Shu Po: Evaluation of Safety-Critical Software. In: Communications of the ACM 33 (1990) Nr. 6. S. 636–648.

Penrose, Roger: The Emperor's New Mind – Concerning Computers, Minds, and the Laws of Physics. Oxford 1989.

– Shadows of the Mind – A Search for the Missing Science of Consciousness. Oxford 1994.

Powers, Thomas M.: Prospects for a Kantian Machine. In: Michael Anderson / Susan L. Anderson (Hrsg.): Machine Ethics. Cambridge 2011. S. 464–475.

Prantl, Heribert: Haftung für den Roboter (2018). Online: http://www.sueddeutsche.de/politik/autonome-autos-haftung-fuer-den-roboter-1.3913628 [Abruf: 15. 5. 2018.]

Prinz, Jesse: Singularity and Inevitable Doom. In: Journal of Consciousness Studies 19 (2012) Nr. 7–8. S. 77–86.

Putnam, Hilary: Minds and Machines. In: H. P.: Mind, Language and Reality. Cambridge 1975a. S. 362–385.

– The Nature of Mental States. In: H. P.: Mind, Language and Reality. Cambridge 1975b. S. 429–440.

– Brains in a Vat. In: H. P.: Reason, Truth and History. Cambridge 1981. S. 1–21. [Dt.: Gehirne im Tank. In: H. P.: Vernunft, Wahrheit und Geschichte. Frankfurt a. M. 1982. S. 15–41.]

Rannenberg, Kai: Opportunities and Risks Associated With Collecting and Making Usable Additional Data. In: Markus Maurer / J. Christian Gerdes / Barbara Lenz [u. a.] (Hrsg.): Autonomous Driving – Technical, Legal and Social Aspects. Berlin/Heidelberg 2016. S. 497–522.

Rao, Anand S. / Georgeff, Michael P.: Modeling Rational Agents Within a BDI-Architecture. In: Proceedings of the 2nd International Conference on Principles of Knowledge Representation and Reasoning. 1991. S. 473–484.

– / – BDI-Agents: From Theory to Practice. In: Proceedings of the First International Conference on Multiagent Systems (ICMAS '95). San Francisco 1995. S. 312–319.

Rawls, John: Outline of a Decision Procedure for Ethics. In: The Philo-

sophical Review 60 (1951) Nr. 2. S. 177–197. [Dt.: Ein Entscheidungsverfahren für die normative Ethik. In: Dieter Birnbacher / Norbert Hoerster (Hrsg.): Texte zur Ethik. München 1976. S. 124–138.]
- A Theory of Justice. Cambridge 1971. [Dt.: Eine Theorie der Gerechtigkeit. Frankfurt a. M. 1975.]
- Kantian Constructivism in Moral Theory. In: Journal of Philosophy 77 (1980) Nr. 9. S. 515–72. [Dt.: Kantischer Konstruktivismus in der Moraltheorie. In: Wilfried Hinsch (Hrsg.): Die Idee des politischen Liberalismus, Aufsätze 1978–1989. Frankfurt a. M. 1994.]
- Political Liberalism. New York 1993. [Dt.: Politischer Liberalismus. Frankfurt a. M. 2003.]

Reichenbach, Hans: Experience and Prediction – An Analysis of the Foundations and the Structure of Knowledge. Chicago 1938.

Roberts, Robert C.: Emotions: An Essay in Aid of Moral Psychology. Cambridge 2003.

Roff, Heather M. / Moyes, Richard: Meaningful Human Control, Artificial Intelligence and Autonomous Weapons. Briefing Paper Prepared for the Informal Meeting of Experts on Lethal Autonomous Weapons Systems. UN Convention on Certain Conventional Weapons. Genf 2016.

Rohde, Marieke: Enaction, Embodiment, Evolutionary Robotics – Simulation Models for a Post-Cognitivist Science of Mind. Paris 2010.

Rohrbeck, Felix: Die Wege des Algorithmus sind unergründlich (2018). Online: https://www.zeit.de/2018/02/algorithmus-computer programm-entscheidung [Abruf: 4. 5. 2018.]

Ropohl, Günter: Allgemeine Technologie – Eine Systemtheorie der Technik. Karlsruhe 2009.

Ross, William D.: The Right and the Good. Oxford 1930.

Rothgang, Heinz / Müller, Rolf / Unger, Rainer: Pflege 2030. Gütersloh 2012.

Sander, Günther M. / Hollering, Jörg: Strafrechtliche Verantwortlichkeit im Zusammenhang mit automatisiertem Fahren. In: Neue Zeitschrift für Strafrecht 37 (2017) Nr. 4. S. 193–206.

Santoni de Sio, Filippo / van Wynsberghe, Aimee: When Should We Use Care Robots? The Nature-of-Activities Approach. In: Science and Engineering Ethics 22 (2016) Nr. 6. S. 1745–1760.

Scalable Cooperation: Moral Machine (2018). Online: http://moral machine.mit.edu/ [Abruf: 28. 3. 2018.]
Scherer, Klaus R.: The Dynamic Architecture of Emotion: Evidence for the Component Process Model. In: Cognition & Emotion 23 (2009) Nr. 7. S. 1307–1351.
Scheutz, Matthias: Architectural Roles of Affect and How to Evaluate them in Artificial Agents. In: International Journal of Synthetic Emotions 2 (2011) Nr. 2. S. 48–65.
Schreurs, Miranda A. / Steuwer, Sibyl D.: Autonomous Driving – Political, Legal, Social, and Sustainability Dimensions. In: Markus Maurer / J. Christian Gerdes / Barbara Lenz [u. a.] (Hrsg.): Autonomous Driving – Technical, Legal and Social Aspects. Berlin/Heidelberg 2016. S. 149–171.
Schroth, Jörg: Die Universalisierbarkeit moralischer Urteile. Paderborn 2001.
Searle, John R.: Minds, Brains, and Programs. In: The Behavioral and Brain Sciences 3 (1980a) Nr. 3. S. 417–424. [Dt.: Geist, Gehirn, Programm. In: Douglas R. Hofstadter / Daniel C. Dennett (Hrsg.): Einsicht ins Ich. Stuttgart 1986. S. 337–356.]
– Intrinsic Intentionality. In: Behavioral and Brain Sciences 3 (1980b) Nr. 3. S. 450–457.
– The Rediscovery of Mind. Cambridge 1992. [Dt.: Die Wiederentdeckung des Geistes. Frankfurt a. M. 1996.]
Shagrir, Oron: The Rise and Fall of Computational Functionalism. In: Yemima Ben-Menahem (Hrsg.): Hilary Putnam. Cambridge 2005. S. 220–250.
Shanahan, Murray: The Frame Problem (2009). In: Edward N. Zalta (Hrsg.): The Stanford Encyclopedia of Philosophy. Online: https://plato.stanford.edu/entries/frame-problem/ [Abruf: 15. 5. 2018.]
Silver, David / Schrittwieser, Julian / Simonyan, Karen [u. a.]: Mastering the Game of Go Without Human Knowledge. In: Nature 550 (2017) S. 354–359.
– / Hubert, Thomas / Schrittwieser, Julian [u. a.] (2017): Mastering Chess and Shogi by Self-Play With a General Reinforcement Learning Algorithm. Online: https://arxiv.org/abs/1712.01815 [Abruf: 15. 3. 2018.]

Simon, Herbert A.: Theories of Decision-Making in Economics and Behavioural Science. In: American Economic Review (1959) Nr. 49. S. 253–283.
Singer, Peter: Practical Ethics. Cambridge 1979. [Dt.: Praktische Ethik. Stuttgart 1994.]
Smith, Michael: The Moral Problem. Oxford 1994.
Sokolov, Daniel: Autonome Autos – Dieses Dutzend testet in Kalifornien (2018). Online: https://www.heise.de/newsticker/meldung/Autonome-Autos-Dieses-Dutzend-testet-in-Kalifornien-3957772.html [Abruf: 7. 3. 2018.]
Solomon, Robert C.: The Passions – Emotions and the Meaning of Life. Indianapolis 1993.
Sorell, Tom / Draper, Heather: Robot Carers, Ethics, and Older People. In: Ethics and Information Technology 16 (2014) Nr. 3. S. 183–195.
Sparrow, Robert: Killer Robots. In: Journal of Applied Philosophy 24 (2007) Nr. 1. S. 62–77.
– / Sparrow, Linda: In the Hands of Machines? The Future of Aged Care. In: Minds and Machines 16 (2006) NR. 2. S. 141–161.
Stemmer, Peter: Die Rechtfertigung moralischer Normen. In: Zeitschrift für philosophische Forschung 58 (2004) S. 483–504.
Strawson, Peter F.: Freedom and Resentment. In: Gary Watson (Hrsg.): Proceedings of the British Academy. Oxford 1962. S. 1–25. [Dt.: Freiheit und Übelnehmen. In: Ulrich Pothast (Hrsg.): Seminar – Freies Handeln und Determinismus. Frankfurt a. M. 1978. S. 201–233.]
Tonkens, Ryan: A Challenge for Machine Ethics. In: Minds and Machines 19 (2009) Nr. 3. S. 421–438.
Tugendhat, Ernst: Vorlesungen über Ethik. Frankfurt a. M. 2003.
Turing, Alan: On Computable Numbers, With an Application to the Entscheidungsproblem. In: Proceedings of the London Mathematical Society 2 (1937) Nr. 43. S. 230–265.
– Computing Machinery and Intelligence. In: Mind 49 (1950) S. 433–460. [Dt.: Kann eine Maschine denken? In: Walther C. Zimmerli / Stefan Wolf (Hrsg.): Künstliche Intelligenz – Philosophische Probleme. Stuttgart 1994. S. 39–78.]
United States Department of Defense: Unmanned Systems Integrated Roadmap FY 2011–2036. Reference Number 11-S-3613 (2011). On-

line: http://www.dtic.mil/dtic/tr/fulltext/u2/a558615.pdf [Abruf: 22. 2. 2018.]

Vanderelst, Dieter / Winfield, Alan F.: An Architecture for Ethical Robots Inspired by the Simulation Theory of Cognition. In: Cognitive Systems Research 48 (2018) S. 56–66.

Verband der Automobilindustrie e.V. (VDA): Automatisierung – Von Fahrerassistenzsystemen zum automatisierten Fahren (2015). Online: http://www.iaa.de/fileadmin/user_upload/2015/deutsch/downloads/presse/Automatisierung-von_Fahrerassistenzsystemen_zum_automatisierten_Fahren.pdf [Abruf: 6. 3. 2018.]

Verbeek, Peter-Paul: Materializing Morality – Design Ethics and Technological Mediation. In: Science, Technology, and Human Values 31 (2006) Nr. 3. S. 361–380.

Verkehrsclub Deutschland: VCD Position – Tempolimit für Klimaschutz und Verkehrssicherheit (2008). Online: https://www.vcd.org/fileadmin/user_upload/Redaktion/Publikationsdatenbank/Verkehrssicherheit/VCD_Position_Tempolimit_Autobahnen_2008.pdf [Abruf: 6. 3. 2018.]

Veruggio, Gianmarco: The Birth of Roboethics. In: Proceedings of IEEE International Conference on Robotics and Automation. Genf 2005. S. 1–4.

– / Operto, Fiorella: Roboethics – Social and Ethical Implications of Robotics. In: Bruno Siciliano / Oussama Khatib (Hrsg.): Springer Handbook of Robotics. Berlin/Heidelberg 2008. S. 1499–1524.

Vinge, Vernor: First Word. In: Omni 5 (1983) Nr. 4. S. 10.

– The Coming Technological Singularity – How to Survive in the Post-Human Era. In: Whole Earth Review 81 (1993) S. 88–95.

Wakefield, Jane: Microsoft Chatbot is Taught to Swear on Twitter (2016). Online: http://www.bbc.com/news/technology-35890188 [Abruf: 14. 3. 2017.]

Wallace, Gerald / Walker, Arthur D. (Hrsg.): The Definition of Morality. London 1970.

Wallach, Wendell / Allen, Colin: Moral Machines – Teaching Robots Right from Wrong. Oxford 2009.

Walton, Kendall: Fearing Fictions. In: The Journal of Philosophy 75 (1978) Nr. 1. S. 5–27.

Walzer, Michael: Just and Unjust Wars. Philadelphia 1977.
Wandschneider, Dieter: Die Gödeltheoreme und das Problem künstlicher Intelligenz. In: Ethik und Sozialwissenschaften (1990) Bd. 1. S. 107–116.
Warnock, Geoffrey J.: The Object of Morality. London 1971.
Weizenbaum, Joseph: Eliza – A Computer Program for the Study of Natural Language Communication Between Man and Machine. In: Communications of the Association for Computing Machinery 9 (1966) Nr. 1. S. 36–45.
– Computer Power and Human Reason – From Judgment to Calculation. San Francisco 1976. [Dt.: Die Macht der Computer und die Ohnmacht der Vernunft. Berlin 1978.]
Werner, Kathrin: Frau stirbt bei Unfall mit autonomem Auto von Uber (2018). Online: http://www.sueddeutsche.de/wirtschaft/kuenstliche-intelligenz-frau-stirbt-bei-unfall-mit-autonomen-auto-von-uber-1.3913385 [Abruf: 3. 5. 2018.]
Whitehead, Alfred North / Russell, Bertrand: Principia Mathematica. Bd. 1–3. Cambridge 1925–1927.
Williams, Bernard: Persons, Character, and Morality. In: Bernard Williams: Moral Luck. Cambridge 1981. S. 1–19.
– Ethics and the Limits of Philosophy. London 1985.
Wilson, Robert A. / Foglia, Lucia: Embodied Cognition (2017). In: Edward N. Zalta (Hrsg.): The Stanford Encyclopedia of Philosophy. Online: https://plato.stanford.edu/archives/spr2017/entries/embodied-cognition/ [Abruf: 15. 5. 2018.]
Wimmer, Rainer: Universalisierung in der Ethik – Analyse, Kritik und Rekonstruktion ethischer Rationalitätsansprüche. Frankfurt a. M. 1980.
Winkle, Thomas: Safety Benefits of Automated Vehicles – Extended Findings from Accident Research for Development, Validation and Testing. In: Markus Maurer / J. Christian Gerdes / Barbara Lenz [u. a.] (Hrsg.): Autonomous Driving – Technical, Legal and Social Aspects. Berlin/Heidelberg 2016. S. 335–364.
Wissenschaftlicher Dienst des Bundestages: Aktueller Begriff »Rules of Engagement und die Taschenkarten der Bundeswehr (2009). Online: http://dipbt.bundestag.de/doc/btd/17/CD07400/Dokumente/Dokument%20048.pdf [Abruf: 21. 2. 2018.]

Wittgenstein, Ludwig: Philosophische Untersuchungen. Frankfurt a. M. 1982.

Wolf, Susan: »One Thought too Many« – Love, Morality, and the Ordering of Commitment. In: Ulrike Heuer / Gerald Lang (Hrsg.): Luck, Value, and Commitment – Themes from the Ethics of Bernard Williams. Oxford 2012. S. 71–94.

Yudkowsky, Eliezer: Staring into the Singularity (1996). Online: http://yudkowsky.net/obsolete/singularity.html [Abruf: 11. 3. 2018.]

Zuboff, Shoshana: Automate/Informate – The Two Faces of Intelligent Technology. In: Organizational Dynamics 14 (1985) Nr. 2. S. 5–18.

Glossar

Akteurskausalität: In der Debatte um die → Willensfreiheit vertretene Auffassung: Eine Handlung ist nur dann frei, wenn sie vom Akteur selbst verursacht wird, ohne dass dies durch andere Ereignisse kausal determiniert ist, unabhängig davon, ob diese dem Akteur äußerlich oder innerlich sind.

Algorithmus: Handlungsvorschrift zur Lösung eines Problems, die bei korrekter Anwendung zuverlässig das gewünschte Ergebnis hervorbringt. In Einzelschritten werden dabei Eingabedaten in Ausgabedaten umgewandelt. Algorithmen stellen die Grundlage von Computerprogrammen dar (→ Turingmaschine).

Asimov'sche Gesetze: Auf den Wissenschaftler und Science-Fiction-Autor Isaac Asimov zurückgehende fiktionale Moralprinzipien für → Roboter. Diese dienen in erster Linie dazu, den Menschen vor Schaden durch Roboter zu schützen. Sie sollen sicherstellen, dass Roboter keine Menschen verletzen und ihren Befehlen gehorchen. Solange das gewährleistet ist, haben sie auch ihre eigene Existenz zu schützen.

Bewusstsein: Merkmal geistiger Zustände, das sich auf das *Empfinden* oder *Denken* beziehen kann. Geht es um das Empfinden, so spricht man von **phänomenalem Bewusstsein**. Es bezeichnet die Art und Weise, wie sich mentale Zustände (beispielsweise eine Rotwahrnehmung oder ein Schmerz) für ein Subjekt anfühlen. Die Frage, ob man phänomenales Bewusstsein naturwissenschaftlich erklären kann, stellt das **schwierige Problem des Bewusstseins** dar (→ Erklärungslücke). **Zugangsbewusstsein** bezieht sich demgegenüber auf das rationale Überlegen und Handeln. **Selbstbewusstsein** ist ein

Bewusstsein seiner selbst, das ebenfalls in Form eines *Empfindens* (Selbstgefühl, präreflexives Selbstbewusstsein) oder *Denkens* (reflexives Selbstwissen) vorliegen kann. Die Nachbildung von phänomenalem Bewusstsein und Selbstbewusstsein stellt die → Künstliche Intelligenz (KI) vor ein grundsätzliches Problem.

Bottom-up: Entwicklungsrichtung in der Programmierung, bei der man von kleineren Einheiten ausgeht, aus denen allgemeine Strukturen generiert werden. Das Gegenstück dazu ist die → Top-Down-Herangehensweise. Bottom-Up-Verfahren finden insbesondere Anwendung im → Konnektionismus. In der → Maschinenethik bezeichnet der Begriff eine Verbindung der Software-Entwicklungsrichtung mit einem ethischen → Partikularismus.

Deontologische Ethik: Typ der normativen → Ethik, der die moralische Qualität einer Handlung nicht (nur) anhand ihrer Folgen bestimmt (→ Konsequentialismus). Eine Handlung ist vielmehr genau dann gut, wenn sie aufgrund einer moralischen Pflicht durchgeführt wird. Wichtigster Vertreter ist Immanuel Kant (→ kategorischer Imperativ).

Eigenschaftsdualismus: Position in der Philosophie des Geistes, die davon ausgeht, dass Körper und Geist zwar nicht zwei unterschiedliche Gegenstände sind (Substanzdualismus). Dennoch sind geistige Eigenschaften (insbesondere → Bewusstsein) nicht mit physikalischen Eigenschaften (beispielsweise Gehirnzuständen) identisch oder auf diese zurückführbar (→ Erklärungslücke).

Erklärungsebenen bzw. -standpunkte: In den Kognitionswissenschaften werden verschiedene Standpunkte bzw.

Ebenen voneinander unterschieden, von denen aus das Verhalten von Objekten erklärt werden kann. Vom **intentionalen Standpunkt** (→ Intentionalität) aus wird das Verhalten als rationales Handeln durch die Zuschreibung von Meinungen und → Pro-Einstellungen wie Wünschen erklärt. Vom **Designstandpunkt** aus erfolgt die Erklärung mit Hilfe des Konstruktionszwecks eines Gegenstands und vom **physikalischen Standpunkt** aus anhand der Naturgesetze.

Erklärungslücke (*explanatory gap*): These in der Philosophie des Geistes, nach der keine naturwissenschaftliche Erklärung verständlich machen kann, warum ein geistiger Zustand sich auf eine bestimmte Art und Weise anfühlt (→ Bewusstsein, phänomenales). Dient u. a. der Stützung des → Eigenschaftsdualismus.

Ethik, auch Moralphilosophie: Philosophische Disziplin, die sich mit der → Moral beschäftigt. Die **deskriptive Ethik** beschreibt die Moralvorstellungen von Individuen oder Gruppen. Als **Metaethik** beschäftigt sie sich außerdem mit den theoretischen Grundlagen der Moral, beispielsweise damit, ob moralische Werte subjektunabhängig existieren, wie man die Bedeutung moralischer Aussagen verstehen muss und wie man erkennen kann, was moralisch richtig ist. Die **normative Ethik** prüft, was moralisch richtig ist. Wichtige Strömungen bilden die → deontologische Ethik und der Utilitarismus.

Funktionalismus: Position in der Philosophie des Geistes, die annimmt, dass geistige Zustände funktional, d. h. anhand ihrer Ursachen, ihrer kausalen Verbindung mit anderen geistigen Zuständen und der von ihnen bewirkten Verhaltensweisen definiert werden können. Geistige Zustände sind dann zwar nicht identisch mit bestimmten physikalischen Zuständen (z. B. des Gehirns), aber diese realisieren die geistigen Zustände. Es handelt sich also nicht um eine Form des Dualismus (→ Eigenschaftsdualismus). Der **Maschinenfunktionalismus** betrachtet den Geist als eine Art Computerprogramm, das auf dem Körper als Hardware abläuft.

Halteproblem: Bezeichnet eine Berechenbarkeitsgrenze für eine → Turingmaschine. Es gibt keinen Algorithmus, der für alle Algorithmen bestimmt, ob sie zu einem Ende gelangen. Bei dem Versuch, einen solchen Algorithmus auszuführen, läuft eine Turingmaschine unendlich weiter.

Intentionalität: Merkmal geistiger Zustände, das darin besteht, sich auf einen Gegenstand oder einen Sachverhalt beziehen zu können. So bezieht sich die Wahrnehmung eines Hundes ebenso wie die Angst vor einem Hund auf den Hund. Die Meinung, dass Schnee weiß ist, bezieht sich hingegen auf die Tatsache, dass Schnee weiß ist. Intentional wird das Verhalten eines Objekts durch die Zuschreibung geistiger Zustände erklärt (→ Erklärungsebenen bzw. -standpunkte). Intentionalität stellt eine vieldiskutierte Hürde für die → Künstliche Intelligenz (KI) dar.

***Ius in bello*:** Zentraler Aspekt der Theorie des gerechten Kriegs, die eine bereichsspezifische Theorie der normativen → Ethik darstellt. Das *ius in bello* bestimmt, welche moralischen Einschränkungen bei der Kriegführung gelten, und liegt auch dem humanitären Völkerrecht zugrunde. Die beiden traditionellen Prinzipien sind die Unterscheidung (*Diskrimination*) von Kombattanten und Non-Kombattanten, wobei Letztere nach Möglichkeit zu verschonen sind, sowie die Verhältnismäßigkeit der eingesetzten Gewalt (*Proportionalität*).

Kategorischer Imperativ: Moralprinzip von Kants Ethik, das in unterschiedlichen Formulierungen vorliegt. Eine wichtige Variante ist die **Gesetzesformel**. Diese fordert dazu auf, so zu handeln, dass man die eigene Handlungsmaxime (→ Maxime) auch als allgemeines Gesetz wollen kann. Eine andere bekannte Formulierung ist das **Instrumentalisierungsverbot**. Es gebietet, eine andere Person niemals nur als Mittel zum Zweck zu behandeln, sondern stets als Selbstzweck.

Konnektionismus: Richtung der → Künstlichen Intelligenz (KI), die davon ausgeht, dass Intelligenz am besten mit Hilfe von **künstlichen neuronalen Netzen** modelliert werden kann, die dem menschlichen Gehirn nachempfunden sind. Die künstlichen neuronalen Netze werden dann mit Hilfe von Daten trainiert. Der Ansatz geht → bottom-up vor und bildet die Grundlage des **maschinellen Lernens**. Zumeist werden die Neuronenverbände nur simuliert und nicht als Hardware gebaut. Der Konnektionismus versteht sich selbst oft im Gegensatz zum → Symbolverarbeitungsansatz.

Konsequentialismus: Typ der normativen → Ethik, der die moralische Qualität einer Handlung ausschließlich an ihren Folgen bemisst. Wichtigste Form ist der Utilitarismus, für den das moralisch Gute im größten Nutzen für die Betroffenen einer Handlung besteht (→ Nutzenprinzip). Gegenspieler ist die → deontologische Ethik.

Künstliche Intelligenz (KI): Teilgebiet der Informatik (teilweise unter Einschluss der Robotik) mit dem Ziel, künstliche Systeme zu schaffen, die bestimmte kognitive Leistungen erbringen oder zu intelligentem Verhalten in der Lage sind. **Schwache KI** ist auf die Lösung konkreter Anwendungsprobleme bezogen. Menschliche Intelligenz wird im besten Fall simuliert. **Starke KI** ist hingegen mit dem Anspruch verbunden, eine dem Menschen vergleichbare allgemeine und flexible Form der Intelligenz hervorzubringen. Von **Super- oder Ultraintelligenz** spricht man, wenn es um eine KI geht, die die menschliche Intelligenz sogar übertrifft (→ Singularität). Große Hürden für die starke KI sind insbesondere → Bewusstsein und → Intentionalität.

Maschinenethik: Disziplin der → Ethik mit engen Verbindungen zur Philosophie des Geistes, die sich damit beschäftigt, wie man Maschinen mit der Fähigkeit zum moralischen Entscheiden und Handeln ausstatten kann und ob man dies tun sollte. Es kann sich dabei um reine Softwareagenten oder um → Roboter handeln.

Maxime: Grundbegriff der kantischen Ethik für die subjektiven Grundsätze, nach denen der Einzelne handelt, im Unterschied zum objektiven moralischen Gesetz (→ Kategorischer Imperativ).

Möglichkeit: In der Philosophie gibt es unterschiedliche Möglichkeitsformen. **Logisch möglich** ist, was ohne einen logischen Widerspruch denkbar ist. **Metaphysisch möglich** ist, was mit der metaphysischen Grundstruktur der Welt vereinbar ist, die allgemeiner ist als die Naturgesetze. **Nomologisch möglich** ist, was mit den Naturgesetzen vereinbar ist.

Moral: Gesamtheit der moralischen Normen, Gefühle, Einstellungen, Handlungen usw. Die Moral ist Gegenstand der → Ethik.

Nutzenprinzip: Grundlegendes Moralprinzip des Utilitarismus, entsprechend dem eine Handlung genau dann moralisch richtig ist, wenn sie den Nutzen für alle Betroffenen maximiert. Im **klassischen Utilitarismus** besteht der Nutzen in der Summe des Wohlergehens aller Betroffenen. Im **Präferenzutilitarismus** bemisst er sich an der Erfüllung ihrer Präferenzen.

Partikularismus: Position der → Ethik, nach der es keine strikten moralischen Gesetze oder Regeln gibt. Was moralisch richtig ist, hängt von der individuellen Situation ab.

Pro-Einstellung: Nach der klassischen philosophischen Handlungstheorie besteht ein Handlungsgrund in einer Pro-Einstellung, die festlegt, was ein Handelnder herbeiführen möchte, und einer Meinung, wie dies zu bewerkstelligen ist. Zu den Pro-Einstellungen werden Wünsche und moralische Werturteile gezählt.

Roboter: Elektromechanische Maschine, die typischerweise programmierbar ist, über Sensoren verfügt, um die Umwelt wahrzunehmen, und Aktoren, um auf sie einzuwirken. Der Robotik kommt im Kontext des Verkörperungsansatzes (*Embodiment*) in der → **Künstlichen Intelligenz (KI)** eine wichtige Rolle zu, die intelligentes Verhalten als abhängig vom Körper und seiner Interaktion mit der Umwelt betrachtet.

Singularität: Ursprünglich aus der Mathematik stammender Begriff für eine bestimmte Art von Umschlagpunkt, ab dem sich mathematische Objekte unvorhersehbar verhalten. Einen analogen Umschlagpunkt bezeichnet die Singularität im technischen Sinn, ab dem Maschinen selbst in der Lage sein sollen, mit Hilfe → Künstlicher Intelligenz (KI) eine **Superintelligenz** zu schaffen, die weit intelligenter ist als der Mensch.

Symbolverarbeitungsansatz: Richtung der → Künstlichen Intelligenz (KI), die davon ausgeht, dass Symbolverarbeitung eine notwendige und hinreichende Bedingung für intelligentes Verhalten ist. Auch menschliche Intelligenz ist demnach auf Symbolverarbeitungsprozesse zurückzuführen. Mit dem Ansatz ist typischerweise eine logikbasierte → Top-Down-Vorgehensweise verbunden. Diese Behauptung lehnen die Vertreter des → Konnektionismus ab.

Top-down: Entwicklungsrichtung in der Programmierung, die schrittweise von allgemeinen umfassenden Strukturen zu immer spezielleren Details führt. Das Gegenstück dazu ist die → Bottom-Up-Herangehensweise. Top-Down-Verfahren sind eng verbunden mit dem → Symbolverarbeitungsansatz. In der → Maschinenethik bezeichnet der Begriff eine Verbindung der Software-Entwicklungsrichtung mit einer prinzipienbasierten → Ethik wie der → deontologischen Ethik oder dem Utilitarismus.

Turingmaschine: Auf Alan Turing zurückgehendes mathematisches Modell eines Computers, das Berechnungen durch die schrittweise Manipulation von Symbolen durchführt, die nach bestimmten Regeln von einem Speicherband gelesen und auf dieses geschrieben werden. Sie ermöglicht ein formales Verständnis der Begriffe des → Algorithmus und der Berechenbarkeit.

Turingtest: Von Alan Turing vorgeschlagenes Verfahren, um festzustellen, ob eine Maschine (insbesondere ein Computer) denken kann. Dabei muss ein Mensch entscheiden, ob ein Gesprächspartner, mit dem er nur über Bildschirm und Tastatur kommuniziert, ein Mensch oder eine Maschine ist.

Universalisierbarkeit: Wird häufig als definierendes Merkmal moralischer Urteile angesehen. Wenn etwas für eine Person moralisch richtig bzw. falsch ist, dann muss es auch für jede andere relevant ähnliche Person in relevant ähnlichen Umständen moralisch richtig bzw. falsch sein. Die Universalisierbarkeit in der Moral wird vom → Partikularismus in Frage gestellt.

Willensfreiheit: Gilt als eine Voraussetzung moralischer Verantwortung. Umstritten ist, ob Willensfreiheit mit einem kausalen Determinismus vereinbar ist. Der Kompatibilismus vertritt diese Auffassung. Der Libertarismus lehnt sie jedoch ab und ist häufig mit der Annahme von →Akteurskausalität verbunden.

Sachregister

Personenregister

Danksagung

Ein Buch ist wie ein Kind. Man trägt es ziemlich lange aus und wenn es einmal da ist, dann bedarf es nach einem afrikanischen Sprichwort ein ganzes Dorf, um es großzuziehen. So haben auch viele Menschen einen Beitrag zur Verbesserung dieses Buchs geleistet, seit es auf der Welt ist.

Ich danke Hauke Behrendt, Anja Berninger sowie Angela Matthies für ihre überaus gründliche, ebenso kritische wie konstruktive Lektüre. Für die Anpassung des Manuskripts an die formalen Richtlinien sowie hilfreiche inhaltliche Anmerkungen bedanke ich mich bei Martin Maga, Maike Klein, Roxana Rentsch, Tobias Störzinger und Cedric Tonye Djon.

Für ihre Argusaugen beim Korrekturlesen und hilfreiche inhaltliche Anmerkungen danke ich Ulrike Brümmer und Gerd Eberle. Mehr als Worte sagen können verdanke ich meinem Ehemann und unserer Tochter.